Andrea Huf

Psychotherapeutische Wirkfaktoren

Andrea Huf

Psychotherapeutische Wirkfaktoren

Psychologie Verlags Union
Weinheim

Anschrift der Autorin:
Andrea Huf, Dipl.-Psych.
Psychosomatische Fachklinik
Kurbrunnenstr. 12
6702 Bad Dürkheim

Lektorat: Gerhard Tinger

Die Deutsche Bibliothek — CIP Einheitsaufnahme

Huf, Andrea: Psychotherapeutische Wirkfaktoren / Andrea Huf. —
Weinheim : Psychologie-Verl.-Union, 1992
ISBN 3-621-27138-4

Alle Rechte, auch die des Nachdrucks, der Wiedergabe in jeder Form und der Übersetzung in andere Sprachen behalten sich Urheber und Verleger vor. Es ist ohne schriftliche Genehmigung des Verlages nicht erlaubt, das Buch oder Teile daraus auf photomechanischem Weg (Photokopie, Mikrokopie) zu vervielfältigen oder unter Verwendung elektronischer bzw. mechanischer Systeme zu speichern, systematisch auszuwerten oder zu verbreiten (mit Ausnahme der in den §§ 53, 54 URG ausdrücklich genannten Sonderfälle).

Umschlagentwurf: Dieter Vollendorf, München
Herstellung: Goldener Schnitt, Rainer Kusche, 7573 Sinzheim
Satz, Druck und buchbind. Verarbeitung:
Druckhaus „Thomas Müntzer" GmbH, Bad Langensalza/Thüringen
© Psychologie Verlags Union 1992
Printed in Germany
ISBN 3-621-27138-4

Für Klaus

Vorwort

Es ist geradezu ein Kennzeichen demokratisch orientierter Gesellschaften, daß auch im Gesundheitswesen eine Konkurrenz der Denkmodelle und konkreten Realisierungen existiert. Ohne eine hinreichende Transparenz dieser Modelle und Umsetzungen wird aber nicht deutlich, wo die konkreten Ansatzpunkte existieren, die eine Unterscheidung in der Konzeptionierung und der Zielsetzung begründen.
Es versteht sich daher von selbst, daß in den letzten Jahren das Mittel der Evaluation genutzt wurde, um auch im Hinblick auf Therapieeffekte Kontrolle und Transparenz herzustellen (vgl. Grawe, Caspar & Ambühl, 1990).
Evaluationen dieser Art können auf sehr unterschiedliche Art und Weise durchgeführt werden: Mit Hilfe von Studien, die:
— die Wirksamkeit verschiedener Therapiearten und -formen in quasi-experimentellen Vergleichen gegenüberstellen;
— die spezifischen Effekte bestimmter Therapiearten und -formen herausarbeiten;
— den Erfolg einer bestimmten Therapieart oder -form am Einzelfall beschreiben;
— im Rahmen von Meta-Analysen den Erfolg diverser Therapiearten und -formen herausarbeiten;
— auch in katamnestischen Ansätzen den mittelfristen Erfolg nachzuweisen versuchen, etc.

Zugänge dieser Art lassen sich beliebig fortsetzen. Ihnen allen ist zu eigen, daß sie auf der Datenebene aggregieren und verallgemeinern:
— die Psychoanalyse,
— bei der und der diagnostizierten Ausgangsbasis und der Behandlungsart,
— bei der und der Bevölkerungsschicht etc.

Hierbei wird meist vergessen, daß gerade im therapeutischen Kontext eine mehr ökologische Betrachtungsweise angemessen wäre. Der Begriff ökologisch bezieht sich auf die Tatsache, daß nur eine aus der Sicht mehrerer Wissenschaften geleitete Perspektive ein wahres Abbild der Realität wiedergibt. Ansonsten laufen Perspektiven anderer Art Gefahr, eine starre Lebensweltbeschreibung zu liefern, die den immer schneller sich verändernden Wirklichkeiten nicht mehr gerecht wird.

Diese starre Lebensweltbeschreibung ist unseres Erachtens auch im Zusammenhang mit der an herkömmlichen Kriterien orientierten Einschätzung des therapeutischen Erfolgs gegeben. Auf dem Hintergrund von Begriffen wie Objektivität, Reliabilität und Validität wird eine Beschreibung herbeigeführt, ohne aber eine Aussage über die Wirklichkeit selbst zu leisten (vgl. Jäger & Petermann, 1992). Diese Wirklichkeit muß aber zwangsläufig antizipiert werden, wenn die Gütekriterien nicht zur Metapher werden sollen.

Zeitgeist sowie aktuelle Praxis- und Forschungsfragen finden mittel- und unmittelbar auch in der therapeutischen Modellbildung ihren Niederschlag. Die Modelle sind unseres Erachtens essentielle Voraussetzung, um damit den Weg der Dimensionierung der Effektparameter selbst zu steuern. Es ist dabei unverkennbar, daß die Untersuchungen zum therapeutischen Effekt einer Erkenntnisethik folgen, die sich am Nützlichkeitskalkül orientieren. Hieraus resultierten Ansprüche an die Diagnostik, die sich in allgemeiner Form in den Vorstellungen der sogenannten Hauptgütekriterien (von Objektivität, Reliabilität und Validität) niedergeschlagen haben. Diese wurden deshalb als Kriterien ausformuliert, weil man an ihnen ermessen kann, wie gut die jeweilige „Technik" funktioniert.

Es mag überraschen, daß in diesem Kontext von Technik gesprochen wird. Diese Orientierung hat ihre Bedeutung, wenn man davon ausgeht, daß mit Technik nichts anderes umschrieben wird als die Gesamtheit aller Objekte, Maßnahmen und Verfahren, die vom Menschen durch Ausnutzung der Naturgesetze und -prozesse sowie geeigneter Stoffe hergestellt bzw. entwickelt werden und sich bei der Arbeit bzw. der Produktion anwenden lassen. Die Anwendung folgt hierbei dem Ziel, Kontrollen durchzuführen. Die Kontrolle besteht ihrerseits darin, Zustände, Situationen und Ausprägungen an Vorgaben (Normen und Kriterien) zu messen und geeignete Konsequenzen abzuleiten.

Hinsichtlich der Konsequenzen besteht auch in der Therapiediskussion eine sehr breit angelegte und kontrovers diskutierte Meinungspalette (vgl. Bastine, 1976; Baumann & v. Wedel, 1981).
Konsequenzen stellen die eine Seite dar, Voraussetzungen und Realisierungen von Psychotherapie eine andere. Eine Lösung, allein in sogenannten eklektischen Vorgehensweisen die Zukunft zu sehen (s. Plaum, 1988a, b; 1991), erscheint schon deshalb vordergründig, weil der Begründungszusammenhang fehlt und eine hinreichende Transparenz und Kontrolle im obengenannten Sinne nicht erzielt werden kann.
Plaum (1991, S. 78) faßt die derzeitigen eklektischen Richtungen in drei Kategorien zusammen: „Bei der einen kommt es nicht auf die anzuwendenden Therapietechniken an; sie dürfen aufgrund subjektiver Kriterien... ausgewählt werden. Die zweite Ansicht beruht auf der Annahme, daß alle behandlungsbedürftigen Problemkonstellationen untereinander vergleichbar seien ... so daß eine („eklektische") „Supermethode" zu finden wäre, die dann jedoch auf Einzelfälle anwendbar sein müßte. Bei der dritten Form des „Eklektizismus" schließlich geht man von individuell recht verschiedenen Problemsituationen aus, die entsprechend differenzierende Interventionsansätze notwendig erscheinen lassen würden."
Diese Klassifikationen machen deutlich, daß die obengenannten Verallgemeinerungen zum Tragen kommen.
Plaum präferiert den dritten eklektischen Ansatz und führt ihn selbst in gewisser Weise dadurch ad absurdum, daß die zumindest theoretisch gedachte Breite der Interventionsmöglichkeiten schon deshalb nicht eingehalten werden kann, weil der Therapeut seine eigene Spezialisation über Bord werfen müßte.
Das vorliegende Buch greift Fragen auf, die sich im Zusammenhang mit der genannten Klassifikation ergeben, und diskutiert die jeweiligen Wirkfaktoren von Psychotherapie. Es werden damit in ihm im weitesten Sinne zum einen Teil Lebensweltbeschreibungen (s. o.), zum anderen Teil aber auch Lösungsansätze mit eklektischer Orientierung gegeben.
Praktiker mögen aus den Darlegungen Möglichkeiten zur kritischen Reflexion ableiten und Forscher Ansätze, um die bestehende Kluft zwischen Theorie und Praxis zu verringern.
In beiden Fällen wird direkt wie indirekt ein Beitrag zu Evaluation von Psychotherapie geleistet und damit auch zu Transparenz und Kontrolle.

Ich wünsche dem Buch eine kritische Resonanz und der Autorin durch Rückmeldungen auch aus der Praxis eine Bestärkung ihrer eigenen Bemühungen, zur kritischen Reflexion im Sinne der „Kontrollierten Praxis" (Petermann, 1992) beizutragen.

Landau, April 1992 Prof. Dr. Reinhold S. Jäger

Literatur

Bastine, R. (1976). Ansätze zur Formulierung von Interventionsstrategien in der Psychotherapie. In Jankowski, P.; Tscheulin, D.; Fiethkau, H.-J. & F. Mann (Hrsg.): Klientenzentrierte Psychotherapie heute. Göttingen: Hogrefe.

Baumann, U. & v. Wedel, B. (1981). Stellenwert der Indikationsfrage im Psychotherapiebereich. In Baumann, U. (Hg.): Indikation zur Psychotherapie (S. 1–36). München: Urban & Schwarzenberg.

Grawe, K.; Caspar, F. & Ambühl, H. (1990). Die Berner Therapievergleichsstudie. Zeitschrift für Klinische Psychologie, 19, 292–377.

Jäger, R. S. & Petermann, F. (1992). Perspektiven. In Jäger, R. S. & Petermann, F. (Hrg.): Psychologische Diagnostik – ein Lehrbuch (S. 619–625). 2. veränd. und erweit. Aufl. Weinheim: Psychologie Verlags Union.

Petermann, F. (1992). Einzelfalldiagnose und klinische Praxis. 2. veränd. Aufl. Berlin: Quintessenz.

Plaum, E. F. (1988a). Eklektizismus in der Psychologie. Aktuelle Diskussionsbeiträge. Heidelberg: Asanger.

Plaum, E. F. (1988b). Voraussetzungen einer eklektischen Orientierung in der Psychologie. In E. Plaum (Hg.): Eklektizismus in der Psychologie. Aktuelle Diskussionsbeiträge (S. 130–149). Heidelberg: Asanger.

Plaum, E. F. (1991). Voraussetzungen eines therapiebezogenen Eklektizismus. Psychologische Rundschau, 42, 76–86.

Inhaltsverzeichnis

1. Einleitung 15

2. Psychotherapie: Definition, historische Aspekte,
   Krankheitsbegriff und Indikationsfrage 23
   2.1 Was ist Psychotherapie? 23
   2.2 Historische Wurzeln der Psychotherapie 28
   2.3 Der Krankheitsbegriff in der Psychotherapie ... 31
       2.3.1 Das medizinische Krankheitsmodell 32
       2.3.2 Das sozialwissenschaftliche Krankheitsmodell 35
   2.4 Die Indikationsfrage in der Psychotherapie 37

3. Spezifische Wirkfaktoren der Psychotherapie am Beispiel der Psychoanalyse, der Gesprächstherapie und der Verhaltenstherapie 45
   3.1 Psychoanalyse 46
       3.1.1 Persönlichkeitstheorie und Störungstheorie 47
       3.1.2 Therapietheorie und Therapieziele 52
       3.1.3 Indikation zur Psychoanalyse 55
   3.2 Gesprächspsychotherapie 59
       3.2.1 Persönlichkeitstheorie und Störungstheorie 61
       3.2.2 Therapietheorie und Therapieziele 62
       3.2.3 Indikation zur Gesprächspsychotherapie .. 65
   3.3 Verhaltenstherapie 70
       3.3.1 Persönlichkeitstheorie und Störungstheorie 71
       3.3.2 Therapietheorie und Therapieziele 75
       3.3.3 Indikation zur Verhaltenstherapie 84
   3.4 Vergleich der therapeutischen Schulen 93
       3.4.1 Vergleich der Persönlichkeits- und Störungstheorien 93

3.4.2 Vergleich der Therapietheorien und Therapieziele ... 94
3.4.3 Der Stellenwert der Indikation in den dargestellten therapeutischen Schulen ... 99

4. Vergleichende Psychotherapieforschung ... 105
4.1 Entwicklung und Stand der Psychotherapieforschung ... 105
4.2 Die Meta-Analyse als methodischer Ansatz zur primärstudienübergreifenden Befundintegration ... 108
4.2.1 Begriffsbestimmung und statistische Vorgehensweise im Rahmen der Meta-Analyse ... 108
4.2.2 Funktion und Nutzen der Meta-Analyse .. 110
4.2.3 Probleme und Grenzen der Meta-Analyse ... 110
4.3 Meta-Analysen zum Effektivitätsvergleich unterschiedlicher Therapieformen ... 114
4.3.1 Die Meta-Analyse von Luborski, Singer & Luborski ... 115
4.3.2 Die Meta-Analyse von Smith & Glass ... 116
4.3.3 Die Meta-Analyse von Wittmann & Matt ... 118
4.4 Die Berner Therapievergleichsstudie von Grawe, Caspar & Ambühl ... 122
4.4.1 Darstellung ... 122
4.4.2 Kritik ... 133
4.5 Meta-Analysen zum Effektivitätsvergleich zwischen Laienhelfern und professionellen Psychotherapeuten ... 134
4.5.1 Die Bedeutung der Laienhilfe in der psychosozialen Versorgung ... 135
4.5.2 Die Meta-Analyse von Durlak ... 138
4.5.3 Die Meta-Analyse von Gunzelmann, Schiepek & Reinecker ... 141
4.5.4 Schlußfolgerungen aus den dargestellten Ergebnissen ... 145
4.6 Zusammenfassung zu Kap 3 und 4 ... 146

5. Unspezifische Wirkfaktoren der Psychotherapie ... 149
5.1 Begriffsbestimmung ... 149
5.2 Empirische Befunde zum Einfluß unspezifischer Wirkfaktoren ... 150

5.3 Klientenvariablen.......................... 153
　5.3.1 Begriffsbestimmung.................... 153
　5.3.2 Klassifikationssysteme 154
　5.3.3 Empirische Befunde zum Einfluß
　　　　 von Klientenvariablen................. 156
　5.3.4 Zusammenfassung..................... 169
5.4 Therapeutenvariablen 170
　5.4.1 Begriffsbestimmung.................... 170
　5.4.2 Klassifikationssysteme 170
　5.4.3 Empirische Befunde zum Einfluß
　　　　 von Therapeutenvariablen 171
　5.4.4 Zusammenfassung..................... 190
5.5 Therapeut-Klient-Interaktion................. 191
　5.5.1 Begriffsbestimmung.................... 191
　5.5.2 Empirische Befunde zum Einfluß
　　　　 der Therapeut-Klient-Interaktion 194
　5.5.3 Zusammenfassung..................... 201
5.6 Theoretische Modellvorstellungen
　　 zum Einfluß unspezifischer Wirkfaktoren 204
　5.6.1 Das Modell von Frank................. 204
　5.6.2 Das Modell von Bandura............... 205
　5.6.3 Das Modell von Garfield 206
　5.6.4 Das Modell von Karasu................ 207
5.7 Zusammenfassung 209

6. Integrative Ansätze............................ 213
　6.1 Eklektizismus 213
　　6.1.1 Begriffsbestimmung.................... 213
　　6.1.2 Entwicklung des Eklektizismus
　　　　　 in der Psychotherapie 215
　　6.1.3 Der eklektische Prozeß 218
　　6.1.4 Kritik 220
　6.2 Theoretische Modellvorstellungen
　　　 zum eklektischen Vorgehen 222
　　6.2.1 Das Modell von Garfield 223
　　6.2.2 Das Modell von Lazarus 226
　　6.2.3 Das Modell von Bastine................ 229
　　6.2.4 Das Modell von Deneke................ 233
　　6.2.5 Das Modell von Dieterich 237
　　6.2.6 Vergleich der Ansätze 244

7. Diskussion und Ausblick 249
   7.1 Diskussion 249
   7.2 Ausblick 250

8. Zusammenfassung 255

Literaturverzeichnis 259

1. Einleitung

Immer mehr Menschen leiden heute unter psychischen Störungen. Dilling und Weyerer (1984, ebenso Schepank, 1987) schätzen die Zahl derer, die unter psychischen Beeinträchtigungen leiden, auf 16–25% der Gesamtbevölkerung der damaligen BRD. Ihre Ergebnisse sind vergleichbar mit den in den USA gefundenen Verhältnissen (Keupp, 1982). Nur etwa ein Viertel der Betroffenen sucht professionelle Hilfe auf (Keupp, 1982; Wittchen & Fichter, 1980).
Wer mit psychischen Problemen konfrontiert ist und sich entschließt, etwas dagegen zu unternehmen, muß zunächst eine Reihe von Entscheidungen treffen. Die erste Frage, die es zu beantworten gilt, ist die, ob man professionelle Hilfe in Anspruch nehmen will oder ob auch andere Maßnahmen wie z. B. Selbsthilfegruppen oder Laienhelfer in Frage kommen. Fällt die Entscheidung zugunsten professioneller Behandlung aus, bleibt zu klären, ob eine Psychotherapie angezeigt ist oder ob andere Interventionsformen wie z. B. Pharmakotherapie oder Milieutherapie sinnvoller sind. Ist eine psychotherapeutische Behandlung das Mittel der Wahl zur Behebung der Beschwerden, sieht sich der Klient erst einmal mit einer verwirrenden Vielfalt von Therapieansätzen konfrontiert. Nach Angaben des National Institute of Mental Health (USA) gibt es über 130 verschiedene Therapieformen, die alle für sich in Anspruch nehmen, therapeutisch wirksam zu sein (Garfield, 1982; bdp, 1988). In Herinks Psychotherapieführer (1980) werden sogar mehr als 250 Behandlungsverfahren skizziert (Seidenstücker, 1984). Bislang ist der Nachweis einer eindeutigen Überlegenheit der einen Technik über eine andere jedoch nicht gelungen (Bozok, 1987; Frank, 1981; Grawe, 1982). Empirische Untersuchungen weisen vielmehr darauf hin, daß innerhalb jeder therapeutischen Schule

etwa ein Drittel der Klienten vollständig gebessert aus einer Therapie hervorgeht, ca. ein weiteres Drittel der Klienten etwas gebessert und wiederum ein Drittel der Klienten die Therapie in unveränderter psychischer Verfassung beendet (Garfield, 1982). Diese Ergebnisse machen darauf aufmerksam, daß schulenspezifische Therapieeffekte hinsichtlich der Wirkung von sog. „Common Factors", d. h. von Wirkgrößen, die allen Therapietechniken zu eigen sind, überlagert sein können. Für den Therapieanwärter ist die Wahl einer Therapierichtung schwierig und wird oft von zufälligen Faktoren beeinflußt wie beispielsweise durch das therapeutische Angebot in einer Region oder durch Empfehlungen von Bekannten oder Ärzten (Wittchen & Fichter, 1980). Noch verwirrender sind Untersuchungsergebnisse, die darauf hinweisen, daß Laienhelfer unter Umständen genau so effektiv therapeutisch arbeiten können wie professionelle Helfer (Strupp, 1977; Rioch, 1967; Durlak, 1979, zit. n. Garfield, 1982; Zielke, 1979).

Hat man sich als Klient dann für eine Therapierichtung entschieden und nimmt mit verschiedenen Therapeuten Kontakt auf, wird sich herausstellen, daß die betreffenden Schulenbezeichnungen in der Regel wenig darüber aussagen, wie der Therapeut im einzelnen vorgeht. Hinter gleichen theoretischen Bezeichnungen verbergen sich oft unterschiedliche Arbeitsweisen (Garfield, 1982). Nach Therapiebeginn werden alle weiteren Entscheidungen bezüglich des schuleninternen Vorgehens vom Therapeuten in Übereinstimmung mit dem Klienten getroffen und sollten ständig an den Zustand des Klienten angepaßt werden.

Welche Implikationen haben diese Befunde für die psychotherapeutische Praxis?

In der Praxis zeigt sich, daß die Mehrzahl der Therapeuten eklektisch arbeitet, d. h., daß technische Elemente unterschiedlicher therapeutischer Richtungen miteinander kombiniert werden (Kommer, 1982; Garfield, 1982; Bastine, 1981). Untermauert wird diese Aussage durch eine Untersuchung von Garfield und Kurtz (1976), in der sich von 855 Klinischen Psychologen über die Hälfte als Eklektiker bezeichneten (Garfield, 1982). Auch Bastine (1981) konnte eine Gruppe befragter Psychotherapeuten hinsichtlich ihres Vorgehens bei der Bearbeitung eines Falles nicht eindeutig einer definierten therapeutischen Schule zuordnen.

Daraus leiten sich nun folgende Fragestellungen ab, zu deren Klärung diese Arbeit einen Beitrag leisten will:

1. Welche Variablen führen zum gewünschten Therapieerfolg? Werden die angestrebten Veränderungen mit Hilfe unterschiedlicher Bedingungsfaktoren bewirkt, oder bedienen sich die Vertreter der unterschiedlichen therapeutischen Schulen lediglich einer anderen Terminologie zur Beschreibung ähnlicher oder gleicher Mechanismen? Werden die beobachteten Veränderungen also durch *schulenspezifische* Techniken herbeigeführt oder liegen ihnen *unspezifische* Wirkfaktoren zugrunde?
2. Um welche unspezifischen Faktoren handelt es sich gegebenenfalls? Wie lassen sie sich näher spezifizieren?
3. Wirken spezifische und unspezifische Faktoren nebeneinander? Falls dem so ist, in welchem Verhältnis stehen diese Einflußkomponenten zueinander?
4. Nachdem der überwiegende Teil der Klinischen Psychologen in irgendeiner Form eklektisch arbeitet, ist es dringend erforderlich, ein — vorerst heuristisches — Handlungsmodell für eklektisches Vorgehen zu entwickeln, um eine Orientierung für regelgeleitetes Handeln vorzugeben. Auf diese Weise wird der therapeutische Prozeß begründbar, transparent und nachvollziehbar. Die Basis bildet dabei eine differentielle Indikationsstellung, die zu einer „Steigerung der Effizienz praktischen Handelns führt, da erst gezielte, unterschiedliche Eingangsdiagnosen und detaillierte Annahmen über Therapieverläufe zu exakteren Zuweisungsregeln zwischen Klienten und Behandlungsverfahren führen" (Petermann, 1988, S. 115). Langfristig müssen die einzelnen Handlungsschritte durch empirische Untersuchungen abgesichert werden. Wie läßt sich nun eine eklektische Vorgehensweise innerhalb eines Handlungsmodells darstellen?

Ziel dieser Arbeit ist es, sich diesen Fragen zu stellen und nach Erklärungen für die dargelegten Ergebnisse zu suchen. Gerade die Ergebnisse zur Effektivität von Laienhelfern sowie das Resultat, daß die meisten Therapeuten trotz schulenspezifischer Ausbildung und schulenspezifischer Etikettierung ihres therapeutischen Vorgehens dennoch eklektisch arbeiten, werden in der Forschung oft außer acht gelassen. Dies vergrößert die Kluft zwischen klinisch-psychologischer Wissenschaft und psychotherapeutischer Praxis einmal mehr. Nach Ansicht der Autorin liefert gerade die Berücksichtigung dieser Befunde wertvolle Hinweise auf die Wirkungsweise von Psychotherapie. Zudem untergräbt es die Ernsthaftigkeit einer ohnehin vielen Anfeindungen ausgesetzten Wissenschaft, wenn sie kritische Resultate ignoriert. Durch eine solche Haltung macht sich die Klinische Psychologie anderen Professionen gegenüber unglaubwürdig. Die Psychotherapieforschung steht diesbezüglich am Anfang ihrer Bemühungen. Aus diesem Grund sind grundlegende konzeptuelle Vorarbeiten nötig, die dann in einem weiteren Schritt einer empirischen Prüfung unterzogen werden müssen. Daraus wird ersichtlich, daß die vorliegende Arbeit von einem empirisch-wissenschaftlichen Grundverständnis ausgeht, welches besagt, daß zur Prüfung von Theorien und Hypothesen praktische Erfahrungen mit dem Untersuchungsgegenstand und darauf aufbauende Meßoperationen herangezogen werden müssen, die zu einer wechselseitigen Beeinflussung von empirischen und theoretischen Erkenntnissen führen sollen. Dazu ist es dringend erforderlich, daß Wissenschaftler an Universitäten und Praktiker in therapeutischen Einrichtungen Erfahrungen und Ideen austauschen und gemeinsam an neuen Konzepten arbeiten.

Nachdem die Fragestellung dieser Arbeit hergeleitet und formuliert wurde, wird dem Leser nun ein kurzer Überblick über den Aufbau geboten.

Um einen Konsens über den sehr vielfältig verwendeten Begriff „Psychotherapie" zu erreichen, wird dieser zu Beginn des zweiten Kapitels zunächst definiert. Da man sich bislang nicht auf eine einheitliche Definition einigen konnte, werden mehrere definitorische Ansätze einander gegenübergestellt, um in einem weiteren Schritt deren gemeinsame Bestimmungsstücke zu extrahieren. Der Abschnitt „Historische Wurzeln der Psychotherapie" (2.2) beleuchtet die Ursprünge von Therapie. Während der Beginn professioneller Psychotherapie auf das Jahr 1900 mit der Erscheinung von Freuds bahnbrechendem Werk „Die Traumdeutung" fällt, lassen sich die Ursprünge von Psychotherapie im weiteren Sinne bis zu den Anfängen der menschlichen Geschichte zurückverfolgen, und zwar einerseits zu religiös-magischen Heilzeremonien sowie andererseits zu frühen naturwissenschaftlichen Überlegungen. Bis heute konnte keine Einigung bezüglich dieser gegensätzlichen Standpunkte erzielt werden. Diese Tatsache spiegelt sich in der aktuellen Kontroverse zwischen medizinischen und sozialwissenschaftlichen Krankheitsmodellen wider, die das Thema des nächsten Abschnitts (2.3) darstellt. In diesem Teil kommt zum Ausdruck, daß die naturwissenschaftliche Sichtweise bis heute die Auffassung und Behandlung psychischer

Erkrankungen bestimmt. Dennoch scheint sich die Forschung in diesem Bereich in einer Sackgasse zu befinden. Der Nachweis organischer Ursachen psychischer Erkrankungen gelingt in den wenigsten Fällen. Zudem wird die Klassifikation von Störungen in fest umrissene Krankheitseinheiten dem Sachverhalt nicht gerecht. Aus der Kritik an dem naturwissenschaftlichen Modell sind vermehrt sozialwissenschaftliche Standpunkte erwachsen, die eine psychische Störung als Versuch einer Bewältigung von Lebensproblemen ansehen. In die Erklärung und Beschreibung psychischer Krankheiten gehen deshalb neben somatischen auch soziale und psychische Aspekte mit ein.
Der Abschnitt „Die Indikationsfrage in der Psychotherapie" (2.4) widmet sich einem zentralen Problem der Psychotherapie: der Zuordnung von Patienten mit bestimmten Störungen zu bestimmten Maßnahmen oder umgekehrt. Es werden verschiedene Arten der Indikation vorgestellt, die prognostisch selektive Indikation, die inventive Strategie sowie die adaptiv verlaufsorientierte Indikation. Auch hier wird die Kontroverse um die Gültigkeit des medizinischen und des sozialwissenschaftlichen Krankheitmodells sichtbar.
Das dritte Kapitel befaßt sich mit schulenspezifischen Wirkfaktoren von Psychotherapie. Dazu werden die drei Hauptströmungen der Psychotherapie — die Psychoanalyse, die Gesprächspsychotherapie und die Verhaltenstherapie — hinsichtlich der zugrundeliegenden Persönlichkeits-, Störungs- und Therapietheorie sowie in bezug auf die Therapieziele und die Indikation dargestellt. Es werden grundlegende Unterschiede hinsichtlich der genannten Kriterien deutlich. Die Angaben zur Indikation sind sehr unspezifisch und erstrecken sich über einen breiten Bereich von Störungen. Hieraus ergibt sich die Frage, welche Therapierichtung nun die effektiveren Ergebnisse erbringt.
Das vierte Kapitel beschäftigt sich zunächst allgemein mit den Entwicklungen der Psychotherapieforschung, um sich dann im Speziellen der Vergleichenden Psychotherapieforschung zuzuwenden. Zu diesem Zweck wird der grundlegende methodische Ansatz zur schulenübergreifenden Integration von Einzelbefunden — die Meta-Analyse — dargestellt. Im Anschluß daran werden exemplarisch die Ergebnisse dreier ausgewählter metaanalytischer Therapievergleichsstudien beschrieben. Sie kommen insgesamt zu dem Schluß, daß sich keine signifikanten Wirkungsunterschiede zwischen den Therapieschulen nachweisen lassen.

Daran schließt sich die Darstellung einer Primärstudie, die ebenfalls einen Effektivitätsvergleich verschiedener Therapieformen zum Gegenstand hat, an. Die Eigenart dieser Untersuchung besteht in der gewählten Form der Auswertung, durch die signifikante qualitative Unterschiede in den durch die verschiedenen Interventionsformen erzielten Veränderungsmustern erkennbar werden. Die besten Ergebnisse zeigten sich nach einer Interaktionellen Therapie, eine verhaltenstherapeutische Interventionsform, die das größte Gewicht auf die flexible Anpassung des therapeutischen Vorgehens auf die interaktionellen Bedürfnisse des Klienten legt. Dieses Ergebnis weist auf die Bedeutsamkeit der Therapeut-Klient-Beziehung für die therapeutische Behandlung hin.

Weitere Aufschlüsse zur Beantwortung dieser Fragestellung erbringen die anschließend dargestellten Effektivitätsvergleiche zwischen Interventionen, die von Laien und von professionellen Therapeuten durchgeführt wurden. Allerdings ergeben sich auch hier keine signifikanten Differenzen. Daraus läßt sich schließen, daß therapeutische Effekte zumindest teilweise durch andere als durch technische Variablen bedingt sein müssen. Durch welche Faktoren aber entfalten therapeutische Maßnahmen ihre Wirksamkeit, wenn nicht durch die spezifische Technik? Die Resultate weisen auf die Bedeutung unspezifischer therapeutischer Wirkfaktoren hin. Hierbei handelt es sich um zwischenmenschliche Einflüsse, die sich in jeder Therapeut-Klient-Beziehung mehr oder weniger entwickeln.

Gegenstand des fünften Kapitels sind die unspezifischen Wirkfaktoren von Psychotherapie. Dazu werden eher ältere Forschungsergebnisse zu Klienten-, Therapeuten- und Interaktionsvariablen im Überblick dargestellt, da in der neueren Literatur immer wieder auf diese älteren Arbeiten Bezug genommen wird und keine grundlegend neuen Erkenntnisse hinzugewonnen wurden. Die Ausführungen verdeutlichen, daß die Therapeut-Klient-Beziehung die Grundlage für die Wirksamkeit therapeutischer Techniken bildet. Therapieeffekte sind dabei in höherem Maße von Klienten- als von Therapeutenvariablen abhängig. Anschließend werden Modelle vorgestellt, die schulenübergreifende Wirkvariablen beschreiben.

Geht man davon aus, daß (a) sowohl schulenspezifische als auch unspezifische Faktoren den Therapieerfolg bestimmen, (b) daß es zudem wichtig ist, das therapeutische Vorgehen fexibel auf die Bedürfnisse des Klienten abzustimmen und (c) daß keine eindeutigen Indikationskriterien existieren, so liegt es nahe, ein eklektisches Vorgehen vorzuschlagen. Dieses baut explizit auf einem sozialwissenschaftlichen Krankheitsmodell auf, d. h. Ausgangspunkt ist die multifaktorielle Bedingtheit psychischer Störungen. Das sechste und letzte Kapitel widmet sich verschiedenen Modellvorstellungen zum eklektischen Vorgehen auf unterschiedlichen Abstraktionsniveaus.

2. Psychotherapie: Definition, historische Aspekte, Krankheitsbegriff und Indikationsfrage

Wollte man unser Jahrzehnt charakterisieren, so dürfte das Kennzeichen „steigender Bedarf an Psychotherapie" auf keinen Fall fehlen. Es ist geradezu ein Psychotherapieboom zu verzeichnen (Kriz, 1985; Baumann & von Wedel, 1981), der in engem Zusammenhang mit unseren gesellschaftlichen Entwicklungen steht. Zu nennen sind hierbei strukturelle Veränderungen des Zusammenlebens (von der Großfamilie zur Kleinfamilie und weiter zum Singledasein), die zunehmende Technisierung unseres Alltags und die dadurch bedingte Reduktion sozialer Kontakte, der Verlust an traditionellen Werten und die so verursachte Sinnentleerung des Lebens, die Ressourcenknappheit, steigende Arbeitslosigkeit und die zunehmende Bedrohung unserer Umwelt.

2.1 Was ist Psychotherapie?

Psychotherapie — ein kontrovers und viel diskutiertes Thema: Es ruft eine Flut von Artikeln in Zeitschriften hervor, eine steigende Anzahl von Kursen in Volkshochschulen, einen wachsenden Bedarf an Psychotherapie, kurz: das Interesse an Psychotherapie in der breiten Öffentlichkeit ist groß auf der einen Seite, auf der anderen Seite stehen Ablehnung und Skepsis. Doch was genau verbirgt sich hinter diesem Begriff? Wörtlich übersetzt bedeutet der aus dem Griechischen stammende Ausdruck „Psychotherapie" so viel wie „Seelendienst" (Wyss, 1982; Schmidbauer, 1975, S. 7).
Die Psychotherapie macht sich zur Aufgabe, menschliches Verhalten zu erforschen und zu verstehen, um aus diesem Wissen schließlich Behandlungsverfahren mit dem Ziel abzuleiten und

anzuwenden, Probleme auf emotionaler, verhaltensmäßiger und/ oder auf kognitiver Ebene zu lindern oder zu beseitigen (Wittchen & Fichter, 1980).
Psychotherapeutische Verfahren basieren jedoch auf sehr unterschiedlichen theoretischen Annahmen hinsichtlich der Persönlichkeit eines Menschen, des Zustandekommens von Störungen sowie in bezug auf das therapeutische Handeln. Demzufolge steht man vor dem Dilemma, sich entweder für eine therapieschulenspezifische Definition von Psychotherapie oder aber für eine sehr allgemeine, übergreifende Begriffsbestimmung entscheiden zu müssen, die aber zwangsläufig unvollständig bleiben muß. Eine einheitliche, allgemein akzeptierte und für wissenschaftliche Untersuchungen ausreichend konkrete und operationalisierte Definition liegt deshalb bislang nicht vor.
Exemplarisch sollen nun einige *Definitionsversuche* von Psychotherapie vorgestellt werden, deren Ziel es ist, die gemeinsamen Bestimmungsstücke aller therapeutischer Schulen zu erfassen. Zwangsläufig werden dabei die unterschiedlichen Schwerpunkte der Autoren deutlich.
Meltzoff und Kornreich (1970):
„Psychotherapie heißt planvolle Anwendung von Techniken, abgeleitet von etablierten Prinzipien durch Personen, die, durch Training und Erfahrung qualifiziert, diese Prinzipien verstehen und sie anwenden mit der Absicht, den Individuen zu helfen, personale Charakteristiken, wie Gefühle, Werte, Haltungen, Einstellungen und Verhaltensweisen zu modifizieren, Charakteristiken also, die von Therapeuten als unangepaßt oder schlecht angepaßt bzw. dysfunktional eingestuft worden waren" (Meltzoff & Kornreich, 1970, zit. n. bdp, 1988, S. 3).
Hierbei wird deutlich, daß jede Einordnung in normales und abweichendes Verhalten von kulturellen und gesellschaftlichen Werten und Normen des Therapeuten geprägt ist.
Lohmann (1980):
„Psychotherapie stellt sich als ein geplanter Interaktionsprozeß zwischen Therapeut und Klient dar, in dessen Verlauf der Therapeut spezifische, wissenschaftlich begründete psychotherapeutische Techniken und Vorgehensweisen einsetzt, um den unerwünschten Zustand des Klienten in Richtung auf einen bestimmten Sollzustand zu verändern" (Lohmann, 1980, zit. n. Wittling, 1980, S. 15).
In dieser Definition wird die Bedeutung von Zielen und Strategien in der Psychotherapie herausgestellt, die aus psychologi-

schen Theorien über normales und abweichendes Verhalten sowie aus der momentanen Interaktionssituation zwischen Klient und Therapeut abgeleitet werden.

Höfling (1988):
„Unter Psychotherapie versteht man den geplanten Einsatz von Veränderungswissen mit dem Ziel, psychisches und psychophysiologisches Leiden aufzuheben oder zu lindern. Im psychotherapeutischen Raum werden Bedingungen hergestellt, die Lernprozesse beim Patienten in Gang setzen. Der Patient lernt eine präzisere Wahrnehmung seines Verhaltens und Erlebens, gewinnt einen gewissen Grad an Einsicht in sein ‚Sich-So-Verhalten' und wird letztlich in die Lage versetzt, angemessene Verhaltens- und Einstellungsänderungen herbeizuführen. Lernen findet im ersten Schritt in der Interaktion zwischen Therapeut und Patient statt. Im späteren Verlauf übernimmt der Patient die Steuerung des Änderungsprozesses selbständig. Eine wesentliche Aufgabe der Psychotherapie ist somit auch, dem Patienten zu helfen, die verlorengegangene Einsicht wiederzugewinnen und ihn zu seinem eigenen Problemlöseexperten für zukünftige Probleme und Schwierigkeiten auszubilden" (Höfling, 1988, zit. n. bdp, 1988, S. 3f.).
Hier werden Autonomie und Selbstverantwortlichkeit des Patienten als Therapieziele hervorgehoben. Psychotherapie leistet Hilfe zur Selbsthilfe und dient ebenso der „Verhinderung oder Chronifizierung psychischer bzw. psychophysischer Krankheiten" Psychotherapie bezieht sich also sowohl auf die primäre als auch auf die sekundäre und tertiäre Prävention (bdp, 1988, S. 3f.).
Wetzel und Linster (1980) fassen die *gemeinsamen Elemente* der Psychotherapie wie folgt zusammen:
— „Psychotherapie ist ein Interaktionsprozeß zwischen zwei oder mehreren Personen;
— es besteht eine klare Rollenverteilung: der „Therapeut" ist eine durch Ausbildung und Erfahrung qualifizierte Person, der „Klient" ist eine Person mit einem psychischen Problem, die um Hilfe nachsucht;
— das Verhalten des Therapeuten ist bewußt geplant oder mindestens systematisch kontrollierbar;
— gemeinsames Ziel der Interaktion ist es, die psychischen Probleme, an denen der Klient leidet, zu beseitigen oder zu bessern und seine persönliche Weiterentwicklung zu fördern;
— die angewandten Methoden müssen vermittelt werden können, also lehr- und lernbar sein;

— die Wirkung des therapeutischen Interaktionsprozesses muß intersubjektiv nachprüfbar sein" (Wetzel & Linster, 1980, S. 25).

Die Autoren legen in dieser Begriffsbestimmung Gewicht auf die Kriterien der Transparenz und Nachvollziehbarkeit des therapeutischen Prozesses. Damit nicht jede beliebige Interaktion als Psychotherapie bezeichnet werden kann, fordert Strotzka (1975), daß die gleichen wissenschaftlichen Maßstäbe bei der Beurteilung von Psychotherapie zugrundegelegt werden sollten wie sie im Bereich der Pharmakotherapie gelten.

1. Eine *Persönlichkeitstheorie*, eine *Störungstheorie* und
2. eine *Therapietheorie* müssen entwickelt und belegt werden.
3. Durch *empirische Untersuchungen* muß deren Geltung belegt werden. Schädigende Nebenwirkungen müssen festgestellt und die Anwendungsbedingungen spezifiziert werden (Empiriekriterium).
4. Psychotherapie muß von *qualifizierten* Personen ausgeübt werden (Ausbildungskriterium).
5. *Ziel* von Psychotherapie ist es, behandlungsbedürftige Störungen oder Leidenszustände zu lindern oder zu beseitigen (Strotzka, 1975, zit. n. Seidenstücker, 1984).

Psychotherapie ist also einerseits ein Oberbegriff für eine Vielfalt psychologischer Maßnahmen, „die auf eine Überwindung krankhaften Geschehens abzielen" (Baumann & von Wedel, 1981, S. 15). Andererseits wird der Begriff Psychotherapie als Oberbegriff für verschiedene therapeutische Richtungen verwendet. Demzufolge gibt es eine Vielzahl schulenspezifischer Definitionen. In der Regel werden zwei oder drei Hauptströmungen von Psychotherapie unterschieden, die jeweils verschiedene Therapietypen repräsentieren, wobei fließende Übergänge zwischen den Kategorien bestehen.

Zweifache Unterteilungen stammen z. B. von Eysenck (1960) in Psychotherapie und Verhaltenstherapie oder analog von Ullmann und Krasner (1975) in Verhaltens- vs. evokative Therapien. Unter der Bezeichnung Psychotherapie bzw. evokative Therapie werden die Psychoanalyse, neo-analytische und existentiell-humanistische Ansätze subsumiert, während zu den Verhaltenstherapien alle verhaltenstherapeutischen Techniken gezählt werden (Baumann & von Wedel, 1981). Eine Möglichkeit der

dreifachen Klassifikation wie sie z. B. von Korchin (1976) oder Pongratz (1973) vorgenommen wird, ist die nach tiefenpsychologisch orientierten Verfahren (Hauptvertreter Psychoanalyse), nach verhaltensorientierten Methoden (Verhaltenstherapie) und nach existentiell-humanistischen Ansätzen (erlebnisorientierte Richtungen, Hauptvertreter Gesprächspsychotherapie). Als vierte Kategorie werden gelegentlich noch die systemischen Therapien angeführt, die individuelles Verhalten als Strategie in einem Beziehungsgefüge begreifen (Wetzel & Linster, 1980).
Eine andere Art der Taxonomie ist die nach Dimensionen, also nach gemeinsamen inhaltlichen oder formalen Kennzeichen, wie z. B. nach der Zeitperspektive (vergangenheits-, gegenwarts- und zukunftsorientiert), nach psychischen Bereichen (Einstellungen, Motive, Handlungen usw.) oder nach der Art der Therapiegestaltung (Zahl der Therapiekontakte: Kurzzeittherapie, Langzeittherapie). Wie man sieht, gibt es kein allgemeinverbindliches Ordnungsschema der Psychotherapie (Wetzel & Linster, 1980).
Die vorliegende Arbeit folgt der Klassifikation nach tiefenpsychologisch orientierten, verhaltensorientierten und existentiell-humanistischen Verfahren, da diese Einteilung die geschichtliche Entwicklung der Psychotherapie wiederspiegelt und in der einschlägigen Fachliteratur die breiteste Verwendung findet. So wird Psychotherapie je nach theoretischer Orientierung als eine Art psychosozialer Hilfestellung (Gesprächstherapie), als Verhaltensmodifikation (Verhaltenstherapie) oder aber als Anwendung psychoanalytischer Methoden zur Persönlichkeitsveränderung (Psychoanalyse) verstanden. In dieser Arbeit sollen lediglich die drei großen Hauptströmungen der Psychotherapie besprochen werden, und zwar hinsichtlich der o. g. Kriterien der Persönlichkeitstheorie, der Störungstheorie und schwerpunktmäßig der Therapietheorie sowie in bezug auf die jeweiligen Therapieziele und auf Aussagen zur Indikation. Wegen der geringeren Bedeutung für die verfolgte Themenstellung wird auf die Empirie- und Ausbildungskriterien nicht näher eingegangen. Weitere Ausführungen zu diesen therapeutischen Ansätzen folgen im nächsten Kapitel.
Als nächstes sei auf die historische und gesellschaftliche Einbettung von Psychotherapie eingegangen. Ein kurzer historischer Abriß ist insofern relevant für das vorliegende Thema, als die beiden Hauptströmungen, aus denen sich die heutige professionelle Psychotherapie entwickelt hat, auch heute noch kontroverse Standpunkte in der Psychotherapie darstellen.

2.2 Historische Wurzeln der Psychotherapie

Die Ursprünge der Psychotherapie (i. w. S.) reichen zurück bis zu den Anfängen der menschlichen Geschichte selbst. Seitdem Menschen in sozialen Verbänden zusammenleben, ist es erforderlich, diese mit Hilfe festgelegter Rollen und Regeln zu organisieren, um einen reibungslosen Ablauf zu gewährleisten. Diese Normen sind abhängig von Kriterien, die deren Beurteilung zugrundegelegt werden. Sie spiegeln die Werte und die Struktur einer bestimmten Zeit, eines bestimmten Gesellschaftssystems und einer bestimmten Kultur wider. Sie wirken sich auf die Definition von normalem — d. h. rollenkonformem —, von abweichendem Verhalten aus und beeinflussen die ausgewählten Behandlungsverfahren sowie die Ziele, die mit ihnen verfolgt werden. Psychotherapie ist somit nie wertfrei. Seitdem es Normen gibt und Menschen, die ihnen nicht entsprechen, die unter ihrem Anderssein leiden, bzw. unter denen die Gesellschaft leidet, seitdem gibt es andere, die versuchen, mit Hilfe von Worten und Taten psychische, somatische und/oder Abweichungen im Verhalten zu verändern. Die Aufgabe des Helfens wird in der Regel spezifischen Rollenträgern zugeordnet wie z. B. Medizinmännern. Sie kann aber genauso von Familienangehörigen übernommen werden, die eine stützende Funktion für den Leidenden haben (Kriz, 1985).

Therapeutische Interventionen im weiteren Sinne haben ihre Wurzeln in der archaischen Heilkunst, der Religion, der Magie und der „alten" Medizin. Sie lassen sich einerseits dem religiös-magischen Bereich und andererseits dem naturalistischen oder wissenschaftlichen Bereich zuordnen (Wittchen & Fichter, 1980; Schmidbauer, 1975; Garfield, 1982; Kriz, 1985; Frank, 1981).

Zu Beginn der Menschheitsgeschichte wurde eine bestimmte Form des Leidens, die wir heute psychisches Leiden nennen würden, als von übernatürlichen Kräften — also von *religiös-magischen* Faktoren — verursacht angesehen. Der Kranke war in den Augen der Gemeinschaft von einem bösen Geist besessen oder von einem bösen Zauber oder Fluch belegt (Wyss, 1982). Die Behandlung des Leidens bestand darin, daß der Heiler, welcher Priester und Arzt in einer Person war, zusammen mit dem Kranken und u. U. dessen Bezugsgruppe bestimmte Rituale durchführte. Solche Zeremonien erforderten die aktive Teilnahme aller Beteiligten und waren emotional sehr aufwühlend. Erste *naturwissenschaftliche* Ausführungen über die Entstehung

und Behandlung von Geisteskrankheiten gab es ebenfalls schon zu einem sehr frühen Zeitpunkt unserer Geschichte. Sie stammen von Hippokrates aus dem Jahre 500 v. Chr. Hippokrates sah die organische Ursache von Geisteskrankheiten in einer fehlerhaften Mischung der Körpersäfte, deren Mißverhältnis sich auf das Gehirn auswirken sollte. Sein Verdienst war die Beschreibung verschiedener Störungsformen, die Melancholie, die Manie und Phrenitis (Gehirnfieber) (Frank, 1981; Kriz, 1985; Saß, 1988). Seine Überzeugung konnte sich jedoch nicht durchsetzen und ging schon bald verloren.
Bis gegen Ende des 17. Jahrhunderts dominierte die Auffassung, daß Geisteskrankheiten eine Strafe Gottes für sündiges Verhalten seien oder ein Zeichen für die Besessenheit vom Teufel. Dementsprechend waren die Kirche und der Staat für die Behandlung zuständig. Diese bestand darin, den kranken Menschen einzusperren, zu quälen oder zu verbrennen (Garfield, 1982; Kriz, 1985). Im 18. Jahrhundert dann wurden psychisch kranke Menschen zwar nicht mehr auf dem Scheiterhaufen verbrannt – die Zeit der Hexenverbrennungen war vorbei – nichtsdestotrotz verfuhr man meist immer noch sehr menschenunwürdig mit ihnen. Unter anderem wurden sie in kerkerartigen Irrenanstalten an Mauern gekettet.
Gegen Ende dieser Epoche konnte Anton Mesmer (1734–1815) zeigen, daß man psychische Symptome mit Hilfe von Trancezuständen zum Verschwinden bringen konnte. Auch wenn er Störungen körperlichen Einflüssen zuschrieb und für die Heilung Veränderungen bestimmter Magnetfelder verantwortlich machte, so handelt es sich bei diesem Ansatz doch um eine Vorform der Hypnose, die als psychotherapeutische Methode bald Anerkennung finden sollte (Frank, 1981; Kriz, 1985).
Insgesamt vollzog sich im 18. und 19. Jahrhundert ein Einstellungswandel. Das kirchliche Glaubenszeitalter neigte sich dem Ende und wurde abgelöst von einer Epoche, in der ein „deterministisches, mechanistisches, materialistisches und somatogenetisches" Weltbild vorherrschte (Kriz, 1985, S. 15). Der Grundstein zu dieser Entwicklung wurde bereits im 17. Jahrhundert durch die Arbeiten des französischen Philosophen Descartes (1596–1650) gelegt. Er entwarf ein dualistisches Weltbild, das auf eine streng mechanistische Deutung der Natur abzielte. Sein Basisaxiom lautete: „Cogito, ergo sum." – Ich denke, also bin ich. Descartes Arbeiten wirkten sich prägend auf die gesamte abendländische Kultur aus. Sie bewirkten eine

Trennung von Leib und Seele und ermutigten die Menschheit dazu, sich eher mit ihrem rationalen Verstand als mit ihrem ganzen Organismus zu identifizieren (Capra, 1985).

Als Folge dieses Umdenkens wurden psychische Beeinträchtigungen als Geisteskrankheiten mit organischem Substrat gesehen, die im Zusammenhang mit Dysfunktionen des Gehirns standen. Das Denken des 18. und 19. Jahrhunderts war einerseits geprägt von einer Reihe bahnbrechender medizinischer Fortschritte: Emil Kraepelin (1856–1926) veröffentlichte ein Klassifikationssystem der Geisteskrankheiten, in dem er deren organische Verursachung betonte. Paul Broca (1824–1880) entdeckte das motorische Sprachzentrum. Der Nachweis gelang, daß eine bestimmte Art der Geisteskrankheit — die allgemeine Parese — eine Auswirkung der Syphilis ist, verursacht durch den Erreger „Spirochaeta pallida". Ferner wurden die Erreger von Tuberkulose und Cholera gefunden und die Impftechnik entwickelt.

Andererseits wirkten sich philosophische Auseinandersetzungen mit dem Menschen auf unser heutiges Psychotherapieverständnis aus. Als geistige Wegbereiter sind Philosophen wie Kierkegaard (1813–1855), Nietzsche (1844–1900) und Schopenhauer (1788–1860) zu nennen. Ihre Werke weisen bereits auf die Bedeutung des Unbewußten hin; Schopenhauer bezieht unbewußte Prozesse sogar explizit auf die Entstehung psychischer Erkrankungen. Der Einfluß sozialer und psychischer Faktoren bei der Entstehung von Konflikten und geistigen Krankheiten wurde bereits von Dichtern wie Goethe (1749–1832), Schiller (1759–1805) und Dostojewskij (1821–1881) formuliert. Als überholt galten zu jener Zeit z. B. Annahmen von Vives (1492–1540) über den Stellenwert von Assoziationen, unbewußten Motivationen und sexuellen Trieben für die Psychopathologie oder aber Vorstellungen von Paracelsus (1493–1541) über „unbewußte Zielsetzungen bei kindlichen Neurosen" (Kriz, 1985, S. 12f.).

Vor dem Hintergrund dieser geistigen und naturwissenschaftlichen Strömungen begann Freud (1856–1939) — von Hause aus Mediziner — mit seinen Arbeiten zur Traumdeutung. Die Veröffentlichung seines Werkes „Die Traumdeutung" (1900) gilt als der Beginn der professionellen Psychotherapie. Freud war der erste, der die zuvor beschriebenen Ansätze in einem einheitlichen theoretischen Konzept zusammenfaßte. Er macht die ins Unbewußte verdrängten Vorstellungen, Ängste oder Wün-

sche für die Entstehung und Aufrechterhaltung psychischer Störungen verantwortlich.
Fast zur gleichen Zeit entwickelte sich eine Strömung innerhalb der Psychologie, die theoretische Annahmen mit Hilfe empirischer Untersuchungen überprüfte. Es entwickelte sich die experimentelle Psychologie. Pawlow (1849–1936) entdeckte den bedingten Reflex und erhielt dafür 1904 den Nobelpreis. Er demonstrierte, wie man Hunde, die man unlösbaren Konflikten aussetzte, neurotisch machen konnte. Seine Ergebnisse wurden im folgenden auf die Genese neurotischer Symptome bei Menschen übertragen und haben auch heute noch ihre Gültigkeit. Watson (1878–1958), Thorndike (1874–1949) und Skinner (1904–1990) fanden, daß menschliches und tierisches Verhalten durch systematische Verstärkung formbar sei, indem man immer dasjenige Verhalten belohnt, das eine Annäherung an das Zielverhalten darstellt. Pawlows, Watsons, Thorndikes und Skinners Vorstellungen fanden ihren Niederschlag in der Verhaltenstherapie (Frank, 1981; Kriz, 1985).
Eine dritte Gruppe von Behandlungskonzepten entstammt den Lehren europäischer Philosophen und rückt das unmittelbare Erleben in den Mittelpunkt ihrer Bemühungen. Der Mensch birgt demnach eine Tendenz zur positiven Selbstentfaltung in sich. Werden diese Bestrebungen behindert, kommt es zu psychischen Auffälligkeiten. Innerhalb des therapeutischen Gesprächs und der dadurch vermittelten Erfahrungen der Wertschätzung, Wärme und Echtheit wird der Klient fähig, einen höheren Grad der Selbstverwirklichung zu erreichen. Als Begründer dieser existentiell-humanistischen Therapieform, der Gesprächspsychotherapie, gilt Carl Rogers (*1902) (Frank, 1981).
Die drei Grundkonzepte Psychoanalyse, Verhaltenstherapie und Gesprächspsychotherapie bilden die Eckpfeiler unseres heutigen psychotherapeutischen Angebots. Zu jedem Ansatz gibt es eine Vielzahl von Varianten, Modifikationen und Ergänzungen. Im gegenwärtigen Zusammenhang jedoch erscheint die Darstellung der ursprünglichen Grundkonzepte sinnvoller als die Beschreibung ihrer Weiterentwicklungen.

2.3 Der Krankheitsbegriff in der Psychotherapie

In diesem Abschnitt werden das medizinische Krankheitsmodell, auf das im vorhergehenden Teil bereits Bezug genommen wurde, die Kritik daran sowie die alternative sozialwissenschaftliche Auffassung behandelt. Diese Thematik ist insofern von Bedeutung, als unser Verständnis von psychischen Krankheiten und Psychotherapie auch heute noch von der medizinischen Sichtweise geprägt ist. Die Diskussion um eine naturwissenschaftliche oder sozialwissenschaftliche (bzw. in früheren Jahrhunderten religiöse) Auffassung von psychischen Erkrankungen zieht sich einerseits wie ein roter Faden durch die Geschichte der Psychotherapie (Kap. 2.2). Andererseits macht sie den Paradigmenwechsel, der sich allmählich vollzieht, verständlich. Das beginnende Umdenken bezieht sich nicht nur auf das Krankheitsverständnis, sondern ebenso auf die Schwerpunkte, die innerhalb des therapeutischen Prozesses gesetzt werden, sowie auf die Faktoren, die für die Effektivität von Therapie verantwortlich gemacht werden.

Zunächst einmal sei auf die Bedeutung des *Krankheits- und Normalitätsbegiffs* für die Psychotherapie hingewiesen. Beurteilungen von Verhalten nach Gesichtspunkten wie normal-abweichend, erwünscht-unerwünscht oder akzeptabel-behandlungsbedürftig tragen dazu bei, die über einen Menschen erhaltenen Informationen zu strukturieren und zu systematisieren. Insofern stellt ein Krankheitsmodell eine Art kognitives Ordnungsschema dar. Es beinhaltet Annahmen über die Ursachen, den Verlauf und die Behandlungsmöglichkeiten bei psychisch abweichendem Verhalten. Diese Überzeugungen werden beeinflußt von der jeweils zugrundeliegenden theoretischen Orientierung (Psychoanalyse, Verhaltenstherapie, Gesprächspsychotherapie usw.), von institutionellen Rahmenbedingungen (z. B. die gesetzliche Reichsversicherungsordnung, festgelegte Arbeitsabläufe in bestimmten Einrichtungen) und von dem jeweiligen Menschen- und Gesellschaftsbild, das in einer bestimmten Kultur vorherrscht (z. B. Autonomie und Ich-Stärke als Normen der Selbstverwirklichung). Daraus läßt sich ableiten, daß es sehr unterschiedliche Vorstellungen bezüglich Normalität und Abweichung von Verhalten gibt (Keupp, 1982).

2.3.1 Das medizinische Krankheitsmodell

Das *medizinische Modell* hat heute die Stellung eines allgemeingültigen Krankheitsverständnisses erlangt. Daraus erklärt sich der große Einfluß der Psychiatrie im Bereich der psycho-

sozialen Versorgung. Psychische Abweichungen werden als personengebundenes Defizit gewertet, wobei man biologisch-genetische Ursachen unterstellt (Keupp, 1982). Ausgangspunkt dieses psychiatrischen Krankheitsverständnisses ist die Definition von Krankheiten als Einheiten, wobei der Schwerpunkt auf die *Krankheitsdiagnose* gelegt wird und nicht wie bei Hippokrates auf die Krankheitsbeschreibung. „Diagnose" ist ein aus der Medizin übernommener Terminus, der einerseits den Prozeß des Benennens einer Krankheit und andererseits sein Resultat kennzeichnet, nämlich die Zuordnung von körperlichen und psychischen Störungen zu Krankheitsbegriffen eines nosologischen Systems, also eines Schemas, anhand dessen Krankheiten systematisch eingeordnet und beschrieben werden. Dabei ist ein Bezugsrahmen in Form einer Untersuchungs- und Krankheitslehre vonnöten. Die Benennung des Zustandes eines Patienten gilt als die Voraussetzung einer jeden Behandlung, denn sie impliziert — wie bereits erwähnt — Annahmen über die Entstehung und den Verlauf einer Erkrankung und ist verknüpft mit Erfahrungen anderer Fachleute mit diesem Symptombild. Ferner liefert eine Diagnose Hinweise über die wichtigsten Bedingungen der angezeigten Therapie und dient aufgrund ihrer klassifikatorischen Merkmale der sozialen Entscheidungsbildung. Beispielsweise können mit Hilfe eines Klassifikationssystems Entscheidungen über Entmündigung oder Fürsorgepflicht leichter getroffen werden.
Ein Grundgedanke des medizinischen Krankheitsbildes lautet, daß es *Krankheits- und Symptomkomplexe* gibt. Als Krankheitskomplexe bezeichnet man pathologische Prozesse, die mit bestimmten psychischen Auffälligkeiten korrelieren. Symptomkomplexe sind all jene Krankheitsanzeichen, die zu einem bestimmten Zeitpunkt bei einem bestimmten Menschen vorhanden sind (Kanfer & Saslow, 1976). Die Verbindung zwischen Krankheits- und Symptomkomplex wird durch das vorhandene medizinische Wissen hergestellt. Die Diagnose entspricht dabei der Benennung des Krankheitskomplexes. Da der derzeitige medizinisch-psychologische Wissensstand noch sehr bruchstückhaft ist, sind Zuordnungen von Krankheiten zu Symptomkomplexen nur in Form von Wahrscheinlichkeitsaussagen möglich, wodurch eine gewisse Irrtumswahrscheinlichkeit mit eingeschlossen wird (Kanfer & Saslow, 1976).
In den letzten Jahren wird immer mehr Kritik an dieser Form der medizinischen bzw. psychiatrischen Diagnostik laut. Erschei-

nungsbild und Verlauf einer bestimmten psychiatrischen Erkrankung sind interindividuell oft ausgesprochen unterschiedlich, so daß allgemeine prognostische Aussagen häufig ohne großen Wert sind. Ferner ist die Annahme überdauernder Verhaltensweisen innerhalb einer diagnostischen Gruppe zweifelhaft. Situative Faktoren, denen dabei ein entscheidender Einfluß zuzurechnen ist, werden meist weitgehend außer acht gelassen. Abgesehen davon sind Annahmen über die Entstehung psychischer Erkrankungen nur sehr vage. Ein weiteres Argument gegen die herkömmliche psychiatrische Diagnostik ist die Tatsache, daß die Übereinstimmung der Diagnosen zwischen verschiedenen Beurteilern oft relativ gering ist (Kanfer & Saslow, 1976). Zudem sind eindeutige Zuordnungen von Symptombildern zu Kategorien häufig nicht möglich, da sich die Symptome bei verschiedenen Krankheitsbildern überlappen. Hinzu kommt, daß im klinisch-psychologischen Bereich eine bestimmte Diagnose nicht zwangsläufig zu einer bestimmten Behandlung führen muß, d. h. andere Variablen wie demographische oder Persönlichkeitsvariablen des Klienten sind für die Wahl einer Behandlung mindestens ebenso wichtig (Kanfer & Saslow, 1976).

Dennoch kann auf Diagnosestellungen nicht verzichtet werden. Sie dienen als Verständigungsgrundlage und sind insofern von großem kommunikativem Wert; nicht umsonst wird in der Praxis hartnäckig am medizinischen Krankheitsmodell festgehalten. Überdies liegt bislang noch keine adäquate Alternative vor (Kanfer & Saslow, 1976). Ullmann und Krasner (1969) führen an, daß ein Verzicht auf Diagnosestellungen nicht sinnvoll sei, da Diagnosen von Laien ohnehin vergeben würden, welche wesentlich krasser und unspezifischer ausfallen würden als vorgegebene medizinische Benennungen. Zudem können Diagnosen den betreffenden Patienten durchaus entlasten, wenn z. B. die Angst vor einer Psychose besteht und die Diagnose einer neurotischen Störung weitere ängstigende Gedanken begrenzt oder aber, wenn ein Patient seine Probleme einer organischen Ursache zuschreibt, um auf diese Weise seiner Eigenverantwortung in der Therapie zu entgehen. Eine Diagnose, die eine organische Verursachung ausschließt, kann in diesem Fall eine Verhaltensänderung also eher ermöglichen. Andererseits können Diagnosen auch stigmatisierende Effekte im Sinne einer self-fulfilling-prophecy haben (Schmidt, 1984).

2.3.2 Das sozialwissenschaftliche Krankheitsmodell

Trotz der Dominanz des medizinischen Krankheitsmodells macht sich allmählich ein Umdenken breit. Es entstehen *sozialwissenschaftliche Modelle*, die lebensgeschichtlichen Faktoren und sozioökonomischen Lebensbedingungen einen größeren Erklärungswert beimessen als Vorstellungen über die biologische Verursachung psychischer Erkrankungen. Psychische Störungen werden also stärker im Zusammenhang mit der *gesamten Lebenssituation* des betroffenen Individuums gesehen und weniger als Krankheiten mit einem einheitlichen zugrundeliegenden Krankheitsprozeß. Kanfer und Saslow (1976) beispielsweise fordern eine umfassendere Sicht psychischer Erkrankungen als bisher. Eine angemessene Diagnose sollte den Autoren zufolge psychologische, biologische, ökonomische und soziale Variablen gleichermaßen berücksichtigen, denn der Mensch wird als Teil eines sozialen Systems gesehen, zu dessen Aufrechterhaltung oder Veränderung er beiträgt. Die Autoren schlagen in diesem Zusammenhang ein Modell der „funktionalen Verhaltensanalyse" vor, mit dessen Hilfe man zu einer globaleren Sicht einer Störung gelangt. Der Diagnostiker erhebt Informationen zu den problematischen Situationen, in denen das symptomatische Verhalten auftritt, Informationen über die Motivation des Klienten und seine biologische, soziologische und verhaltensbezogene Entwicklung sowie über seine Möglichkeiten der Selbstkontolle. Er analysiert die sozialen Beziehungen des Klienten sowie seine Umwelt hinsichtlich sozialer, kultureller und physikalischer Gesichtspunkte (Kanfer & Saslow, 1976). Auf diesem Wege werden dann Therapieziele abgeleitet, Interventionsmethoden ausgewählt und der Therapieverlauf sowie dessen Kontrollmessungen langfristig geplant (Schulte, 1976). Wichtig hierbei ist, daß der diagnostische Prozeß nicht mit der Diagnosestellung abgeschlossen ist. Therapie beinhaltet eine ständige Reflexion der therapeutischen Maßnahmen und der Therapieziele bezüglich ihrer Angemessenheit für den augenblicklichen Zustand des Patienten.

Eine Manifestation dieses Umdenkens zeigt sich in der Entwicklung des DSM-III bzw. DSM-III-R (Diagnostisches und Statistisches Manual Psychischer Störungen, 1984, 1989), eines Diagnose- und Klassifikationssystems für psychische Erkrankungen. Das DSM-III verzichtet auf ätiologische Modelle zur Erklärung psychiatrischer Krankheiten. Klassifikationsgrundlage bilden deskriptive Kennzeichen, die veränderbare theoretische Konstrukte bilden und keine festgelegten Krankheitseinheiten darstellen. Zur Symptombeschreibung werden dabei stärker als bisher soziale Parameter einbezogen. Somatische, psychische und soziale Faktoren bedingen wechselseitig eine psychische Erkrankung, die als Bewältigungsversuch eines Lebensproblems angesehen wird, für das die vorhandenen Ressourcen unzureichend waren. Jede psychische Erkrankung sollte umfassend auf fünf Achsen beschrieben werden. Beschreibungsdimensionen sind die klinische Achse, die Achse der Entwicklungs- und Persönlichkeitsstörungen, die Achse der körperlichen Erkrankungen sowie die Achse der Schwere psychosozialer Belastungen und die des höchsten Niveaus der sozialen Anpassung im letzten Jahr (Wittchen, Saß, Zaudig & Koehler, 1989).

Die Darstellung dieser sich wandelnden Sichtweise psychischer Störungen ist insofern von Bedeutung für diese Arbeit, als sie sich direkt auf die Vorgehensweise des Psychotherapeuten auswirkt und somit auch auf die Wirkfaktoren der Psychotherapie, die für Veränderungen verantwortlich gemacht werden. Zudem baut ein eklektisches therapeutisches Vorgehen explizit auf der Annahme einer multifaktoriellen Bedingtheit psychischer Störungen auf.

Eine einheitliche und befriedigende Definition des Begriffs *„Psychische Störung"* liegt bislang nicht vor. Im DSM-III werden lediglich Grundvorstellungen skizziert. Die Autoren beschreiben psychische Störungen als klinisch auffälliges Verhalten, als psychisches Syndrom oder als Merkmalscluster, die in typischer Weise mit als unangenehm erlebten Beschwerden oder mit einer Behinderung einhergehen. Ein Zusammenhang kann ferner zu einem stark erhöhten Risiko zu sterben, Schmerzen oder Behinderungen zu erleiden oder zu einem tiefgreifenden Verlust an Freiheit bestehen. Dabei darf es sich nicht ausschließlich um eine verständliche Reaktion auf ein bestimmtes Ereignis wie etwa den Tod eines geliebten Menschen handeln. Unabhängig von dem auslösenden Grund muß gegenwärtig eine *verhaltensbezogene, psychische* oder *biologische Dysfunktion* vorliegen. Eine psychische Störung liegt nicht vor, wenn es sich allein um normabweichendes Verhalten, z. B. politischer, religiöser oder sexueller Art oder allein um Konflikte zwischen Individuum und Gesellschaft handelt. Vorausgesetzt wird dabei, daß die Abweichung oder der Konflikt kein Symptom einer oben dargestellten Dysfunktion ist.

Eine psychische Störung wird *nicht* als eine umschriebene Einheit mit klaren Grenzen zwischen dieser und einer anderen Störung verstanden, ebensowenig wie zwischen Vorliegen und Nicht-Vorliegen einer psychischen Störung klare Grenzen bestehen müssen (Wittchen, Saß, Zaudig & Koehler, 1989).
Im folgenden wird eines der Kernprobleme der Psychotherapie, die Indikationsfrage, näher beleuchtet, bevor dann auf die schulenspezifischen Wirkfaktoren von Psychotherapie eingegangen wird.

2.4 Die Indikationsfrage in der Psychotherapie

Eine zentrale Fragestellung in der Psychotherapie ist, neben der Diagnosestellung, die der Indikation. Der Begriff „Indikation" stammt aus dem Lateinischen und ist abgeleitet von „indicatio", was so viel bedeutet wie Hinweis oder Anzeige. Dieser in der Medizin gebräuchliche Terminus wird beschrieben als „Veranlassung, Grund, ein bestimmtes Heilverfahren anzuwenden, ein Medikament zu verabreichen" (Drosdowski u. a., 1982, S. 336). Im klinischen Wörterbuch Pschyrembel (1990, 256. Aufl., S. 779) werden vier Arten der Indikation unterschieden: die Indicatio causalis als Heilanzeige, die durch die Ursache des Leidens erforderlich wird, die Indicatio morbi als Indikation durch die Krankheit selbst, die Indicatio symptomatica als Indikation durch einzelne Krankheitserscheinungen; und schließlich wird die Indicatio vitalis aufgeführt als die Indikation durch vorhandene Lebensgefahr.
Indikationen im Bereich der Psychotherapie erfolgen in der Regel auf der Basis von Symptomen und Syndromen, da psychische Krankheitseinheiten oft sehr unpräzise formuliert sind und als multikausal bedingt gesehen werden. Zum Teil werden verschiedene indikationelle Begründungen miteinander verbunden. Übertragen auf die Psychotherapie lautet die Erläuterung von Indikation nach Schraml (1969) wie folgt: „... korrekte Ermittlung der geeigneten Therapieform für die jeweilige Störung beim jeweiligen Patienten" (Baumann & von Wedel, 1981, S. 3). Andere Autoren (z. B. Minsel, 1975) verstehen unter Indikation die Wahl eines im Einzelfall geeigneten Therapieverfahrens, d. h. eines Maßnahmenbündels, das sich über den ganzen Therapieverlauf erstreckt. Durch folgende Fragestellung läßt sich das

Indikationsproblem im Bereich der Psychotherapie kurz und präzise skizzieren: „Bei welchem Patienten mit welchen psychischen Störungen ist welche Therapiemethode durch welche Therapeuten zu welcher Zielsetzung wirksam?" (Seidenstücker, 1984, S. 445; Baumann & von Wedel, 1981, S. 2). Deutlich wird bei dieser Fragestellung, daß in jede Indikationsentscheidung Wertvorstellungen, Ziele des Klienten und seine damit verbundenen Änderungspräferenzen eingehen. Je nach zugrundeliegendem Welt- und Menschenbild und den davon abhängigen Zielvorstellungen sind dementsprechend unterschiedliche Lösungen eines Problems möglich.

Die an dem medizinischen Krankheitsmodell laut gewordene Kritik beansprucht in bezug auf die Indikation analoge Gültigkeit. Wenn man davon ausgeht, daß psychische Störungen Bewältigungsversuche von Lebensproblemen darstellen, müssen Indikationsentscheidungen immer in bezug auf das Individuum und seine konkrete Lebenssituation getroffen werden. Dieser Standpunkt bringt es mit sich, daß eine feste Zuordnung von psychischen Störungsbildern und psychotherapeutischen Behandlungsmethoden dem Sachverhalt nicht mehr entspricht. Eine Behandlung des Indikationsproblems in der Psychotherapie in Analogie zur Indikation in der Medizin ist also von vornherein zum Scheitern verurteilt (Grawe, 1982).

Drei grundlegende Vorgehensweisen lassen sich nach Seidenstükker (1984, 1988) und Baumann (1981) bei der Indikationsstellung unterscheiden:

a) die *selektive, prognostisch orientierte* Indikation: Darunter werden Fragestellungen und Entscheidungen vor Behandlungsbeginn subsumiert, die sich auf das Therapieergebnis beziehen;
b) die *adaptive, verlaufsorientierte* Indikation: Hierbei handelt es sich um Entscheidungen, die während des Therapieverlaufs getroffen werden und
c) die *inventive* Indikation: Seidenstücker versteht darunter den Grund für die „problemspezifische Erfindung und Entwicklung von psychotherapeutischen Maßnahmen" (Seidenstükker, 1988, S. 413).

Als die beiden grundlegenden Positionen gelten die selektive und die inventive Methode, denen gegenüber die adaptive Methode als Mischmodell zu kennzeichnen ist.

ad (a)
Die zu Therapiebeginn gestellten, *prognostisch orientierten, selektiven Indikationsfragen* zielen darauf ab, den Behandlungserfolg einzuschätzen, und zwar entweder auf der Grundlage gegebener diagnostischer Patienten-, Störungs-, Therapeuten- und Zielmerkmale (Statusmerkmale) oder aber auf der Basis einer „Probetherapie" (Prozeßmerkmale). Eine Selektion kann entweder in bezug auf Maßnahmen stattfinden oder aber in bezug auf Patienten, die mehr oder weniger für ein bestimmtes therapeutisches Angebot geeignet sein können (z. B. Drogentherapie oder Eheberatung).
Eine weitere zentrale Frage, die es in diesem Kontext zu klären gilt, ist die der *Kontraindikation*. Es wird nach Gründen gesucht, die *gegen* eine Psychotherapie überhaupt oder gegen die Anwendung spezifischer therapeutischer Techniken im speziellen sprechen. Die Beurteilung psychischer Veränderungen als positiv oder negativ ist oft sehr problematisch, da sie abhängig ist von den zugrundegelegten Werten und Normen sowie von der Dauer der aufgetretenen Effekte. Kurzfristige Verschlechterungen können beispielsweise durchaus im Interesse des therapeutischen Geschehens liegen. Es muß deshalb immer das Gesamtkonzept der Therapieziele bei der Beurteilung einbezogen werden. Die Frage der Kontraindikation wird von der Psychotherapieforschung häufig vernachlässigt. Sie steht in engem Zusammenhang zu den negativen Effekten bzw. den Nebenwirkungen von Psychotherapie.
Im Verlauf des selektiv-prognostischen Entscheidungsprozesses stößt man zwangsläufig an Grenzen. Diese werden vorgegeben durch das therapeutische Setting in Form nur begrenzter Zeit oder in Form fehlender empirischer Befunde für einen speziellen Fall, so daß man sich an klinischen Erfahrungswerten orientieren muß. Restriktionen bestehen zudem u. U. in Form eines begrenzten Methoden- und Therapeutenangebots oder einer eingeschränkten Verfügbarkeit therapeutischer Techniken durch Spezialisierungen der Therapeuten oder Institutionen (Seidenstükker, 1984, 1988).
Ganz allgemein läßt sich an dieser Stelle die psychiatrische Prognoseregel anführen, die sowohl für die Psychoanalyse als auch für die Gesprächspsychotherapie und die Verhaltenstherapie Gültigkeit besitzt. Sie besagt, daß die Besserungschancen mit und ohne Behandlung um so größer sind
— je gesünder die prämorbide Persönlichkeit ist,
— je besser der Patient sein Leben bewältigt,

— je akuter die Symptome sind,
— je weniger sie an die Persönlichkeitsstruktur gebunden sind, d. h. je ich-fremder sie erlebt werden und
— je stärker die schmerzlichen Affekte empfunden werden (Graupe, 1984).

ad (b)
Ausgangspunkt der *adaptiven, verlaufsorientierten Indikation* ist die Interaktion zwischen Therapeut und Klient, in deren Verlauf der Therapeut sein Vorgehen ständig auf die situativen und persönlichen Erfordernisse des Patienten sowie auf die internen und externen Therapieziele abstimmt. Mit Hilfe impliziter und expliziter Entscheidungsheuristiken (Wenn-Dann-Regeln) wird schließlich entschieden, welche psychotherapeutische Technik, welches konkrete Vorgehen beim gegenwärtigen Verhalten des Patienten zu welcher Zielsetzung sinnvoll ist (Seidenstücker, 1984). Nach Zielke (1979) kann eine Anpassung der therapeutischen Strategie an den Klienten beispielsweise bedeuten, spezifische Defizite mit Hilfe von Förderungsmaßnahmen auszugleichen, den Zeitplan zu verändern oder kompensatorische Verhaltensweisen des Klienten zu verstärken usw. Die spezifischen Maßnahmen werden also an den Einzelfall angepaßt, und zwar unter Berücksichtigung der aktuellen Randbedingungen. Liegt der Schwerpunkt weniger auf den einzelnen Verfahren, sondern mehr auf der dynamischen Interaktion zwischen Therapeut und Klient, dann bedeutet Anpassung in diesem Zusammenhang die Abstimmung von z. B. Problemlösungs- und Verhandlungskonzepten auf das augenblickliche Geschehen (vgl. Prozeßdiagnostik). Laut Baumann & von Wedel (1981) schließen sich diese unterschiedlichen Sichtweisen von Therapie, wie sie mit den Begriffen selektiv-prognostische und adaptiv-verlaufsorientierte Indikation verknüpft sind, nicht aus, sondern ergänzen sich gegenseitig. Sie implizieren Angaben auf verschiedenen Abstraktionsebenen.

ad (c)
Unter *inventiver Indikation* versteht man den Anlaß, eine problemspezifische Kombination von Maßnahmen zu erfinden und zu entwickeln. Diese Strategie ist angezeigt, wenn der therapeutische Prozeß nicht ausschließlich in der Anwendung bereits erprobter Strategien bestehen kann. Darüber hinaus müssen Techniken und Behandlungselemente auf den Einzelfall neu

abgestimmt werden. Dieser Eklektizismus, der derzeit von allen therapeutischen Interventionsformen die dominierende Vorgehensweise ist, hat zum Ziel, die Therapiemethoden unterschiedlicher Richtungen zu integrieren. Zu kritisieren ist an dieser Verfahrensweise, daß Eklektiker zu wenig auf psychologische Grundlagentheorien zurückgreifen. Es fehlen demnach rationale Begründungen des individuellen Vorgehens.

Zu Selektionsentscheidungen im Sinne einer Indikation kommt es nicht erst bei Therapieeintritt. Auf der Suche nach Hilfestellung zur Bewältigung seiner Probleme durchläuft der Klient in der Regel folgende Stadien: Nachdem sich der Betroffene seiner Symptomatik bewußt geworden ist, trifft er u. U. eigene Entscheidungen zur Problemlösung *(Selbstselektion)* oder er bittet Freunde oder Verwandte um Rat *(Laiensystem)*. Eine weitere Anlaufstelle, um Hilfe zu erhalten, sind halbprofessionelle Berater wie z. B. Ärzte, Seelsorger, Pfarrer, Apotheker etc. *(halbprofessionelle Selektion)*. Oft wird der Ratsuchende schließlich an einen Arzt verwiesen, der zwar ein Fachvertreter des Gesundheitswesens ist, jedoch kein Spezialist in Psychotherapie *(professionelle Selektion)*. Erst wenn eine Überweisung an einen Psychotherapeuten erfolgt, kommt es zu differentiellen Entscheidungen (Baumann & Wedel, von, 1981; Seidenstücker, 1988; Grawe, 1982).

An allen genannten Stellen (Laiensystem, halbprofessionelle Berater, Spezialisten des Gesundheitssystems und Psychotherapeuten) werden Indikationsaussagen gemacht bzw. Entscheidungen nach allgemeinen Handlungsregeln getroffen, die angeben, welche Maßnahmen unter den gegebenen Randbedingungen (Ziele etc.) am besten geeignet sind, wenn auch auf unterschiedlichem Abstraktionsniveau. Alle diese Entscheidungsschritte sind selektiv-prognostischer Art. Erst nach Therapieeintritt werden differentielle Gesichtspunkte berücksichtigt und der Psychotherapeut trifft prognostische, selektive oder inventive Entscheidungen von höherem Auflösungsgrad als auf den vorhergehenden Entscheidungsstufen. Im System der Spezialisten werden dann situative Aspekte mitberücksichtigt. Man spricht von adaptiven, verlaufsorientierten Entscheidungen, die ständig gefällt werden müssen. Nach der status- und therapieorientierten Diagnostik sind folgende Punkte im Hinblick auf ihre Erfolgswahrscheinlichkeit selektiv abzuklären: ambulante vs. stationäre Therapie, Einzel- vs. Gruppentherapie, Einbeziehung von Bezugspersonen oder nicht, Beratung vs. Langzeit- oder Kurzzeit-

therapie, externe Therapieziele, Auswahl von Therapiemethoden zur Verwirklichung der externen Therapieziele (erfolgt i. d. R. schulenintern) sowie interne Therapieziele (Seidenstücker, 1984).
Indikationsentscheidungen können nur auf der Grundlage einer umfassenden Diagnostik adäquat getroffenen werden. Eine therapieübergreifende Konzeptualisierung des diagnostischen Prozesses hat Jäger (1986) erarbeitet. Eine Darstellung dieses Entscheidungsprozesses, die den Schwerpunkt auf die Interventionsseite legt, stammt von Gottmann und Leiblum (1974).
Die Anforderungen an indikationsrelevante Verfahren sind äußerst komplex. Entsprechende Technologien sollten selektive Entscheidungen sowohl zwischen als auch innerhalb von Therapieschulen begründbar machen. Ebenso sollten sie dazu beitragen, adaptive und inventive Indikationsentscheidungen von Interventionsmethoden zu finden. Sie müssen deshalb Klienten-, Problem- und Therapeutenmerkmalsinventare, Zielanalysetechniken und Interventionstaxonomien umfassen.
Normativ-algorithmische Ansätze zur Steuerung indikationsrelevanter Problemlöseprozesse stammen z. B. von Cronbach und Gleser (1965) oder Westmeyer (1979). Der zentrale Gedanke dabei ist, daß Entscheidungsalgorithmen die Auswahl und Gestaltung der Therapie bei gegebenen Randbedingungen so steuern, daß sie für den Klienten optimal sind. Das Ziel besteht darin, Indikationsentscheidungen vom Indikationssteller unabhängig zu machen und somit die subjektive Komponente zu minimieren. Kriterien, die den Prozeß der Auswahl von Behandlungsverfahren steuern, sind in Westmeyers Modell beispielsweise Effektivitätswerte, Präferenzwerte und Maßnahmenkosten. In der Praxis zeigt sich jedoch, daß sich mit dieser Art von Modellen nicht arbeiten läßt, denn die Frage, wie man z. B. zu Effektivitätswerten gelangt, bleibt bislang unbeantwortet.
Neuere Lösungsvorschläge sind vermehrt heuristischer Art. Unter Heuristiken versteht man dabei Findeverfahren bzw. vorläufige Annahmen, die den Lösungsprozeß steuern. Erwähnt sei in diesem Kontext der heuristische Ansatz von Jäger (1986), der den Entscheidungsprozeß in vier Teilaufgaben unterteilt: in Zielfestlegungen, in die Auswahl zielführender Therapiemethoden, in die Formulierung einer individuellen Erfolgsprognose und in die Entscheidung darüber, ob der Klient durch einen bestimmten Therapeuten behandelt werden kann.

Westmeyer (1984) schlägt ein Verhandlungsmodell vor, auf das auch im Rahmen eklektisch orientierter Therapien zurückgegriffen werden kann. Nach Westmeyers Vorstellungen sollen Indikationsentscheidungen im Verlauf einer Diskussion über die zu begründenden psychotherapeutischen Vorgehensweisen zwischen dem Praktiker und einem Rationalitätsprüfer entstehen. Beide Parteien sind befugt, Sachverständige oder Experten als Hilfestellung in das Gespräch einzubeziehen. Die Entscheidungsgewalt hat letztlich ein Dritter, der Rationalitätsbeurteiler. Westmeyer stellt vier typische Verhandlungsverläufe vor, die den Stellenwert von Theorien und empirischen Befunden bei der Begründung von Therapieentscheidungen veranschaulichen (Westmeyer, 1984). Elementare Bestimmungsstücke von Jägers (1986) sowie Westmeyers (1984) Modell sind einerseits Problem- und Interventionstaxonomien sowie andererseits die Orientierung an empirischen Befunden bei der Entscheidungsfindung.

Nach Petermanns Konzept der Kontrollierten Praxis (1982) sollte eine differentielle Indikationsstellung eingebettet sein in eine systematische Dokumentation des therapeutischen Geschehens. Die Datenerhebung sollte kontinuierlich, therapiebegleitend und multimethodal erfolgen. Multimethodal bedeutet hier, daß unterschiedliche Datenquellen (Klient, Bezugspersonen, Therapeut, unabhängiger Beobachter), unterschiedliche Datenebenen (Verhalten, Erleben, Kognitionen, soziologische und biologische Ebene des Klienten) und unterschiedliche Funktionsbereiche in die Untersuchung einbezogen werden sollen. Gefordert wird weiterhin die systematische Dokumentation des individuellen therapeutischen Prozesses unter den Gesichtspunkten der Indikationsstellung, des Therapieverlaufs, der Zielerreichung und der Erfahrungsauswertung. Im Zuge der kumulativen Erfahrungsbildung werden aus dem Verlauf und dem Ergebnis ähnlicher Einzelfälle allgemeinere Schlußfolgerungen gezogen, die im weiteren diagnostisch-therapeutischen Vorgehen in entsprechenden Situationen und Fällen Anwendung finden können. An diesem Punkt wird die Schnittstelle zwischen praxisorientierter Therapiekontrolle und klinischer Grundlagenforschung ersichtlich. Die Relevanz dieses Modells liegt im Nachweis, den es erbringt, daß pragmatisches, psychotherapeutisches Handeln und wissenschaftlich fundierte Erkenntnisse der Psychologie unbedingt aufeinander abgestimmt werden müssen. Dabei sind psychodiagnostische Hilfsmittel ein wesentlicher Bestandteil. Das Konzept der Kontrollierten Praxis leistet einen wichtigen Beitrag dazu, das Vertrauen in die Psychotherapie zu erhöhen, denn es fordert eine optimale Informationsausschöpfung, verlangt eine Art Handlungskontrolle des Therapeuten, macht den therapeutischen Prozeß transparent und rekurriert auf individuenspezifische Patientenvergleiche und entsprechende Erfahrungsauswertung. Der Therapeut wird dazu angehalten, systematisch vorzugehen und seine Handlungsschritte zu überdenken, was sich auf das Verantwortungsgefühl des Therapeuten sowie seine Glaubwürdigkeit auswirkt (Petermann, 1982). Dies ist umso notwendiger, je weniger man sich als Praktiker auf empirisch abgesicherte therapeutische Handlungsregeln stützen kann oder will, wie dies insbesondere für eklektisch arbeitende Therapeuten gilt (Westmeyer, 1984). Es darf in diesem Zusammenhang nicht übersehen werden, daß es sich bei Petermanns Modell um einen Entwurf handelt, zu dessen Konkretisierung und ökonomischer Handhabung es noch weiterer Überlegungen und Veränderungen bedarf.

3. Spezifische Wirkfaktoren der Psychotherapie am Beispiel der Psychoanalyse, der Gesprächstherapie und der Verhaltenstherapie

Jede Form der Psychotherapie kann ihre Wirkung theoretisch zwei unterschiedlichen Arten von Einflußfaktoren zuordnen: (a) den spezifischen Faktoren und (b) den unspezifischen Faktoren. Unter *spezifischen Faktoren* versteht man spezielle Techniken und Strategien, die von den jeweiligen therapeutischen Systemen explizit zur Behandlung von psychischen Störungen entwickelt wurden (Bozok, 1986; Blaser, 1982). Als unspezifische Faktoren werden zwischenmenschliche Aspekte der Therapeut-Klient-Beziehung bezeichnet, die in allen Therapieformen in ähnlicher Weise vorhanden sind (Bozok, 1986; Blaser, 1982). Untersuchungen belegen, daß Therapeuten das Resultat einer Therapie eher schulenspezifischen Faktoren zuordnen (Garfield, 1982; Blaser, 1982), während die betroffenen Klienten eher die unspezifischen Wirkfaktoren für psychische Veränderungen verantwortlich machen (Feifel und Eells, 1963, zit. n. Garfield, 1982). Gegenstand dieses Kapitels sind *schulenspezifische Wirkfaktoren* der Psychotherapie. Im Mittelpunkt stehen hierbei die *Psychoanalyse*, die *Gesprächspsychotherapie* und die *Verhaltenstherapie* als die drei Hauptströmungen innerhalb der Psychotherapie, die am breitesten fundiert sind und in der Vergangenheit wegweisend für Entwicklungen psychotherapeutischer Konzepte waren. Zudem hat man sich in diesen Bereichen mit der Indikationsthematik befaßt. Die einzelnen Schulen werden hinsichtlich der zugrundeliegenden Persönlichkeits- und Störungstheorie, der Therapietheorie, der Therapieziele sowie der Indikation dargestellt. Die Darstellungen zur Indikation folgen der in Kap. 2.4 vorgenommenen Untergliederung nach selektiver und adaptiver Entscheidungsfindung. Angaben zur inventiven Vorgehensweise liegen nicht vor, da diese problemspezifisch getroffen werden und somit allgemeine Aussagen nicht möglich sind.

Was im folgenden unter Therapiezielen zu verstehen ist, soll an dieser Stelle kurz erläutert werden. Therapieziele lassen sich unterscheiden nach persönlichen Zielen der beiden Interaktionspartner einerseits (persönliche Motive, soziale Normen, moralische Wertvorstellungen usw.) und nach Zielen, die bestimmt sind durch Bedingungs-, Methoden- sowie Veränderungswissen andererseits. Sowohl persönliche Orientierungen als auch theoretische und strategische Orientierungen sind eng miteinander verflochten. Innerhalb der letzten Kategorie werden lang-, mittel- und kurzfristige Ziele voneinander abgegrenzt. Langfristige Ziele kennzeichnen einen idealen Sollzustand, dem man sich im Verlauf seiner gesamten Entwicklung annähern kann. Teilziele davon bilden die mittelfristigen Ziele. Diese geben über den Sollzustand des Klienten zu Therapieende Auskunft und werden aus der zugrundeliegenden Persönlichkeits- und Störungstheorie in einem Ist-Soll-Vergleich abgeleitet. Sie liefern Anhaltspunkte für die anzustrebenden Veränderungen. Kurzfristige Ziele dagegen ergeben sich aus der Therapie- oder Interventionstheorie und beinhalten prozessuale Entscheidungen. Es handelt sich um Entscheidungen über die konkrete Vorgehensweise während der Therapie, welche als Problemlöseprozeß aufgefaßt wird (Lohmann, 1980). Auf die persönlichen Ziele wird in diesem Abschnitt nicht näher eingegangen (s. aber Kap. 4).

3.1 Psychoanalyse

Der Begriff „Psychoanalyse" bedeutet in seiner Übersetzung „Seelenzergliederung". Sigmund Freud (1856–1939), der Vater der Psychoanalyse, legte mit der Veröffentlichung seines Werkes „Die Traumdeutung" (1900) den Grundstein der Psychoanalyse und damit der professionellen Psychotherapie, um sich dann noch weitere vierzig Jahre mit diesem Gedankengut auseinanderzusetzen, es zu verändern, zu ergänzen und Schwerpunkte zu verlagern. Dies gilt insbesondere für seine Theorien der Angst und für die Triebtheorie. Aus diesem Grund fällt es schwer, von der Psychoanalyse zu sprechen. Auch wenn man sich lediglich auf Freuds Ausarbeitungen beschränkt und die Fortführungen seiner Theorie durch seine Schüler, beispielsweise A. Adler, C. G. Jung oder W. Reich, außer acht läßt, ergibt sich kein einheitliches Bild (Kriz, 1985).

Erschwerend kommt hinzu, daß Freud sein Konzept sehr umfassend formuliert hat. Es bezieht sich keineswegs ausschließlich auf den Umgang mit psychisch erkrankten Patienten. Der Begriff „Psychoanalyse" kennzeichnet vielmehr drei mehr oder weniger voneinander abgrenzbare Bereiche:

1. eine *Behandlungsmethode,* deren zentrale Bestandteile Übertragungs- und Gegenübertragungsphänomene, die Analyse des Widerstands seitens des Klienten gegen Therapie und Therapeut sowie bestimmte Deutungstechniken des Therapeuten sind.
2. eine *Forschungsmethode* zur Erhellung psychischer Prozesse. Sie steht in engem Zusammenhang mit dem psychotherapeutischen „Setting" und beinhaltet Elemente wie beispielsweise freie Assoziation oder Traumdeutung.
3. eine *Persönlichkeits- und Störungstheorie:* Hierzu zählen u. a. Freuds Trieblehre, das Strukturmodell des psychischen Apparates, das Phasenmodell der Entwicklung sowie seine Neurosenlehre (Kriz, 1985).

Im folgenden wird nur der letzte Stand der Theorie aufgezeigt. Auf die einzelnen Stadien innerhalb Freuds Theorieentwicklung sowie auf die unterschiedlichen theoretischen Abspaltungen davon kann hier nicht eingegangen werden.

3.1.1 Persönlichkeits- und Störungstheorie

In seinem *Strukturmodell* der Persönlichkeit untergliedert Freud den psychischen Apparat des Menschen in drei Teilbereiche: in das Es, das Ich und das Über-Ich. Diese drei psychischen Instanzen sind unterschiedlichen Ursprungs und erfüllen unterschiedliche Funktionen. Das Es ist die ontogenetisch älteste Instanz. Es repräsentiert die ursprünglichen biologischen Triebe, die in nicht sozialisierter Form nach sofortiger Befriedigung drängen. Im Es vereinigen sich die basalen Grundbedürfnisse und primären Impulse des Menschen. Sie beziehen ihre Energie aus den inneren Organen und stehen nicht in Kontakt mit der Außenwelt. Das Es gehorcht dem *Lustprinzip,* d. h. es strebt nach Maximierung der Lust. Um daraus resultierende Konflikte mit der Umwelt zu begrenzen, ist eine Regulation durch die anderen Instanzen erforderlich.

Im *Über-Ich* vereinigen sich die moralischen und ethischen Wertvorstellungen der Gesellschaft, die unter anderem durch Identifikation mit den Eltern erworben wurden. Die von elterlicher Seite gesetzten Regeln und Verbote werden zunächst als Forderungen der Außenwelt erlebt. Nach einigen Lebensjahren sind sie jedoch derart verinnerlicht, daß sie als Gewissen der eigenen Person zugehörig aufgefaßt werden. Ihre Funktion ist dabei, die überschießenden, impulsiven Regungen aus dem Es zu kontrollieren, was häufig in überstrenger Art und Weise geschieht. Das Über-Ich kann kritisch-strafend, ziel- und richtungsgebend und Zufriedenheit schaffend sein.

Das *Ich* nimmt eine Art Mittlerstellung zwischen Es und Über-Ich ein. Es sorgt dafür, daß einerseits die emotionalen Grundbedürfnisse und Triebimpulse befriedigt werden und daß dies andererseits im Einklang mit den Normen und Werten der Gesellschaft geschieht. Das Ich hat also eine zentrale Entscheidungsfunktion, durch die sowohl bewußtes Handeln als auch Gedanken in Form von Selbstkontrolle überwacht werden. Aus diesem Grund hat das Ich Zugang zu allen Sinnesfunktionen, um auf diese Weise die Realität, Triebe und Denkprozesse zu kontrollieren.

Sowohl das Über-Ich als auch das Ich stehen im Dienste des *Realitätsprinzips*, d. h. sie wandeln die auf unmittelbare Triebbefriedigung ausgerichteten Impulse des Es nach ethischen und moralischen Forderungen ab. Das Individuum wird so davor bewahrt, in bedrohliche Konflikte mit der Realität zu kommen (Graupe, 1984; Kriz, 1985; Wolpert, 1980).

Eine weitere Untergliederung nimmt Freud hinsichtlich des *Bewußtseins* vor. Er unterscheidet Bewußtes, Unbewußtes und Vorbewußtes. Dem *Bewußten* wird das Ich zugeordnet, welches Zugang zur Wahrnehmung, zum Gedächtnis, zur Willkürmotorik usw. hat, sowie Teile des Über-Ichs, nämlich Regeln und Normen, die dem Individuum präsent sind. Das gesamte Es und andere verdrängte oder verleugnete Teile des Über-Ichs sowie Teile des Ichs sind dem *Unbewußten* zuzurechnen. Material, das nicht verdrängt wurde, jedoch dem aktuellen Bewußtsein aus ökonomischen Gründen augenblicklich nicht zugänglich ist, um so die Aufnahme- und Verarbeitungskapazität für andere Aspekte zu erhalten, wird als Vorbewußtes bezeichnet. Die Inhalte sind jederzeit bewußtseinsfähig (Kriz, 1985).

In seiner *Trieblehre* behandelt Freud das, was den Motor menschlichen Handelns ausmacht. Der menschliche Organismus

wird durch angeborene Kräfte und Energien mobilisiert, die Freud als Triebe bezeichnet. Sie entstammen dem Es und sind physiologischer Natur. Die Triebe lassen sich nach zwei groben Kategorien klassifizieren, nach Eros (Liebes- oder Selbsterhaltungstrieb) und nach Thanatos (Todes- oder Destruktionstrieb). Die Triebenergie, aus der Eros und Thanatos sich speisen, bezeichnet Freud als Libido. Der *Eros* dient dem Lustprinzip und strebt nach Lustmaximierung sowie nach der Herstellung und Erweiterung von Bindungen. Dies beinhaltet ebenso den Aspekt der Fortpflanzung. Die Energie, die dem Eros zugrundeliegt, wird als *Libido* bezeichnet. Das Ziel seines Gegenspielers, des *Thanatos*, besteht dagegen in der Auflösung bestehender Zusammenhänge, d. h. letztlich in der Zerstörung allen Lebens. Die Energie des Thanatos wird von Freud nicht näher benannt. Man kann auf unterschiedliche Weise mit ihr umgehen. Sie kann in Form von Aggression oder Destruktion nach außen gerichtet sein, um das Individuum gegen andere zu schützen und zu erhalten. Nach innen gerichtete Aggression wirkt dagegen selbstzerstörerisch und hat auf Dauer negative Folgen für die psychische Gesundheit. Eine andere Möglichkeit der Aggressionsabfuhr besteht in der Umwandlung der Energie in gesetzte Ziele, der sogenannten Sublimierung (Kriz, 1985; Wolpert, 1980).
In engem Zusammenhang mit dem Konzept der Libidoentwicklung steht Freuds *Phasenmodell der Entwicklung*. Dieses besagt, daß der Mensch im Laufe seiner Reifung eine feste Reihenfolge verschiedener Phasen durchläuft, in denen jeweils bestimmte Körperzonen als Quelle des Lustgewinns dominieren. Die Libido ändert demzufolge ihre Objektbeziehungen. Freud faßt den Begriff der Sexualität sehr weit, er subsumiert darunter nicht nur die genitale Sexualität, sondern jede Form des Lustgewinns aus bestimmten Körperbereichen. Entsprechend dieser Definition beginnt das Sexualleben bereits nach der Geburt und umfaßt die gesamte Organisation der Libido. Die Abfolge der Phasen, die jeder Mensch durchläuft, stellt sich wie folgt dar: Im ersten Lebensjahr des Kindes spricht man von der *oralen Phase*, denn das Baby empfindet hauptsächlich über den Mund Lust, z. B. durch das Saugen an der Mutterbrust oder durch Daumenlutschen. Darauf folgt vom zweiten bis zum dritten Lebensjahr die *anale Phase*, in der Lustempfindungen in engem Zusammenhang mit der Ausscheidung und der Befriedigung von Aggression stehen. In diese Phase fällt die Zeit der Reinlichkeitserziehung und der damit verknüpften Machtausübung der Eltern bzw.

verbunden mit dem Erleben der eigenen Macht durch Geben oder Verweigern. Das männliche bzw. das weibliche Genital ist in der *phallischen Phase* vom vierten bis zum sechsten Lebensjahr der primäre Ursprung des Lustgewinns. Daran schließt sich eine *Latenzphase* von ca. sechs Jahren an, während der soziale Antriebe ausgebildet werden und sexuelle in den Hintergrund treten. In der Pubertät schließlich folgt die *genitale Phase*, in der der Lustgewinn über das weibliche bzw. männliche Genital bezogen wird. Die reaktivierte Sexualenergie wird in der Regel auf einen gegengeschlechtlichen Partner außerhalb der Familie gerichtet (Kriz, 1985).

Parallel zu den Phasen der infantilen psychosexuellen Entwicklung kommt es zu einer spezifischen Auseinandersetzung mit dem gleich- und gegengeschlechtlichen Elternteil, dem *Ödipus-Konflikt* beim Jungen bzw. dem *Elektra-Konflikt* beim Mädchen. Zentraler Punkt dieses Erklärungsansatzes ist die Bedeutung des Penis. Das Mädchen stellt fest, daß ihr das männliche Genital fehlt und entwickelt daraufhin den sogenannten „Penisneid". In dieser Phase entstehen libidinöse Gefühle gegenüber dem Vater, verbunden mit dem Wunsch, ihm gegenüber die Rolle der Frau einzunehmen. Der Junge empfindet analog libidinöse Gefühle für die Mutter und entwickelt gleichzeitig Angst vor dem Vater, den er als Konkurrenten erlebt. Freud bezeichnet diese Ängste des Jungen als Kastrationsängste. Hinter ihnen verbirgt sich der unbewußte Wunsch, den Vater auszuschalten, um dessen Rolle in bezug auf die Mutter einnehmen zu können. Der Ödipus-Komplex erreicht seinen Höhepunkt in der analen Phase, dauert bis in die phallische Phase, um dann zunächst verdrängt und in der Pubertät wieder aktualisiert zu werden. Der weiblichen Seite der psychosexuellen Entwicklung hat Freud dabei weniger Aufmerksamkeit geschenkt (Kriz, 1985).

Das Menschenbild, das sich in Freuds Theorie abzeichnet, ist, wie schon in Kapitel 2.2 diskutiert, ein naturwissenschaftlich-deterministisches (Kriz, 1985). Der Mensch wird in hohem Maße durch seine Triebe bestimmt. Das Ziel einer Therapie besteht darin, daß der Patient sich und seine Abhängigkeiten kennenlernt, sich z. T. von ihnen lossagt, um freier entscheiden und langfristig zu einem autonomen Menschen reifen zu können. Der Mensch wird als einzig und wertvoll erachtet, was sich in der Vielzahl an Stunden widerspiegelt, die ihm der Therapeut widmet (Plog, 1982).

Es stellt sich nun die Frage, auf welche Weise *psychische Störungen* entstehen. Ursachen psychischer Störungen sieht Freud in seelischen Verletzungen, den sogenannten *Traumata*. Diese bedingen das „Einklemmen" von Affekten. Durch Bewußtmachung und erneutes emotionales Durchleben der traumatischen Erfahrungen sollen die eingeklemmten Affekte gelöst und die Symptome zum Verschwinden gebracht werden (Katharsis). Diese frühen Annahmen Freuds über die Entstehung und Heilung psychischer Störungen wurden jedoch bald zugunsten der *Libidotheorie* aufgegeben. Diese besagt, daß abgespaltene Affekte durch frühe sexuelle Erlebnisse und Traumatisierungen entstehen. Nach Freud besteht ein enger Zusammenhang zwischen psychischen Problemen und ungelösten Konflikten auf bestimmten Stufen der psychosexuellen Entwicklung. *Konflikte* werden als zwei oder mehr unvereinbare Strebungen im Inneren des Individuums beschrieben. Sie entstehen beispielsweise durch widerstreitende Forderungen aus dem Es und dem Über-Ich oder durch unüberbrückbare Gegensätze zwischen Wunsch und Abwehr. Gelingt es dem Individuum nicht, sich vor bedrohlichen Impulsen zu schützen und damit seine Integrität und seine Selbstachtung aufrechtzuerhalten, kommt es zur Manifestation neurotischer Symptome. Sie stellen eine Art Kompromißbildung dar, bei der, ausgehend von den vorhandenen Abwehrmöglichkeiten, die Bedrohung auf ein Mindestmaß reduziert wird, um das innere Gleichgewicht aufrechtzuerhalten.
Durch Konflikte oder Traumatisierungen in bestimmten Phasen der psychosexuellen Entwicklung kommt es zur *Fixierung*, d. h. das Individuum hält an einer bestimmten Entwicklungsstufe fest, die dem tatsächlichen Lebensalter unangemessen ist. Wird zu einem späteren Zeitpunkt der „Libidofluß" durch Frustrationen erneut blockiert, kann es zur *Regression* kommen. Der Betroffene verlagert dabei seine Libido auf eine ontogenetisch frühere Entwicklungsstufe, indem er seine Lustempfindungen aus früheren erogenen Zonen bezieht und seine Libido auf typische Lustobjekte der betreffenden Phase verlagert. Die Regression erfolgt bevorzugt in diejenige Phase der Entwicklung, in der als Kind die neurotische Fixierung stattfand. Die Form der Abwehr von Konflikten und dementsprechend die Art der auftretenden neurotischen Symptome spiegeln die psychosexuelle Entwicklungsphase wider, in der es zur Fixierung oder zur Regression kam. Jemand, der in der analen Phase fixiert ist, neigt z. B. eher zu zwanghaften Symptomen wie Sauberkeit, Sparsamkeit,

Pünktlichkeit und Unentschlossenheit. Bei einem oral fixierten Menschen stehen orale Aktivitäten wie Essen, Trinken oder Rauchen im Vordergrund. Er neigt zur Sucht. Durch eine passiv fordernde Grundhaltung und geringes Selbstwertgefühl sowie eine geringe Frustrationstoleranz kommt es hier zu eher depressiven Störungen (Kriz, 1985; Graupe, 1984).

Zur *Abwehr* von konflikthaften Inhalten, die nicht angemessen verarbeitet werden können, verfügt das Ich über unterschiedliche Strategien. Anna Freud (1964) unterscheidet zehn Abwehrmechanismen: die Verdrängung, die Regression, die Reaktionsbildung, die Isolierung, das Ungeschehenmachen, die Projektion, die Introjektion, die Wendung gegen die eigene Person, die Verkehrung ins Gegenteil und die Sublimierung (Kriz, 1985). Auf eine Erläuterung der vorgestellten Begriffe wird im Rahmen dieser Arbeit verzichtet.

Das Energiepotential der abgewehrten Impulse bleibt trotz erfolgreicher Abwehr erhalten und drängt nach Abfuhr. Dadurch unterliegt das Individuum dem Zwang, ungelöste Konflikte solange wiederherzustellen, bis diese in angemessener Form gelöst sind und die dahinterliegende Energie ausgelebt wird *(Wiederholungszwang)*. Da es durch die Symptombildung zu einer Art kompromißhaftem Gleichgewicht kommt und das Individuum im Augenblick nicht bewußt über andere Lösungsmöglichkeiten verfügt, wird jede Art der Symptomveränderung, wie sie im Rahmen einer Therapie angestrebt wird, als Bedrohung empfunden. Verständlicherweise setzt das Individuum diesem Angriff Widerstand entgegen, den es in der Therapie zu überwinden gilt (Kriz, 1985; Graupe, 1984).

Im folgenden wird auf die psychoanalytische Therapie psychischer Störungen sowie auf die damit verfolgten kurz-, mittel- und langfristigen Ziele eingegangen.

3.1.2 Therapietheorie und Therapieziele

Ausgangspunkt der psychoanalytischen Therapie ist die Annahme, daß neurotische Symptome durch das Bewußtmachen bzw. durch das erneute Durchleben der schmerzlichen, kränkenden Gedanken oder Gefühle heilbar sind. Da diese dem Bewußten aufgrund der zuvor beschriebenen Organisation der Abwehr nicht ohne weiteres zugänglich sind, bedient sich Freud folgender Zugangsweisen: der Methode der freien Assoziation und der Deutung von Träumen. Bei der *freien Assoziation* hat der Klient die Aufgabe, alles, was ihm in den Sinn kommt, unmittelbar zu äußern. Verdrängte und darum unbewußte Regungen treten dabei in mehr oder weniger symbolisierter Form in Erscheinung. Analog verhält es sich mit der *Analyse von Träumen*, die Freud als den Königsweg zum Unbewußten bezeichnet. Wie bereits angeklungen ist, nimmt die Überwindung der *Widerstände* innerhalb der psychoanalytischen Therapie einen breiten Raum ein. Unter Widerständen sind Abwehrreaktionen des Ich gegen angsterregende Triebimpulse oder schmerzliche Gedanken zu verstehen. Ebenfalls einen großen Stellenwert mißt Freud den Übertragungs- und Gegenübertragungsphänomenen bei. Eine *Übertragung* besteht darin, daß der Analysand Erlebnisinhalte bzw. Gefühle gegenüber wichtigen Personen der frühen Kindheit wiederbelebt und auf den Analytiker projiziert. Auf diese Weise werden sie dem Bewußten zugänglich und können innerhalb der therapeutischen Beziehung bearbeitet werden. Bei der *Gegenübertragung* handelt es sich um Empfindungen des Analytikers gegenüber dem Analysanden. Sie wurde lange als Störvariable des therapeutischen Prozesses angesehen. Der Analytiker sollte wie ein Spiegel nur die Äußerungen des Analysanden reflektieren und selbst völlig abstinent bleiben. Diese Sichtweise hat sich inzwischen jedoch verändert. Gegenübertragungen dienen als wertvolle Anregungen für den Patienten und können therapeutisch genutzt werden. Begründet wird die Thematisierung der Gefühle des Therapeuten gegenüber dem Patienten durch die Annahme des *Wiederholungszwanges*, durch den der Patient, wie oben bereits dargestellt, bestimmte konflikthafte Situationen als Teil eines unbewußten Problemlöseprozesses immer wieder herstellt. In diesem Zusammenhang wird die von psychoanalytischen Ausbildungsinstituten generell geforderte Eigenanalyse des Therapeuten relevant, denn es ist erforderlich, daß er sich seiner Projektionen und eigenen Anteile bewußt bleibt, sie nicht mit denen des Patienten vermischt und diesen objektiv und wertfrei wahrnimmt (Kriz, 1985; Wolpert, 1980).

Freud stellt ganz bestimmte Forderungen an die *affektive Grundhaltung* des Analytikers. Sie sollte von einer wohlwollenden Neutralität und Objektivität sowie von gleichbleibender Aufmerksamkeit geprägt sein. Der Analytiker sollte sich vom Patienten lenken lassen. Wichtig ist zudem die Einhaltung des therapeutischen Arbeitsbündnisses; dazu zählen von seiten des

Patienten die Einhaltung der vereinbarten Termine, die pünktliche Bezahlung der Stunden und das freie Assoziieren während der Therapie. Als Gegenleistung bringt der Analytiker dem Patienten sein Interesse entgegen und bringt seine Qualifikationen und Erfahrungen ein. Eine Grundlage des therapeutischen Handelns ist dabei die Einhaltung der *Abstinenzregel*, d. h. der Analytiker muß jeden persönlichen Kontakt mit dem Patienten über die Therapie hinaus vermeiden, um ihm keine Möglichkeit der Ersatzbefriedigung zu bieten und um den Leidensdruck aufrechtzuerhalten. Erst durch diese therapeutische Grundhaltung werden Übertragungen des Patienten deutlich (Kriz, 1985, Wolpert, 1980).

Aus der dargestellten Persönlichkeits-, Störungs- und Therapietheorie lassen sich nun folgende lang-, mittel- und kurzfristigen Ziele ableiten:

Die *langfristigen* therapieexternen Ziele der Psychoanalyse bestehen darin, die Liebes-, Genuß- und Arbeitsfähigkeit des Individuums zu erhöhen sowie seinen Verhaltensspielraum zu vergrößern. Der Weg dorthin führt über das Durcharbeiten verdeckter Konflikte und Widerstände (Baumann & von Wedel, 1981; Lohmann, 1980). Dies führt zu einer Stärkung des Ich und damit zur Unterstützung des Realitätsprinzips. Die Auswirkungen eines gestärkten Ich zeigen sich in unterschiedlichen Bereichen. Das Individuum wird unabhängiger gegenüber den oft zu strengen Forderungen und übersteigerten Idealen des Über-Ich. Die Wünsche und Bedürfnisse aus dem Es können zugunsten einer längerfristigen Lebensplanung aufgeschoben werden. Weiterhin geht damit eine verbesserte, unverzerrtere Wahrnehmung von Bedürfnissen, Affekten und der Realität einher, wodurch das Individuum in die Lage versetzt wird, adäquate Entscheidungen zu treffen sowie autonom und einsichtsvoll zu handeln. Der Analysand gelangt zu einer größeren Anpassungsfähigkeit, zu der Möglichkeit, innere Prozesse besser zu verstehen und zu einem größeren Entscheidungsspielraum. Auswirkungen zeigen sich ebenfalls im Sexualleben und in menschlichen Beziehungen, die erfüllter sind (Graupe, 1984; Wolpert, 1980; Lohmann, 1980).

Die *mittelfristigen* Ziele der Psychoanalyse stehen in direktem Zusammenhang zu den Annahmen über die Entstehung pathologischer psychischer Symptome (s. o.). Demnach überfordern bestimmte traumatische Erlebnisse die Verarbeitungs- und Bewältigungskapazität des Ich. Infolgedessen werden die als bedrohlich empfundenen Impulse z. B. durch Verdrängung abgewehrt. Ebenso geht der Betroffene mit antizipierten Gefahren um. Allerdings bleibt das Energiepotential dieser bedrohlichen Impulse erhalten und drängt danach, ausgelebt zu werden. Die Ziele, die sich daraus ergeben, bestehen einerseits darin, die verdrängten Bedürfnisse, Affekte und Kognitionen bewußt werden zu lassen sowie andererseits in der Suche nach Möglichkeiten der Bedürfnisbefriedigung und schließlich in der Überprüfung der Frage, in welchem Ausmaß die aktuelle Bedürfnisbefriedigung realisierbar ist. „Wo Es war, soll Ich werden", sagt Freud (Graupe, 1984). Auf diese Weise werden pathologische Symptome in ihrer störenden Wirkung gemildert oder geheilt. Diese Veränderung wird jedoch nicht explizit als Therapieziel formuliert. Kriterien, nach denen das Erreichen dieser Ziele beurteilt werden kann, sind die Verbesserung der Symptomatik, die Steigerung beruflicher Produktivität, Anpassungsfähigkeit und sexueller Befriedigung, die Verbesserung interpersonaler Beziehungen sowie größere Fähigkeiten zu Konfliktlösungen und Bewältigung von normalem Alltagsstreß (Lohmann, 1980; Wolpert, 1980; Kriz, 1985; Graupe, 1984).

Als *kurzfristige* Ziele und Strategien der Psychoanalyse lassen sich, wie auch schon bei den mittelfristigen Zielen, die Bewußtmachung verdrängter Impulse sowie die Suche nach adäquaten Befriedigungsmöglichkeiten nennen. Realisiert werden sollen sie im einzelnen durch das erneute Durchleben verdrängter Situationen, wodurch das Wahrnehmungsfeld allmählich erweitert werden soll. Nach Freud ist dazu die folgende Vorgehensweise erforderlich: Nachdem die Atmosphäre wohlwollend und akzeptierend gestaltet wurde, stellt der Klient durch freies Assoziieren eine Erinnerungsreihe her. Auf dem Weg der Übertragung werden in diesem Kontext verdrängte Situationen erneut durchlebt und damit deren Inhalte dem Bewußtsein zugänglich gemacht. Gegebenenfalls werden Widerstände bearbeitet, um die Übertragungen zu lösen. Das letzte Teilziel besteht in der Suche nach adäquaten Befriedigungsmöglichkeiten in der Realität (Graupe, 1984; Wolpert, 1980; Lohmann, 1980).

3.1.3 Indikation zur Psychoanalyse

Die Frage der Indikation wurde in Freuds Ausarbeitungen schon sehr früh thematisiert und ist innerhalb der Psychoanalyse wohl auch am ausführlichsten diskutiert worden. Die Aussagen dazu beziehen sich allerdings primär auf klinische Erfahrungen und sind nur in wenigen Fällen durch empirische Untersuchungen abgesichert (Baumann & von Wedel, 1981).

3.1.3.1 Selektive Indikation

Zur selektiven Indikation liegen bislang Klassifikationsansätze unterschiedlicher Differenziertheit vor: Einige gehen nur von der Symptomatik aus, andere beziehen neben der Symptomatik weitere Patienten- und Therapeutenmerkmale sowie Charakteristika der Therapieform und des therapeutischen Settings ein.
Fenichel (1945) hat eine Rangreihe von Krankheitsbildern aufgestellt, für welche Störungsformen die Psychoanalyse indiziert sei. Am besten sind demnach Hysterien und Angstneurosen zu behandeln, gefolgt von Zwängen, „prägenitalen" Konversionen (Stottern, Tics), neurotischen Depressionen, Charakterstörungen, Perversionen, Süchten und „Triebneurosen". Psychosen sind nach dieser Auflistung am schlechtesten zu behandeln. Relativiert werden diese Aussagen jedoch durch Gegenüberstellungen von beispielsweise schwer behandelbaren Zwängen und dagegen leichter zu therapierenden Psychosen. In Anbetracht der Tatsache, daß es eine Reihe anderer Behandlungsverfahren gibt, die in kürzerer Zeit für die gleichen Störungsbereiche ebenso effektiv sind, scheint die Aussagekraft einer solchen Aufstellung fraglich (Graupe, 1984).
Klassifikationsversuche ausschließlich auf der Grundlage der Symptomatik, wie sie z. B. von Fenichel vorgenommen wurden, decken den Gegenstandsbereich bei weitem nicht ab. Die Prognose des Therapieerfolgs ist außerdem von Patienten- und Therapeutenmerkmalen abhängig, welche zur Ergänzung herangezogen werden sollten und die in dem nachfolgenden Ansatz Berücksichtigung finden.
Von Heigl (1978) liegt eine umfassende Systematik vor, die Anhaltspunkte für prognostische Entscheidungen bezüglich der psychotherapeutischen Behandlung von Neurosen liefert. Auf der Grundlage klinischer Erfahrungswerte werden Merkmale genannt, nach denen sich die Ausprägungen psychischer Störungen bestimmen lassen, um sie schließlich adäquaten therapeutischen Bedingungen zuzuordnen. Heigl (1978) berücksichtigt

Merkmale des Patienten (phänomenale Faktoren, Psychodynamik), des Therapeuten (Erfahrung, Fertigkeit, Art der Inszenierung der Analyse) sowie Merkmale der Therapieform und des Settings. Bei den *Patientenmerkmalen* unterscheidet Heigl phänomenale und strukturelle Gesichtspunkte. Zu den *phänomenalen* zählen folgende Kriterien:
a) die *Symptomatik:* Art, sekundärer Krankheitswert, Beeinträchtigung, Dauer, Primordialsymptomatik, Einstellung des Patienten zur Symptomatik, Umgang damit, Leiden an der Symptomatik, Art der symptomauslösenden Situation;
b) die *soziale Situation:* soziale Bewährung im bisherigen Leben, chronifizierende soziale Faktoren, Persönlichkeit des Ehepartners und
c) die *biologischen Gegebenheiten:* Alter, Intelligenz, Begabung, genotypische und phänotypische Faktoren, körperliche Krankheiten.

Weiterhin gehen *strukturelle Merkmale des Klienten* in die Indikation ein. Diese beschreiben die individuelle Psychodynamik und beinhalten folgende Elemente: die Art des Leidensgefühls, Selbstwertgefühl, Erwartungen des Patienten an den Therapeuten, Über-Ich und Ideal-Ich-Struktur, Ich-Stärke und Autonomie der Ich-Funktionen.

Als *Therapeutenmerkmale* nennt Heigl die Charakterstruktur, Therapie- und Lebenserfahrung, optimistisch getönter Realismus, Aufmerksamkeit und Empathie, strukturspezifische Gegenübertragungen und Werthierarchie.

Ferner werden Merkmale der *Therapieform* und des „Settings" einbezogen, Charakteristika stationärer oder ambulanter Therapie, Kurz- oder Langzeittherapie, Gruppen- oder Einzeltherapie bzw. eine Kombination beider Formen.

Der Schwachpunkt dieses Modells besteht darin, daß konkrete Angaben zu Operationalisierungen und Gewichtungen der Entscheidungskriterien fehlen, so daß der Urteilsprozeß nicht nachvollziehbar ist (Seidenstücker, 1984; Baumann & von Wedel, 1981).

Fazit umfassender empirischer Untersuchungen zur Therapieprognose bei psychoanalytischer Therapie (Penn Psychotherapy Project von Luborski et al., 1979, 1980; Vanderbilt Psychotherapy Research Project von Strupp & Hadley, 1979) ist, daß primär *Patienten- und relationale Merkmale* die Erfolgsprognosen beeinflussen, wobei unter relationalen Merkmalen einerseits die Qualität des therapeutischen Arbeitsbündnisses und andererseits die Qualität der interpersonellen Objektbeziehungen vor der Therapie zu verstehen sind. Therapeutenmerkmale sind eher von untergeordneter Bedeutung für die Therapieprognose. In diesem Zusammenhang ergibt sich die Frage, wie man bei Patienten mit problematischen Objektbeziehungen ein positives Arbeitsbündnis herstellen kann. Eine Möglichkeit bestünde z. B. in der Durchführung spezieller therapeutischer Vorbereitungsmaßnahmen wie Rollinduktion und eine gezielte Patient-Therapeut-Zuordnung. Aber diese Überlegungen führen bereits in den Bereich der adaptiven Indikation (Seidenstücker, 1984).

3.1.3.2 Adaptive Indikation

Die Psychoanalyse ist die Therapierichtung, innerhalb der die umfassendste Literatur zu therapeutischen Strategien von Experten und damit zur adaptiven Indikation vorliegt. Zahlreiche klinische Fallbeispiele liefern Anhaltspunkte dafür, wie man therapeutische Handlungselemente an die jeweiligen situativen Gegebenheiten anpassen kann. Durch die Auswertung von Behandlungsprotokollen haben sich verschiedene Interventionsarten herauskristallisiert: die fragende, die konfrontierende und die paraverbale Intervention. Empirische Untersuchungen zur Konkretisierung der Randbedingungen stehen noch aus (Baumann & von Wedel, 1981).

Neben diesen deskriptiven Darstellungen therapeutischer Interventionstechniken liegen Modelle zur Systematisierung klinischer Erfahrungen vor, in denen Verbindungen zu theoretischen Ideen gezogen werden. Peterfreund (1975) hat eine Konzeption vorgelegt, nach der ein Analytiker über acht interne Modelle verfügt, mit deren Hilfe er die erhaltenen Informationen speichert und verarbeitet. Diese Arbeitsmodelle betreffen folgende Bereiche:

1. die Objektwelt mit Vorstellungen über Menschen, Dinge und Ereignisse unseres Kulturraums,
2. das eigene Selbst mit Vorstellungen über die eigene Persönlichkeit, die Reaktionstendenzen und die Lebensgeschichte,
3. die frühkindliche Entwicklung und Erlebensverarbeitung,
4. den psychoanalytischen Prozeß,
5. die therapeutischen Lernerfahrungen,

6. den betreffenden Patienten,
7. die klinischen Theorien und
8. ein Metamodell, in das die o. g. Modelle integriert und durch weiteres Wissen ergänzt werden.

Bezüglich des Vorgehens während der Informationsgewinnung unterscheidet Peterfreund vier Strategien, die jeweils mit mehreren heuristischen Regeln verbunden sind, nämlich die Strategien des Analytikers als teilnehmender Beobachter, als Partner der Patienten im therapeutischen Prozeß, Strategien zur Herstellung von Bedeutungen und allgemeine Arbeitsstrategien. Auch hier stehen empirische Untersuchungen noch aus (Seidenstücker, 1984).

3.2 Gesprächspsychotherapie

Die Gesprächspsychotherapie wurde 1938 von Carl Rogers (*1902) begründet. Sie ist neben der Gestalttherapie der Gruppe *existentiell-humanistischer* Therapien zuzuordnen. Diese Kategorie umfaßt unterschiedliche theoretische Ansätze, deren Übereinstimmung auf einem bestimmten Menschenbild sowie auf einem bestimmten Vorgehen bei der therapeutischen Arbeit beruht (Kriz, 1985). Gemeinsame Wurzeln lassen sich einerseits in einem bestimmten Gebiet der Psychologie und andererseits im Bereich der Philosophie finden. Von psychologischer Seite her fanden Ideen der *Gestaltpsychologie* ihren Niederschlag. Sie beinhalten die Annahme, daß der Mensch sowohl seine Wahrnehmung als auch sein Denken, seine Willenshandlungen und Bewegungsabläufe ganzheitlich nach übergeordneten Gesetzen organisiert. Analoges wird für den psychischen Bereich postuliert. Es wird die Einheit des Organismus und seine Fähigkeit zur Selbstregulation hervorgehoben. Der Mensch neigt diesem Konzept zufolge zu geordnetem Verhalten und damit zur Selbstregulierung und -aktualisierung (Kriz, 1985).
Aus dem Bereich der Philosophie kommen Ideen des Existialismus, des Humanismus und der Phänomenologie zum Tragen. *Existialistische Einflüsse* (Sartre) bestehen insofern, als davon ausgegangen wird, daß der Mensch zur Freiheit und damit zu eigenverantwortlichem Verhalten „verdammt" ist. Er verfügt daher über einen wesentlichen Entscheidungs- und Handlungs-

spielraum, der es ihm prinzipiell ermöglicht, zu Autonomie, menschlicher Würde und einer eigenen Identität zu gelangen. Aus der zweckfreien Begegnung mit anderen Menschen erwächst die Möglichkeit eines freien Wachstums der Beteiligten (Buber, Kierkegaard). Ausgangspunkt des *klassischen Humanismus* (Herder, Nietzsche) ist der Mensch in seiner Einmaligkeit, der durch seine Persönlichkeitszüge determiniert wird und so in der Lage sein soll, sich zu emanzipieren. Die *Phänomenologie* (Husserl, Merleau-Ponty) macht die sinnliche Erfahrung des Menschen und damit die Mensch-Umwelt-Beziehung zum zentralen Ansatzpunkt ihrer Theorie. Das individuelle Empfinden ist dieser Richtung zufolge der beste Zugang zur menschlichen Psyche. Entsprechend dem phänomenologischen Konzept ist Erleben und Verhalten bewußt, zielgerichtet, strukturiert und veränderbar. Alle diese philosophischen Strömungen beeinflussen die Grundidee der gesprächstherapeutischen Methode (Kriz, 1985).

In der Literatur werden verschiedene Begriffe z. T. synonym zur Bezeichnung der Gesprächspsychotherapie verwendet. Es handelt sich um folgende Bezeichnungen: „klientenzentrierte Psychotherapie", „nicht-direktive Psychotherapie" und „Gesprächs-(psycho)therapie". Diese unterschiedlichen Benennungen kennzeichnen jeweils verschiedene Entwicklungsstufen der Theorienbildung und repräsentieren auf diese Weise unterschiedliche Schwerpunktsetzungen (Minsel & Bente, 1980). Im folgenden wird der Begriff *Gesprächstherapie* durchgängig verwendet. Auf die unterschiedlichen Stadien der Konzeptbildung soll hier nicht eingegangen werden.

Rogers entwickelte mit der Gesprächstherapie einerseits ein therapeutisches Konzept sowie andererseits auch eine bestimmte Forschungsmethode. Er war der erste Wissenschaftler, der die Therapeut-Klient-Interaktion durch systematische Tonbandaufnahmen der empirisch-statistischen Analyse zugänglich machte und diese als Grundlage für die Ausbildung von Therapeuten anwendete.

Hinsichtlich der therapeutischen Konzeption haben sich zwei Strömungen herausgebildet, die existentialistisch-humanistische und die naturwissenschaftlich orientierte Strömung (Minsel & Bente, 1980; Bommert, 1982). Näheres dazu läßt sich in dem Abschnitt „Indikation in der Gesprächstherapie" nachlesen. An dieser Stelle sollen zunächst die gemeinsamen Grundgedanken dargestellt werden.

3.2.1 Persönlichkeitstheorie und Störungstheorie

Wie bereits erwähnt, steht die Gesprächstherapie in der Tradition gestaltpsychologischen Gedankenguts sowie existentialistischer, humanistischer und phänomenologischer Ideen. Für Rogers ist der Mensch von Natur aus gut (Minsel & Bente, 1980; Schwab, 1984). Der zentrale Begriff, auf den Rogers sein Konzept aufbaut, ist der der *Selbststruktur*. Diese bildet sich im Verlauf der kindlichen Entwicklung in der Auseinandersetzung mit der Umwelt aus einem Teil des Wahrnehmungsfeldes (Schwab, 1984; Kriz, 1985). Die Aufgabe des „Selbst" ist die Organisation und die Strukturierung von Erfahrungen. Passen diese nicht in das vorhandene Konzept, so kann es geschehen, daß bestimmte Informationen ignoriert, geleugnet oder verzerrt werden. Stehen die Eindrücke mit der Selbststruktur im Zusammenhang, werden sie aufgenommen und integriert, d. h. symbolisiert wahrgenommen (Schwab, 1984). Der Mensch empfindet die subjektive Wahrnehmung seiner Umwelt und sich selbst als Realität, dessen Mittelpunkt er ist und auf die er zielgerichtet als organisiertes Ganzes reagiert (Minsel & Bente, 1980; Kriz, 1985).

Rogers postuliert eine dem Menschen innewohnende *Aktualisierungstendenz*, durch die er sich ständig in Richtung auf Wachstum und Reifung weiterentwickelt, und zwar im Sinne zunehmender Differenziertheit, Selbstverantwortlichkeit und Unabhängigkeit von externaler Kontrolle (Minsel & Bente, 1980). Die Voraussetzung dafür bilden entsprechende physische und psychische Bedingungen. Menschliches Verhalten dient der zielgerichteten Bedürfnisbefriedigung und wird von Emotionen unterschiedlicher Intensität begleitet, die abhängig sind von der subjektiven Bedeutung des Verhaltens.

Rogers spricht dann von *psychischer Anpassung*, wenn alle Körper- und Sinneserfahrungen auf der symbolisierten Ebene aufgenommen, bewertet, gegebenenfalls revidiert und schließlich in das Selbstkonzept integriert werden. Erfahrungen, die nicht mit der Selbststruktur übereinstimmen, werden vom Organismus als bedrohlich empfunden. Das Individuum leugnet oder verzerrt inkongruente Informationen, um seine Selbststruktur zu erhalten, wodurch wiederum eine Diskrepanz zwischen den Erfahrungen des Organismus und seiner Selbststruktur entsteht. Dies hat zur Folge, daß bestehende Bedürfnisse nicht adäquat befriedigt werden können und psychische Spannungen entstehen. Je häufiger diese Bedrohungen wahrgenommen werden, desto starrer wird die Selbststruktur und desto mehr klaffen Selbst- und Idealbild auseinander. Langfristig bedingt dieser Prozeß eine *psychische Fehlanpassung*. Der Unterschied zwischen angepaßter und fehlangepaßter Persönlichkeit besteht also in der *Art der Erfahrungsverarbeitung* (Minsel & Bente, 1980; Kriz, 1985).

3.2.2 Therapietheorie und Therapieziele

Rogers lehnt das medizinische Krankheitsmodell ausdrücklich ab. Diese Haltung impliziert den Verzicht auf eine Diagnosestellung und damit auf eine störungsspezifische Behandlung (Schwab, 1984; Kriz, 1985). Eine psychische Störung wird nicht als Krankheit definiert, sondern als das Resultat fehlender Bewußtheit bei der Integration von Wahrnehmungsinhalten in die Selbststruktur, woraus ein Mangel an Wachstum und Reife resultiert (Kriz, 1985).
In der Gesprächstherapie wird nun eine entspannte, akzeptierende und wohlwollende Atmosphäre hergestellt, in der der Klient allmählich den Mut fassen kann, seine Abwehrhaltung aufzugeben, um sein Wahrnehmungsfeld neu zu erkunden, um Erfahrungen zu machen, aufzunehmen und zu integrieren. Interpretationen und Ratschläge durch den Therapeuten werden dabei vermieden, um dem *Klienten* die Strukturierung der therapeutischen Situation zu überlassen. Er ist Subjekt, nicht Objekt der Therapie. Insgesamt wird großes Gewicht auf die *Selbstverantwortlichkeit* des Klienten gelegt. Diese Einstellung bildet auch den Hintergrund für die neu eingeführte Bezeichnung „Klient", die an die Stelle von „Patient" tritt. Der Therapeut schafft lediglich die Bedingungen zur Entfaltung der *Selbstheilungskräfte* des Klienten (Bommert, 1982). Schwerpunkt dabei bildet das aktuelle Erleben des Klienten und zwar ausdrücklich im „Hier und Jetzt". Wie in keiner anderen therapeutischen Schule werden die Emotionen des Klienten in den Vordergrund gerückt (Schwab, 1984). Durch vermehrte Selbstwahrnehmung sowie verstärkte Reflexion *(Selbstexploration)* und *Verbalisierung der eigenen Gefühle* (Verbalisierung emotionaler Erlebnisinhalte) wird der Prozeß der Selbstheilung eingeleitet und aufrecht erhalten. Als tragendes Element dabei gilt die *Therapeut-Klient-Interaktion*, bei der die Betonung auf Partnerschaftlichkeit liegt. Entscheidend ist, daß der Therapeut dem Klienten eine bestimmte Grundhaltung vermittelt. Diese ist gekennzeich-

net durch verständnisvolle Begleitung, Ermutigung und Akzeptanz des Klienten mit seinen Schwierigkeiten, ohne ihn der Verantwortung dafür zu entheben oder ihn diesbezüglich zu bewerten. Diese Grundhaltung wurde von Rogers in Form dreier Basisvariablen formuliert, die hoch miteinander korrelieren. Sie gelten als notwendige und hinreichende Voraussetzung des therapeutischen Prozesses und des Therapieerfolgs. Diese sogenannten Basisvariablen werden bezeichnet als *positive Wertschätzung* und *emotionale Wärme*, *Echtheit* sowie *einfühlendes Verstehen* (Kriz, 1985; Schwab, 1984).

Unter *positiver Wertschätzung* und *emotionaler Wärme* versteht Rogers die Achtung gegenüber der Person des Klienten so, wie sie ist. Darin drückt sich die Achtung vor menschlichem Leben an sich aus. Das bedeutet jedoch nicht, daß der Therapeut die Ansichten des Klienten teilen muß. Im Verhalten des Therapeuten zeigt sich die positive Wertschätzung darin, daß er nicht versucht, dem Klienten Ratschläge zu geben oder ihm seine Meinung aufzudrängen. Auf seiten des Klienten soll sich auf diese Weise eine ähnliche — nämlich achtende und akzeptierende — Haltung gegenüber sich selbst entwickeln (Kriz, 1985).

Als *Echtheit* beschreibt Rogers die Fähigkeit und Bereitschaft des Therapeuten, sich und seine Gefühle selbst zu spüren und sich in die therapeutische Situation einzubringen. An diesem Punkt ist die Selbstkongruenz und Aufrichtigkeit des Therapeuten angesprochen, von der fraglich bleibt, ob sie lehr- und lernbar ist. Auf der Verhaltensebene läßt sich die Echtheit eines Therapeuten an der Übereinstimmung erkennen, die zwischen inhaltlichem und nonverbalem Gehalt (Tonfall, Gestik und Mimik) einer Botschaft besteht. Beim Klienten soll diese Integrität und Transparenz des Therapeuten Vertrauen schaffen, welches die Basis dafür darstellt, daß sich der Klient öffnet (Kriz, 1985).

Die Variable „*einfühlendes Verstehen*" bezeichnet die Fähigkeit des Therapeuten, den Klienten in seinem Erleben zu erfassen und zu verstehen, ohne ihn einer Bewertung zu unterziehen. Dazu ist es nötig, sich den Bezugsrahmen des Klienten zu vergegenwärtigen. Praktisch umgesetzt wird diese Forderung, indem der Therapeut die zentralen gefühlsmäßigen Äußerungen des Klienten aufgreift und in seinen eigenen Worten möglichst ohne Interpretationen wiedergibt, d. h., er spiegelt die Erlebnisinhalte des Klienten. Entscheidend dabei ist, ob der Therapeut in der Lage ist, das Gefühls- und Erlebnisspektrum des Klienten in seiner Breite und Vielfalt wahrzunehmen und zu verstehen. Dies gelingt ihm um so besser, je mehr er Zugang zu seinen eigenen Gefühlen hat. Der Klient faßt auf diese Weise den Mut, seine eigenen internen Prozesse zu erforschen (Kriz, 1985). Forschungsergebnisse zeigen jedoch, daß die Annahme dieser Kernvariablen als notwendige und hinreichende Bedingungen von psychischer Veränderung nicht aufrechterhalten werden kann. Ihnen kommt lediglich eine notwendige, d. h. unterstützende, nicht jedoch hinreichende Funktion zu (Baumann & von Wedel, 1981; Bommert, 1982). Neben diesen Basisvariablen gelten noch andere Merkmale des Therapeuten als bedeutsam für den therapeutischen Prozeß. Diese sind Konfrontation, Selbsteinbringung, Unmittelbarkeit, Tiefe der Interpretation, Spezifität und Konkretheit, sprachliche Aktivität des Therapeuten, aktives Bemühen, innere Anteilnahme, Experiencing usw. Ihnen wird eine moderierende Wirkung hinsichtlich der Basisvariablen zugeschrieben (Baumann & von Wedel, 1981).

Die Therapeut-Klient-Beziehung, in der die eben genannten Variablen realisiert sind, setzen nach Rogers im Klienten dessen eigene Kräfte frei, die ihm zu mehr Autonomie, größerer Bewußtheit gegenüber dem eigenen Erleben, größerer Flexibilität und Kreativität verhelfen (Kriz, 1985; Schwab, 1985). Worin bestehen nun die therapeutischen Ziele im einzelnen?

Aus den Darstellungen lassen sich folgende Therapieziele ableiten: *Langfristig* wird durch die Gesprächstherapie die Selbstverwirklichung und -aktualisierung des Individuums angestrebt und gefördert. Diese besteht darin, daß der Mensch seine Selbststruktur aktiv und zielgerichtet entfaltet, selbstbestimmt handelt und kaum oder gar nicht von den Urteilen und Bewertungen anderer abhängig ist. Das Individuum öffnet sich gegenüber seinen Gefühlen, Wahrnehmungen, Gedanken und Handlungen, macht neue Erfahrungen und symbolisiert diese in angemessener Weise (Lohmann, 1980).

Die *mittelfristigen* Ziele bestehen darin, dem Klienten zu größerer Flexibilität im Verhalten und im Fühlen sowie zu geringerer innerer Spannung zu verhelfen. Zu Therapieende soll er sich idealerweise auf neue Erfahrungen einlassen und diese adäquat in sein Selbstkonzept integrieren können, welches dadurch modifiziert wird (Lohmann, 1980). In diesem Zusammenhang verwendet Rogers die Bezeichnung „a person in process", um damit zum Ausdruck zu bringen, daß sich der Klient bzw. der Mensch schlechthin idealerweise in einem fortlaufenden

Veränderungsprozeß befinden sollte (Schwab, 1984). Zwischen Selbst- und Idealbild wird eine Übereinstimmung angestrebt. Das Individuum gelangt so zu größerer Selbstzufriedenheit. Es muß keine Erfahrungen verleugnen oder verzerren und zeigt reifes Verhalten. Bei erreichtem Therapieziel ist der Klient zu differenzierter Selbst- und Fremdwahrnehmung in der Lage (Lohmann, 1980). Rogers spricht von der „fully-functioning-person" als idealtypischer Person, deren Zustand sich der Klient asymptotisch annähern kann (Bommert, 1982; Schwab, 1984). Der Klient, dessen Selbstverantwortung von Rogers betont wird, steuert den Therapieverlauf selbst und sorgt für dessen Aufrechterhaltung. Die *kurzfristigen* Ziele entsprechen den mittelfristigen. Sie bestehen in einer vermehrten Akzeptanz der eigenen Person, in einer differenzierteren Selbst- und Umweltwahrnehmung, größerer Flexibilität, in der Reduktion innerer, durch Konflikte verursachter Spannungen sowie in der Veränderung der Selbststruktur durch die Integration neuer Erfahrungen (Kriz, 1985). Als weitere Teilziele werden noch folgende Punkte aufgeführt:
— Experiencing, d. h., der Klient erlebt seine Gefühle, greift sie auf und verleiht ihnen Bedeutung (Lohmann, 1980; Schwab, 1984).
— Selbstexploration: Der Klient verbalisiert seine momentanen Gefühle (Lohmann, 1980; Schwab, 1984).
— Differenzierung: Alte und neue Erfahrungen werden in ihrer Bedeutung unterschieden.
— Integration: Der Klient revidiert die gemachten Erfahrungen entsprechend seinem Selbstkonzept.
— Aufrechterhaltung: Der Klient setzt sich bewußt mit weiteren Konflikten auseinander. Das Individuum sucht neue Erfahrungen (Lohmann, 1980).

3.2.3 Indikation zur Gesprächspsychotherapie

Zur Frage der Indikation haben sich in der Gesprächstherapie zwei konträre Strömungen herauskristallisiert, einerseits die humanistisch orientierte personenzentrierte Gesprächstherapie sowie andererseits die empirisch-wissenschaftlich orientierte Gesprächstherapie (Seidenstücker, 1984). Vertreter der *personenzentrierten Gesprächstherapie* wie Rogers oder Tausch und Tausch begreifen die Gesprächstherapie als eine Art Lebensphilosophie, die dem Menschen zur Weiterentwicklung seiner Persönlichkeit dient. Sie distanzieren sich damit vom Anspruch auf Heilung psychischer Störungen. Mit ihrem Konzept wenden sie sich an Personen, die Interesse an Selbsterfahrung und Selbstverwirklichung haben, nicht jedoch speziell an psychisch gestörte Menschen. Als Ziel wird neben der Persönlichkeitsentfaltung ein anderer — nämlich menschlicherer und offenerer — Umgang miteinander angestrebt. Indikationsaussagen sind somit obsolet. Zum Ausdruck kommt diese Position durch die Umbenennung der klientenzentrierten Gespächstherapie in „personenzentrierte Gesprächstherapie" (Baumann & von Wedel, 1981).

Therapeuten wie Zielke, Minsel oder Biermann-Ratjen vertreten die *empirisch-wissenschaftliche Richtung* in der Gesprächstherapie. Sie suchen nach theoretischen Begründungen ihres Ansatzes (Seidenstücker, 1984). Die Gesprächstherapie repräsentiert für sie eine spezifische Behandlungsform zur Heilung bestimmter psychischer Störungen. Angaben zur Indikation halten sie aus diesem Grund für unerläßlich (Seidenstücker, 1984). Die nachfolgenden Ausführungen zur Indikation beziehen sich also nur auf den empirisch-wissenschaftlichen Ansatz der Gesprächstherapie.

3.2.3.1 Selektive Indikation

Zur selektiv prognostischen Indikation liegen unterschiedliche Angaben von Experten vor. Indikationskriterien allgemeinerer Art stammen beispielsweise von Biermann-Ratjen (1979), der diese stringent aus Rogers' therapeutischem Konzept abgeleitet hat. Demnach ist Gesprächstherapie dann angezeigt, wenn:
1. die Störung psychischer Art ist und eine Inkongruenz zwischen Selbststruktur und Idealselbst vorliegt,
2. ein gewisses Ausmaß an Beziehungsfähigkeit vorhanden ist,
3. der Klient das gesprächstherapeutische Angebot zumindest ansatzweise nutzen kann,
4. die Auflösung der bestehenden Inkongruenz eine Problemlösung näher bringt.

Eine Indikation zur Gesprächstherapie liegt also vor, wenn sich der Klient durch eine Erhöhung der Wertschätzung seiner selbst weiter entfalten kann. Dies gilt unabhängig davon, ob es zu einer

Symptomreduktion kommt oder nicht (Baumann & von Wedel, 1981).
Zur Präzisierung selektiver Indikationsaussagen tragen Erfahrungen mit Klienten auf der Grundlage therapeutischer *Probebehandlungen* bei (Seidenstücker, 1984; Baumann & von Wedel, 1981). Kienten, die eine Therapie erfolgreich beenden, haben folgende Merkmale:
— Sie nehmen die Therapie in bezug auf die Echtheit, die emotionale Wärme und das einfühlende Verstehen des Therapeuten positiver wahr,
— zeigen ein höheres Ausmaß an Selbstexploration,
— sprechen häufiger über ihre eigenen Gefühle,
— setzen sich intensiver mit internalen Gesprächsinhalten auseinander und
— zeigen eine stärkere gefühlsmäßige Beteiligung bezüglich eigener Äußerungen als nicht gebesserte Klienten (Baumann & von Wedel, 1981).

Neben der Ansprechbarkeit auf eine Gesprächstherapie ist eine ausgeprägte Fähigkeit des Klienten zur *Selbstexploration* ein guter Indikator für eine effektive Gesprächstherapie. Eine Kombination beider Kriterien könnte die Validität prognostischer Aussagen noch erhöhen (Seidenstücker, 1984).
Spezifischere Angaben zur Indikation machen beispielsweise Tausch & Tausch (1978). Sie sehen die Indikation von Gesprächstherapie in folgenden Bereichen: bei geringer Selbstachtung, emotionaler Unruhe, Neurotizismus, sozialen Kontaktstörungen, spezifischen und allgemeinen Ängsten, psychosomatischen Beschwerden, sexuellen Schwierigkeiten und beruflichen Problemen. Bei Psychosen, Drogenabhängigkeit und chronischem Alkoholismus soll die Gesprächstherapie als Behandlungsform nur bedingt geeignet sein (Seidenstücker, 1984).
Nach Sander (1975) ist die Prognose für einen gesprächstherapeutisch behandelten Klienten dann günstig, wenn es sich um Störungen handelt, die *Internalisierungsprozesse* wie begleitende Gefühle, Wahrnehmungen oder Einstellungen betreffen. Ebenso soll die Gesprächstherapie bei solchen Störungen erfolgversprechend sein, die im Zusammenhang mit *Unlust*, *Unsicherheit* und *Angst* auftreten, die sprachlich mitteilbar und dem Erleben zugänglich sind. Für ungeeignet hält Sander die Gesprächstherapie bei Klienten mit mangelhaft gelerntem So-

zial- und Arbeitsverhalten (Delinquenz, gestörtes Sozialverhalten, Lern- und Arbeitsstörungen), bei Klienten, deren Störungen automatisiert und ohne Gefühlsbeteiligung ablaufen (Tics, Phobien, Zwänge, Stottern) sowie bei ausagierenden Klienten mit dissozialen, lustverschaffenden Symptomen (Perversionen, Süchte) (Seidenstücker, 1984). Eine Untersuchung von Frohburg (1976) hat ergeben, daß Praktiker jenen Klienten eine günstigere Prognose zuordnen, die *unzufrieden sind mit sich selbst*, die *depressiv, neurotisch, introvertiert* und *psychasthenisch* sind. Sie schätzen das Therapieergebnis dagegen eher negativ ein bei Klienten, bei denen psychopathische, paranoide, manische oder schizoide Züge im Vordergrund stehen. Untersuchungsergebnisse von Schulz (1981), Grawe (1976), Plog (1976) und Stuhr et al. (1981) legen nahe, daß Gesprächstherapie primär bei *dysthymen Neurosen* angezeigt ist. Stuhr et al. (1981) fanden bei *psychosomatisch erkrankten Patienten* größere therapeutische Effekte, wenn sie mit Gesprächstherapie behandelt wurden als wenn sie sich einer Fokaltherapie unterzogen. Eine günstigere Prognose zeigte sich auch bei *phobischen Klienten mit geringem Leidensdruck* (Grawe, 1976, Plog, 1976). Dieses Resultat weist — wie auch andere (vgl. Caine et al., 1981) — darauf hin, daß die subjektiv *erlebte Zentralität der Symptomatik* von entscheidender Bedeutung ist für das Ansprechen auf eine Gesprächstherapie (Seidenstücker, 1984).

Zielke (1979) entwickelte aus den Zielvorstellungen der Gesprächstherapie verschiedene therapienahe Meßinstrumente, zu denen u. a. die Kieler Änderungssensitive Symptomliste zählt. Nach einer faktorenanalytischen Auswertung der anhand dieses Meßinstruments erhobenen Daten ließen sich vier Faktoren (Soziale Kontaktstörungen, Verstimmungsstörungen, Berufsschwierigkeiten, Konzentrations- und Leistungsstörungen) extrahieren, auf deren Grundlage Aussagen bezüglich der selektiven Indikation gemacht wurden. Demnach ist Gesprächstherapie vor allem bei *Verstimmungsstörungen* wie unangenehmer oder depressiver Stimmung erfolgversprechend, die unabhängig von spezifischen Situationen oder Tätigkeiten auftreten (Bommert, 1982; Seidenstücker, 1984). Dies stimmt zudem mit Untersuchungsergebnissen überein, die darauf hinweisen, daß Gesprächstherapie bei dysthymen Symptomen angezeigt ist. Dieser Nachweis ist im Vergleich mit einer Kontrollgruppe zwar erbracht, er fehlt jedoch noch im Vergleich mit anderen Behandlungsverfahren. Die Ergebnisse sprechen ferner dafür, daß die

Gesprächstherapie für Schwierigkeiten im Zusammenhang mit Kontakt-, Konzentrations- und Leistungsstörungen weniger effektiv zu sein scheint als bei anderen Störungen (Seidenstücker, 1984).
Im Zusammenhang mit der Forderung nach Indikationsstellungen auf der Grundlage von Probebehandlungen bzw. Erlebniskategorien erhalten situative und damit adaptive Entscheidungen einen zunehmend größeren Stellenwert.

3.2.3.2 Adaptive Indikation

Da die Gesprächstherapie ein Beziehungsangebot darstellt, mit dessen Hilfe der Prozeß der Selbstaktualisierung wieder in Gang gebracht werden soll und konkrete therapeutische Techniken nicht unterschieden werden, sind adaptive Indikationsaussagen prinzipiell schwer zu machen (Baumann & von Wedel, 1981). Auf Aussagen zur differentiellen Indikation wurde geraume Zeit bewußt verzichtet, um den psychotherapeutischen Prozeß nicht negativ zu beeinflussen. Ein weiterer Grund bestand darin, daß von einer universellen Wirksamkeit der Gesprächstherapie ausgegangen wurde (Bommert, 1982). Als zentrale Fragestellung galt lange, ob Gesprächstherapie überhaupt indiziert sei und wenn ja, wie sie zu gestalten sei (Baumann & von Wedel, 1981). Erst in den letzten Jahren hat ein Umdenken stattgefunden, was sich in den skizzierten, sich noch in den Anfängen befindenden Modellen zur adaptiven Indikation niederschlägt (Bommert, 1982).
Neuere Forschungsarbeiten berücksichtigen vermehrt adaptive Modelle. Von Zielke (1979) stammt ein heuristischer Ansatz, der in Anlehnung an Dörners Problemlösemodell (Dörner, 1979) sowie in Anlehnung an verhaltenstherapeutische Therapieplanungsmodelle konzipiert wurde (Seidenstücker, 1984; Baumann & von Wedel, 1981). Es wird aufgezeigt, daß diagnostische und hypothesenbildende Therapiephasen alternieren und sich gegenseitig bedingen (Baumann & von Wedel, 1981).
Bislang fehlt jedoch der empirische Nachweis dafür, das therapeutische Interventionen tatsächlich diesem Ablauf folgen. Unzureichend ist zudem die Hervorhebung kognitiver Gesichtspunkte bei gleichzeitiger Vernachlässigung emotionaler Aspekte, was dem gesprächstherapeutischen Ansatz nicht gerecht wird. Der bedeutsamste Beitrag dieser Modelle, besteht in der Struk-

turierung des Handlungsablaufs. Inhaltliche Aspekte solcher Ansätze sind bislang zu wenig entwickelt. Fraglich ist außerdem, ob man mit Hilfe solcher Modelle therapeutische Handlungsregeln generieren kann (Seidenstücker, 1984).
Ausgehend von Perrez' Annahme, daß Gesprächstherapie bei Klienten mit internal motivierten Konflikten die Methode der Wahl sei, haben Mempel u. a. (1980) ein adaptives Modell entwickelt. Sie interpretieren den Konflikt des Klienten als Zielambivalenz, d. h. als Annäherungs-/Vermeidungskonflikt. Je nach Dominanz des einen oder anderen, sowohl verbalen als auch nonverbalen Aspekts wird der Klient einer von fünf Stufen zugeordnet, denen bestimmte Klassen von Therapeutenverhaltensweisen entsprechen. Diese sollen bewirken, daß sich der Klient in Richtung auf die nächst höhere Region entwickelt. Die empirische Überprüfung dieses Modells steht noch aus (Seidenstücker, 1984).

3.3 Verhaltenstherapie

Verhaltenstherapie ist ein Sammelbegriff für eine heterogene Gruppe therapeutischer Methoden, die auf einem gemeinsamen Hintergrund aufbauen. In dieser Hinsicht ist sie mit der Familientherapie vergleichbar und bildet einen Gegensatz zur Psychoanalyse und zur Gesprächstherapie, bei denen es sich jeweils um ein einheitliches Vorgehen handelt (Groeger, 1982; Kriz, 1985). Ausgangspunkte der Verhaltenstherapie sind Erkenntnisse der psychologischen Grundlagenforschung, vornehmlich der Lerntheorien sowie in neuerer Zeit der kognitiven Ansätze (Baumann & von Wedel, 1981). Das Grundkonzept der Verhaltenstherapie basiert auf der Annahme, daß Verhalten insgesamt – und damit auch psychische Störungen – erlernt wurden und auch wieder „verlernbar" seien. Vertreter der Verhaltenstherapie stützen sich auf eine explizit experimentelle Vorgehensweise. So werden hauptsächlich abgrenzbare und gut operationalisierbare Verhaltensweisen, Kognitionen und Emotionen in Untersuchungen und in therapeutisches Handeln einbezogen. Psychische Veränderungen werden quantifiziert und die therapeutische Intervention durch therapiebegleitende Erfolgsmessungen kontrolliert (Kriz, 1985).
Verhaltenstherapie zielt auf die Modifikation offener, d. h. beobachtbarer Verhaltensweisen ab. Die Veränderung beob-

achtbaren Verhaltens nimmt den breitesten Raum verhaltenstherapeutischer Interventionen ein. Physiologisch-organische sowie verdeckte Reaktionen (Kognitionen, Emotionen) werden inzwischen gleichermaßen in therapeutische Veränderungsbemühungen einbezogen (Kessler, 1984b). Auf allen drei Ebenen stehen die aktuellen Reaktionen im Vordergrund. Vergangene Reaktionen werden nur insofern einbezogen, als sie für die Aufrechterhaltung der momentanen Reaktionen von Relevanz sind (Baumann & von Wedel, 1981). Die Verhaltenstherapie grenzt sich durch die Forderung nach empirischer Überprüfung der therapeutischen Technologien von der als ineffektiv angesehenen psychoanalytischen Methode der Introspektion ab. Sie wendet sich damit insgesamt gegen die mangelnde Exaktheit und Überprüfbarkeit der psychodynamischen Grundannahmen sowie gegen die Vernachlässigung der empirischen Kontrolle psychoanalytischen Handelns (Kriz, 1985; Groeger, 1982). Das Vorgehen in der Verhaltenstherapie ist dem gegenüber als eine Art experimentelle Einzelfallstudie bzw. Gruppenexperiment konzipiert, wobei jeder Handlungsschritt transparent und nachvollziehbar sein soll. Das Vorgehen bei der Diagnose, der Zielbestimmung, der Interventionsfestlegung und der Behandlung selbst ist grundsätzlich planend und rational (Kriz, 1985; Baumann & von Wedel, 1981). Im Vordergrund der Therapie stehen übende Verfahren (Baumann & von Wedel, 1981).

3.3.1 Persönlichkeitstheorie und Störungstheorie

Die Verhaltenstherapie wendet sich mit ihrem Konzept ebenso wie die Gesprächstherapie gegen das medizinische Krankheitsmodell (Groeger, 1982). Psychische Symptome werden nicht auf psychodynamische Prozesse oder innerorganismische bzw. organisch-physiologische Krankheitsursachen zurückgeführt. Vielmehr werden sie als gelernte Verhaltensweisen erklärt, die den aktuellen Bedingungen und Anforderungen nicht bzw. nicht mehr genügen. Fehlverhalten kann sich einerseits in Verhaltensexzessen oder andererseits in Verhaltensdefiziten äußern (Becker, 1982; Kriz, 1985).
Die Grundpfeiler der als Verhaltenstherapie bezeichneten Methodenvielfalt bildeten ursprünglich Pawlows Ergebnisse zum klassischen Konditionieren und Skinners Annahmen zum operanten Konditionieren. In den 60er und 70er Jahren dieses

Jahrhunderts wurde die Verhaltenstherapie um weitere grundlegende Gesichtspunkte erweitert. Dazu gehören soziale Aspekte, wie sie sich u. a. in Banduras Theorie zum Modellernen manifestiert haben und ferner kognitive Aspekte wie Wahrnehmung und Denken, d. h. Prozesse der Informationsaufnahme und -verarbeitung. Kognitive Ansätze stammen z. B. von Cautela, Kazdin, Homme, Beck, Ellis, Lazarus, Mahoney oder Meichenbaum. Skinners Annahmen ihrerseits fußen auf verschiedenen Theorien, die zwar kurz aufgeführt, aber in diesem Rahmen nicht näher erläutert werden können. Nachzulesen sind deren Grundgedanken in jedem lerntheoretischen Lehrbuch. Die Grundlage der operanten Lerntheorien bilden folgende Ansätze: Thorndikes Gesetz des Effekts, Bechterews Reflexologie, Watsons Behaviorismus, Hulls Reiz-Reaktions-Schema, Guthries Kontiguitätsannahme sowie Tolmans Ansatz zum latenten Lernen (Kriz, 1985).

Therapeutische Ansatzpunkte sind offen beobachtbares Verhalten, physiologisch-organische sowie verdeckte Reaktionen, wobei sich Symptome psychischer Störungen in der Regel auf allen drei Ebenen auswirken. Analoges gilt für die Auswirkungen von Veränderungen. Auch wenn primär die behaviorale Ebene Gegenstand der Therapie ist, zeigen sich die Effekte der Therapie ebenso in den anderen Bereichen. Bei der Verhaltenstherapie handelt es sich damit um einen multimodalen Ansatz. Die Kontrolle des Veränderungsprozesses kann zudem einerseits durch den Therapeuten erfolgen und andererseits durch den Klienten selbst (Kessler, 1984b).

Ausgangspunkt der Theorie des *klassischen Konditionierens* ist ein natürliches und angeborenes Reiz-Reaktions-Schema. Pawolw (1849–1936) und von Bechterew (1857–1927) waren die ersten Wissenschaftler, die den bedingten Reflex beschrieben haben. Sie fanden, daß ein angeborener, also unbedingter Reflex, wie z. B. der unwillkürliche Speichelfluß beim Anblick von Nahrung, mit einem beliebigen anderen Ereignis, z. B. einem Glockenton, verknüpfbar ist, wenn diese häufig genug miteinander gepaart werden. Die Koppelung bewirkt, daß entweder der Reflex selbst oder eine damit eng verbundene Reaktion durch die alleinige Darbietung des zuvor neutralen Reizes ausgelöst wird.

Dieser Prozeß läßt sich in diesem Beipiel wie folgt beschreiben: Nachdem die Nahrungspräsentation und ein ertönender Glokkenton häufig genug gemeinsam erfolgt sind, löst schon das alleinige Hören des Glockentons den Speichelfluß des hungrigen Hundes aus. Voraussetzung dafür ist das Vorhandensein eines Triebes, nämlich des Hungers. Um zur Terminologie der Verhaltenstherapie zurückzukehren: Werden unkonditionierter (UCS) und neutraler (NS) Stimulus häufig genug gekoppelt, wird die unkonditionierte Reaktion (UCR) schon auf die alleinige Darbietung des neutralen Stimulus gezeigt. Voraussetzung ist also die zeitliche Kontiguität von CS und UCS sowie eine mehrmalige Wiederholung des Vorgangs. Der neutrale Stimulus wird somit zum konditionierten Stimulus (CS), und die unkonditionierte Reaktion wird zur konditionierten (CR). Diese Verbindung wird gelöscht (Extinktion), wenn der konditionierte Stimulus häufig genug ohne den unkonditionierten Reiz dargeboten wird. Nach einer Pause erfolgt jedoch oft eine Spontanerholung. Pawlow beschränkt sich in seinem Modell auf physiologische Aspekte und läßt psychologische außer acht (Kriz, 1985).

Skinner (1904–1990) unterscheidet in seinem *Modell des operanten Konditionierens* operante (instrumentelle) und respondente (angeborene, reflexhafte) Verhaltensweisen. Statt von Reiz-Reaktions-Verbindungen geht er von einer zeitlichen Kontingenz zwischen Reiz und Nachfolgebedingung aus. Er postuliert, daß die Auftretenswahrscheinlichkeit von zunächst zufällig gezeigten Verhaltensweisen durch deren Nachfolgebedingungen verändert wird. Die Nachfolgebedingungen werden als *Verstärker* bezeichnet. Skinner unterscheidet positive und negative Verstärkergabe sowie Verstärkerentzug. Durch deren Einsatz sind vier verschiedene Kombinationen möglich:
— Gabe positiver Verstärker: positive Verstärkung
— Gabe negativer Verstärker: Bestrafung
— Entzug positiver Verstärker: Bestrafung
— Entzug negativer Verstärker: negative Verstärkung

Durch positive Verstärkung lassen sich Reaktionsraten steigern und damit Verhalten aufbauen. Bestrafung bewirkt dagegen eine Senkung der Auftretenswahrscheinlichkeit für bestimmtes Verhalten, wodurch unerwünschtes Verhalten geschwächt und schließlich abgebaut werden kann (Kessler, 1984b). Ferner werden primäre und sekundäre Verstärker unterschieden. Primäre Verstärker haben unmittelbaren, angeborenen Verstärkungswert, z. B. Essen, wenn man hungrig ist, während die Bedeutung sekundärer Verstärker indirekt ist und erst erlernt werden muß. Sekundäre Verstärker können gesammelt und gegen andere eingetauscht werden, beispielsweise Geld gegen Nahrungsmittel. Dieser Mechanismus bildet die Grundlage sogenannter Token-Programme. Es handelt sich hierbei um Verstärkungsprogramme, bei dem Münzen als Verstärker eingesetzt werden. Das Vorhandensein eines bestimmten Bedürfnisses bzw. einer bestimmten Motivation ist auch hier die Voraussetzung für das Funktionieren dieses Prinzips.

Eine weitere Variationsmöglichkeit der Verstärkergabe besteht hinsichtlich des Zeitintervalls. Die Verstärkung kann zufällig erfolgen oder konstant nach bestimmten festgelegten Zeiteinheiten. Durch kontinuierliche Verstärkung, d. h. Verstärkung jeder richtigen Reaktion, erfolgt der Lernprozeß relativ rasch. Langsamer, dafür jedoch nachhaltiger wird bei intermittierender, d. h. gelegentlicher Verstärkung gelernt. Wird systematisch dasjenige Verhalten belohnt, das sich dem Zielverhalten sukzessive annähert, spricht man von „Shaping" (Verhaltensformung). Auf der Basis dieser Annahme lassen sich komplexe Verhaltensweisen in Teilschritte zerlegen und allmählich erlernen, was widerum die Grundlage verschiedener Verstärkungspläne (Token-Programme) bildet (Kriz, 1985). Die Erhöhung oder Senkung einer bestimmten Reaktionsrate wird dann angestrebt, wenn ein bestimmtes Verhalten nicht entwickelt wurde, zu selten auftritt oder aber nur auf wenige diskriminative Reize beschränkt ist (Kessler, 1984b).

Die Theorien des klassischen und des operanten Konditionierens führen menschliches Verhalten — normales und abnormes — auf die dargestellten Lerngesetze zurück. Menschliches Verhalten ist demnach abhängig von der systematischen Anwendung positiver und negativer Verstärker. Dahinter verbirgt sich ein materielles und mechanistisches Menschenbild. Der Mensch wird reduziert auf ein passives, auf Umweltreize reagierendes Wesen und unterliegt damit einem hohen Maß an externer Kontrolle. Die Sicht des Menschen ist also eine instrumentelle und technokratische (Kriz, 1985; Groeger, 1982; Plog, 1982). Wertfragen weicht die Verhaltenstherapie aus. Als vornehmlichstes Ziel der therapeutischen Einflußnahme wird die Verminderung des Fehlverhaltens mittels der verhaltenstherapeutischen Technik genannt. Der Klient wird also lediglich in Abhängigkeit seines störenden Verhaltens beschrieben, was eine enorme Einschränkung seines Spielraums darstellt (Plog, 1982).

Eine entscheidende Erweiterung erfuhr die Verhaltenstherapie durch den Einfluß *sozialer Lerntheorien*, die den Menschen in einer aktiven, agierenden Rolle sehen. Das menschliche Verhalten wird demnach durch soziale Einflüsse wie soziale Verstärkung, sprachliche Instruktionen, Verhaltensregeln und soziale Modelle maßgeblich geformt (Groeger, 1982). Banduras Theorie des *Modellernens* geht beispielsweise davon aus, daß Verhalten durch die Beobachtung und Imitation eines Modells erworben wird. Dieser Prozeß ist um so nachhaltiger, je attraktiver das Modell und je ähnlicher das Modell dem Beobachter ist. Soziales Lernen erfolgt vor allem, wenn das Modell für sein Verhalten belohnt wurde, wenn es bewältigendes statt perfektes Verhalten zeigt usw. Verhalten wird also nicht mehr einseitig als von Umwelteinflüssen abhängig gesehen, vielmehr wird von einer wechselseitigen Einflußnahme ausgegangen (Groeger, 1982 Kessler & Roth, 1980).

Kognitive Ansätze, wie die von Beck oder Meichenbaum, messen kognitiven Prozessen der Informationsaufnahme und -verarbeitung einen großen Stellenwert in bezug auf menschliches Verhalten bei. Zunächst ordneten sie ihnen eine mediatorische Funktion zwischen äußeren Reizen und der darauf folgenden Reaktion zu; inzwischen wird jedoch von einer entscheidenden Steuerungs- oder Kausalfunktion für menschliches Verhalten ausgegangen (Groeger, 1982). Nähere Ausführungen dazu folgen im nächsten Abschnitt.

3.3.2 Therapietheorie und Therapieziele

Der Verhaltenstherapie liegt kein einheitliches devianztheoretisches Konzept zugrunde. Gemeinsamer Nenner ist lediglich der Standpunkt, daß normales ebenso wie abnormales Verhalten erlernt wurde. Ein Störungsbild wird ausschließlich durch seine Symptome charakterisiert. Unangemessene Verhaltensweisen sollen durch adäquate ersetzt werden. Die vielfältigen dazu indizierten *Einzeltechniken* lassen sich den lerntheoretischen sowie dem kognitiven Schwerpunkt der Verhaltenstherapie zuordnen. Es handelt sich dabei:
1. um die *klassische Konditionierung*, die zum Abbau von Ängsten und Neurosen eingesetzt wird, d. h. bevorzugt im Zusammenhang mit emotionalen Problemen;
2. um die *operante Konditionierung*, die dem Aufbau grundlegender Fertigkeiten dient, beispielsweise bei Kindern,

schwer gestörten psychotischen und retardierten oder langzeithospitalisierten Klienten (Groeger, 1982; Kriz, 1985) und
3. um *kognitive Techniken,* die u. a. aus der Kritik am Behaviorismus, nämlich dem Vorwurf der Vernachlässigung internaler und kognitiver Aspekte des Menschen entstanden sind.

Verfahren, die auf dem Prinzip des *Modellernens* basieren, werden in der Regel ergänzend zu anderen Techniken eingesetzt (Kriz, 1985).

3.3.2.1 Verhaltenstherapeutische Techniken auf der Grundlage der klassischen Konditionierung

Ausgangspunkt der verhaltenstherapeutischen Behandlung von Angst und Neurosen bilden Überlegungen von Wolpe (1958). Dieser führte Angstreaktionen auf Konditionierungsprozesse im klassischen Sinne zurück. Unangemessene Ängste werden durch die zeitliche oder räumliche Koppelung mit angemessenerweise angstauslösenden Reizen hervorgerufen. Zur Behandlung inadäquater Ängste entwickelte Wolpe das Konzept der *Gegenkonditionierung.* Geht man davon aus, daß die Verbindung zwischen Angst und Angstauslöser klassisch konditioniert wurde, liegt es nahe, anzunehmen, daß diese durch eine andere konditionierte Verbindung ersetzt oder verdrängt werden kann. Dies impliziert, daß der angstauslösende Reiz in zeitlicher oder räumlicher Kontingenz mit einer positiven, angstkompatiblen Reaktion assoziiert werden soll, um die alte Assoziation zwischen angstauslösendem Reiz und dem Angstgefühl zu schwächen und schließlich zu löschen. Dieses Prinzip liegt der systematischen Desensibilisierung und deren Varianten wie z. B. dem Angstbewältigungstraining zugrunde, ebenso dem Training sozialer Fertigkeiten.
Bei der *systematischen Desensibilisierung* erlernt der Klient als angstunvereinbare Reaktion ein Entspannungsverfahren, in der Regel die progressive Muskelrelaxation nach Jacobsen (1938). Parallel dazu wird eine sogenannte Angsthierarchie aufgestellt, d. h. angstauslösende Stimuli werden gesammelt und bezüglich der Intensität der durch sie ausgelösten Angst in eine Rangreihe gebracht. Anschließend wird der Klient den einzelnen angstbesetzten Situationen in entspanntem Zustand sukzessive ausgesetzt. Kann sich der Klient in dieser Situation entspannen, wird die Konfrontation mit der nächst schwierigeren Situation

fortgesetzt. Die Konfrontation mit dem Angststimulus ist in sensu und/oder in vivo möglich. Diese Methode ist inzwischen zu einer allgemein akzeptierten Form der Angstbehandlung geworden. Umstritten ist hingegen die Erklärung des zugrundeliegenden Wirkmechanismus. Folgende Erklärungen beanspruchen inzwischen gleichermaßen ihre Gültigkeit: Habituierung durch die wiederholte Darbietung der Angstreize, die Erwartungen in bezug auf den eigenen Erfolg, die eigene Leistungsfähigkeit, Selbst- und Fremdinstruktionen, die Lebendigkeit der Vorstellungen oder Modellernen. Nachgewiesenermaßen wichtig für den Erfolg des Verfahrens ist der Glaube an die Entspannung (Fliegel et al., 1981).

Als Variante der systematischen Desensibilisierung gilt das *Angstbewältigungstraining*, das sich durch den Stellenwert der Entspannung von der systematischen Desensibilisierung abhebt. Bei diesem Verfahren wird die bewußte und deutliche Wahrnehmung der Angst betont. Diese ist entscheidend, damit sich der Klient dann aktiv in einen entspannten Zustand versetzen kann. Als förderlich dabei gilt die frühzeitige Angstwahrnehmung, der Einsatz bewußter Selbstinstruktionen zur Angstkontrolle, die Fähigkeit, sich wirkungsvoll zu entspannen sowie der Glaube an die Entspannung. Auch hier stehen wieder mehrere Erklärungsansätze nebeneinander. Erfolgreiche Angstbewältigung wird als Ergebnis reziproker Hemmung, als Resultat von Gegenkonditionierung oder als Prozeß der aktiven Selbstkontrolle gesehen (Fliegel et al., 1981; Groeger, 1982).

Auch Verfahren der *Reizkonfrontation* haben sich bei der Behandlung von Ängsten bewährt. Durch die Konfrontation mit den angstauslösenden Reizen (in sensu und/oder in vivo, graduiert und/oder massiert) macht der Klient die Erfahrung, daß er die Situation ertragen kann und die befürchteten unangenehmen Folgen ausbleiben. Er muß dabei so lange in der problematischen Situation ausharren, bis die Angst nachläßt. Durch Flucht- und Vermeidungsverhaltensweisen befestigen sich die Angst eher. Sie sollten deshalb vom Therapeuten verhindert werden.

3.3.2.2 Verhaltenstherapeutische Techniken auf der Grundlage der operanten Konditionierung

Während Ansätze des klassischen Konditionierens hauptsächlich bei emotionalen Problemen Anwendung finden, werden operante

Ansätze bei Störungen bevorzugt, bei denen neues Verhalten aufgebaut und/oder symptomatisches Verhalten abgebaut werden soll. Beispiele hierfür sind das Training der sozialen Kompetenz, der Aufbau grundlegender Fertigkeiten wie Reinlichkeit, sich Ankleiden, Einkaufen usw., der Abbau von selbstschädigenden Verhaltensweisen wie Rauchen, überschießende Aggression, übermäßiges oder zu weniges Essen.
Selbstunsicherheit wird in der Verhaltenstherapie u. a. als Angst vor Ablehnung, Beleidigung oder Verletzung interpretiert. Ausgangspunkt von Salters *Selbstbehauptungstraining* ist die Annahme, daß der Klient weiß, wie er sich verhalten will oder soll, dies jedoch aus Angst vor Ablehnung nicht in Handlung umsetzt. Als dahinterliegende Ursache wird die Zurückhaltung von Ärgerreaktionen erwogen, welche mit Angst inkompatibel sind. Durch das Ausdrücken von Ärger sollen problematische Situationen ihre angstauslösende Qualität allmählich verlieren. Als Wirkmechanismus erscheint die Gegenkonditionierung genau so plausibel wie die Habituierung oder die kognitive Umstrukturierung (Kriz, 1985).
Fließende Übergänge bestehen zum *Training der sozialen Kompetenz*, bei dem davon ausgegangen wird, daß angemessenes Verhalten entweder nicht gelernt wurde, daß in der Vergangenheit zu wenig Übungsmöglichkeiten bestanden oder aber, daß es dem Klienten an Möglichkeiten fehlt, Rückmeldungen aus der Umgebung, die das Selbstkonzept stützen könnten, adäquat zu verarbeiten. Im Rahmen dieses Trainings werden dem Klienten selbstsichere Verhaltensalternativen vermittelt, indem sie erklärt, vorgeführt, im Rollenspiel geübt und schließlich in vivo umgesetzt werden. Der Klient erhält Hilfestellung durch den Therapeuten, Rückmeldung über sein gezeigtes Verhalten sowie positive und negative Verstärkung (Fliegel et al., 1981).
Eine Erweiterung dieses Prinzips stellt die Methode der *Stimuluskontrolle* bzw. des *Diskriminationslernens* dar. Der Klient lernt, diejenigen Reize von anderen zu unterscheiden, die sein problematisches Verhalten auslösen oder verstärken, um das Problemverhalten schließlich zu isolieren und durch alternatives Verhalten zu ersetzen. Der Klient wird für sein Verhalten verstärkt und lernt allmählich, diese Fremdkontrolle durch Selbstkontrolle, sprich Selbstverstärkung, zu ersetzen (Kriz, 1985).
Wird die Vergabe generalisierter Verstärker systematisch geplant und umgesetzt, spricht man von *Token-Programmen*. Häufig

wird in Form von Münzen verstärkt, die man sammeln und letztendlich gegen primäre Verstärker wie Süßigkeiten oder Zigaretten eintauschen kann (Kriz, 1985; Fliegel et al., 1981; Kessler, 1984b).
Der Methode des *Biofeedback* liegt ebenfalls das Prinzip des operanten Konditionierens zugrunde. Es handelt sich um ein Verfahren, mit dessen Hilfe körperliche Zustände wie der Grad der Muskelspannung, die Atemfrequenz etc. mit dem Ziel zurückgemeldet werden, die Kontrolle über diese autonomen Reaktionen zu erlernen. Das Feedback und damit die positive oder negative Verstärkung erfolgt auf unterschiedliche Weise, beispielsweise mittels Licht oder akustischer Signale (Wittling, 1980).
Wichtige Hilfsmittel in der Verhaltenstherapie sind *Therapieverträge*, durch die festgelegt wird, welche Regeln oder Bedingungen eingehalten werden sollen und welche Konsequenzen deren Einhaltung bzw. Nichteinhaltung nach sich ziehen. Ein wichtiger Bestandteil solcher Verträge ist die Vergabe von *Hausaufgaben*, die bis zur nächsten Therapiesitzung ausgeführt werden sollten. Beide Methoden tragen zur Klarheit und Strukturierung der Therapie bei (Kriz, 1985).
Da Symptome oft in Interaktionen mit anderen Personen erworben und aufrechterhalten werden, ist es sinnvoll, Co- und Hilfstherapeuten in die Behandlung einzubeziehen, die ohnehin an der Problematik beteiligt sind, wie beispielsweise die Eltern oder Lehrer verhaltensauffälliger Kinder. Man spricht hier von *intermediärer Verhaltensmodifikation* (Kessler & Roth, 1980). Außerdem können *apparative Hilfsmittel* eingesetzt werden. Zu denken ist in diesem Zusammenhang an Programmiergeräte zur Intervallsteuerung, Reaktionstasten, Belohnungsgeber usw. (Kessler, 1984b).

3.3.2.3 Verhaltenstherapeutische Techniken auf der Grundlage kognitiver Prozesse

Da Vertreter der Verhaltenstherapie das Ziel einer Therapie darin sehen, dem Klienten Hilfe zur Selbsthilfe zu vermitteln, kommt Begriffen wie Selbstkontrolle, Selbstbeobachtung, Selbstbewertung und Selbstverstärkung ein entscheidender Stellenwert zu (Kriz, 1985; Kessler, 1984b; Kanfer & Saslow, 1976). Diese

Prozesse können sich auf die Regulation der Reize und/oder auf die Kontrolle der Verstärker beziehen. Für den veränderungswirksamen Einfluß selbstregulatorischer Techniken spricht der Nachweis, daß das Gelernte vom Klienten mit Hilfe dieser Techniken generalisiert und auch präventiv ohne Unterstützung eines Therapeuten eingesetzt werden kann. Außerdem ist der Klient dabei in einer *aktiven* Rolle. Voraussetzung für das Gelingen von Maßnahmen, die auf selbstregulatorische Prozesse ausgerichtet sind, ist die Bereitschaft des Klienten zu Verhaltensänderung und aktiver Mitarbeit sowie die Möglichkeit, das Problem in beobachtbare und manipulierbare Verhaltenseinheiten zu unterteilen (Kessler, 1984b).
Der erste Schritt der Selbstkontrolle ist die *Selbstbeobachtung*. Der Klient versucht, die symptomauslösenden und die ihnen nachfolgenden Bedingungen zu erfassen und zu analysieren. Auf diesem Weg erhält er Rückmeldung über den Kreislauf problematischen Verhaltens, gewinnt Anhaltspunkte für dessen Unterbindung bzw. kann automatisiertes Verhalten damit an sich schon unterbrechen (Kriz, 1985). Die Übergänge von der Selbstbeobachtung zu kognitiven Ansätzen in der Verhaltenstherapie sind fließend. In einem nächsten Schritt erfolgt die Selbstbewertung, d. h. der Klient vergleicht den Ist-Zustand oder das augenblickliche Verhalten mit dem Soll-Zustand bzw. dem Ziel-Verhalten. Anschließend bestraft oder belohnt der Klient sich für Erfolge oder Mißerfolge selbst, entweder gedanklich oder tatsächlich (Kessler, 1984b). Von Kanfer wurden diese einzelnen Elemente in seinem Modell der Selbstregulation zusammengefaßt, welches dem Klienten Denk- und Arbeitshypothesen zur Verfügung stellt (Kriz, 1985).
Neben dieser Methode des selbstregulatorischen Vorgehens besteht die Möglichkeit, traditionelle verhaltenstherapeutische Verfahren, die normalerweise unter der Kontrolle eines Therapeuten stehen, unter Selbstkontrolle durchzuführen, beispielsweise die systematische Desensibilisierung oder Entspannung mittels Tonbandaufnahmen (Kessler, 1984b).
In den letzten Jahren sind vermehrt Methoden entwickelt worden, die eine Möglichkeit der Verhaltensmodifikation in der Veränderung kognitiver Variablen sehen. Diese *kognitiven Ansätze* lassen sich drei Richtungen zuordnen: Innerhalb einer ersten Richtung werden Kognitionen als verdeckte Verhaltensweisen, als Teile einer Verhaltenskette erklärt. Autoren, die diese Auffassung vertreten, sind z. B. Homme (Kontingenzmanage-

ment oder Coverante Kontrolle) oder Cautela (Verdeckte Konditionierung). Vertreter der zweiten Richtung betrachten psychische Probleme als Resultat fehlender spezifischer Kognitionen wie z. B. fehlender Problemlösefertigkeiten. Zu diesen Vertretern gehören u. a. Meichenbaum (Selbstverbalisationstraining, Streßimpfungstraining), D'Zurilla und Goldfried (Problemlösetraining). Einer dritten Richtung lassen sich Ansätze zuordnen, die psychische Probleme als Folgen irrationaler Ansichten oder falscher Denkstile deuten, etwa die Ansätze von Beck (Kognitive Umstrukturierung) oder von Ellis (Rational-Emotive Therapie). Allen drei Richtungen ist gemeinsam, daß die Einbettung psychischer Probleme in das soziale Interaktionsgeschehen nur am Rande beachtet wird. Die Art der Verknüpfung zwischen Verhalten und Kognitionen ist bislang nur wenig erforscht (Kessler & Roth, 1980).

Sowohl von Cautela als auch von Homme stammen Ansätze zum verdeckten Konditionieren. Sie stimmen hinsichtlich der Annahme überein, daß Lernprozesse auch auf der Vorstellungsebene ablaufen und auf die Verhaltensebene transferierbar sind (Fliegel et al., 1981; Kessler, 1984b). Daraus ergibt sich die Annahme, daß Verhalten durch interne Selbstverstärkungsprozesse auf der Grundlage bildhafter Vorstellungen kontrollierbar sein sollte. Hintergrund dieser Therapietechniken bildet die Hypothese, daß problematische Situationen nur dann adäquat bewältigt werden können, wenn man über die notwendigen kognitiven und behavioralen Strategien in gleicher Weise verfügt. Dem Ansatz von Homme zufolge stellt sich der Klient die Verstärkungsprozesse selbst vor, während er sich nach dem Konzept von Cautela die Konsequenzen positiver oder negativer Verstärkung vergegenwärtigt (Kriz, 1985; Fliegel et al., 1981).

Kognitiven Gesichtspunkten wird auch in Ellis, Becks und Meichenbaums Modellen zur kognitiven Umstrukturierung eine entscheidende Bedeutung beigemessen. Verhalten wird diesen Ansätzen zufolge in hohem Maß durch Informationsverarbeitungsprozesse, insbesondere durch Bewertungsvorgänge, bestimmt. Therapie muß infolgedessen in der Veränderung interner Verarbeitungs-, Bewertungs- und Argumentationsmuster bestehen. Beck beispielsweise führt sowohl Verhalten als auch Emotionen auf kognitive Prozesse zurück. Er beschäftigt sich primär mit depressivem Verhalten, das er durch das sogenannte „kognitive Trias" erklärt. Das Trias besteht aus

a) einem negativen Selbstbild,
b) einer negativen Sicht der eigenen Lebenserfahrungen und
c) einer negativen Auffassung der Umwelt.

Diesen Bewertungsprozessen liegen automatisierte Gedanken zugrunde, welche als „Denkfehler" bezeichnet werden. Diese werden in der Therapie beobachtet, tagebuchartig aufgezeichnet, hinsichtlich der dahinterliegenden Hypothesen über die Welt und sich selbst hinterfragt und schließlich durch alternative Erklärungen ersetzt (Kriz, 1985).
Ein weiterer kognitiver Ansatz geht zurück auf d'Zurilla und Goldfried. Sie thematisieren den unangemessenen Umgang mit Sachproblemen und Lebensschwierigkeiten und schlagen dafür eine allgemeine Problemlösestrategie (Problemeinstellung, Problembeschreibung, Aufstellen, Überprüfen und Umsetzen von Lösungsalternativen) vor, ohne dabei problemspezifische Hilfestellung anzubieten. Problemlösen wird dabei sowohl als offener, d. h. beobachtbarer als auch als verdeckter, d. h. kognitiver Verhaltensprozeß interpretiert (Kriz, 1985).
Bei Meichenbaums Streßinokulationstraining handelt es sich um ein Verfahren der selbstgesteuerten Immunisierung gegen Streß wie z. B. gegen Ängste oder Schmerzen. Das Vorgehen erfolgt in drei Schritten. Zuerst erhält der Klient Informationen z. B. über das Phänomen der Angst über deren physiologische, kognitive und emotionale Komponenten sowie über die Zusammenhänge zwischen den Komponenten. Zudem werden ihm Bewältigungsmöglichkeiten für Steßsituationen aufgezeigt (Unterrichtsphase). In der nächsten Phase (Übungsphase) setzt sich der Klient kognitiv und verhaltensmäßig mit der Streßsituation auseinander. Er übt eine adäquatere Selbstverbalisation zur Vorbereitung auf den Stressor, um angemesseneres Verhalten bei der Konfrontation zu zeigen, um seine Gefühle der Überwältigung durch die Angst zu steuern sowie sich anschließend selbst zu verstärken. In einem letzten Schritt, der Anwendungsphase, werden diese Bewältigungsstrategien in der Praxis erprobt (Kessler, 1984b; Fliegel et al., 1981).
In Anlehnung an den philosophischen Stoizismus und auf der Grundlage einer humanistisch-hedonistischen Lebensanschauung vereint Ellis eine Reihe der eben dargestellten kognitiven Ansatzpunkte in seiner Rational Emotiven Therapie. Emotionale Probleme stellen in seinem Konzept die Folge irrationaler Ansichten, Fehlinterpretationen und falscher Bewertungen dar.

Die Therapie psychischer Störungen zielt demzufolge auf das Erkennen und Modifizieren irrationaler Ansichten ab (Kessler, 1984b). Ellis selbst spricht sich jedoch explizit gegen die Subsumierung seiner Methode unter die kognitiven Ansätze der Verhaltenstherapie aus (vgl. aber Kriz, 1985).
Bereits im vorigen Abschnitt wurde die Methode des *Biofeedback* besprochen. Sie gilt als Verfahren zur Selbstregulation organisch-physiologischer Reaktionen aus den Bereichen der muskulären Aktivität, des Blutdrucks, der Herzfrequenz, des Hautwiderstandes sowie der elektrischen Aktivität des Gehirns. Die Behandlungserfolge mittels Biofeedbackeinsatz lassen sich durch die Kombination mit anderen nicht-technischen Selbstregulationsprozeduren stark erhöhen (Kessler, 1984b). Man geht zunehmend dazu über, verschiedene verhaltenstherapeutische Behandlungstechniken miteinander zu kombinieren und entwikkelt in diesem Sinne Breitspektrumstherapien (Kessler & Roth, 1980).
Aus den vorangegangenen Darlegungen ergeben sich die folgenden Schlußfolgerungen zu den Therapiezielen:
Die Verhaltenstherapie macht keine Aussagen darüber, wie die Persönlichkeitsentwicklung eines Klienten unter idealen Bedingungen verlaufen sollte. Verhalten wird primär im Zusammenhang mit den Umweltbedingungen gesehen, deren Veränderung im Verlauf der Therapie angestrebt wird. Psychische Störungen werden somit als soziales Problem interpretiert, wodurch das Individuum eines Teils seiner Verantwortung enthoben wird. Das Resultat einer Psychotherapie drückt sich nach Kanfer und Goldstein in den Effekten aus, die das betreffende positiv veränderte Verhalten hat. Mögliche, jedoch nicht zwingend erforderliche Ergebnisse einer erfolgreich verlaufenen Therapie sind nach Kanfer und Goldstein der Gewinn an Einsicht in die eigene Problematik, die Modifikation von Lebensstil und Selbstwahrnehmung und der Zuwachs an Zutrauen in die eigene Kompetenz (Lohmann, 1980). Wolpe führt als langfristige Ziele den Zuwachs an Freiheit, Einsicht und Autonomie auf, was mit den langfristigen Therapiezielen der Psychoanalyse übereinstimmt (Lohmann, 1980). Es werden also nur sehr allgemeine Angaben zu langfristigen Therapiezielen gemacht, die für jegliches therapeutisches Eingreifen gelten können.
Die *mittelfristigen Ziele* der Verhaltenstherapie bestehen in der Eliminierung oder Schwächung fehlangepaßter Reaktionen, im

Aufbau neuer und adäquater Verhaltensweisen sowie in deren Stabilisierung. Die allgemeine Funktionsfähigkeit des Individuums soll also wieder hergestellt werden (Lohmann, 1980).
Zu Beginn einer jeden Verhaltenstherapie erfolgt eine umfassende Diagnostik in Form einer Verhaltensanalyse. Auf dieser Grundlage werden die *kurzfristigen* Therapieziele bestimmt. Sie sind in viel höherem Maß als in anderen Therapieformen Gegenstand der Therapie selbst, werden präziser und individueller festgelegt und demzufolge auch explizit überprüft. Das konkrete Vorgehen richtet sich danach, welchen Entstehungsbedingungen man die Symptome zuordnet. Mögliche Erklärungen sind die klassische Konditionierung, die operante Konditionierung, das Modellernen oder fehlangepaßte kognitive Prozesse.
Wesentlich bei der Verhaltensanalyse ist die Exploration der dem Symptom vorausgehenden und nachfolgenden Bedingungen. Umfassende Überlegungen z. B. darüber, welche Konsequenzen eine Symptom- oder Bedingungsveränderung für den Klienten hat, ob er über Verhaltensalternativen verfügt oder ob diese aufgebaut werden müssen, ob eine Symptomverlagerung möglich erscheint und ähnliche Gedanken werden bei der Therapieplanung berücksichtigt. Die Ziele werden von Klient und Therapeut gemeinsam festgelegt und sind abhängig vom subjektiven Urteil des Therapeuten, seinem Handlungswissen und den verfügbaren Mitteln.
Bei der strategischen Planung sollten zuerst günstige Veränderungsbedingungen geschaffen werden. Zudem muß berücksichtigt werden, daß die schädigenden Einflüsse beseitigt werden sollten, bevor man sich anderen Symptomen zuwendet. Sichtbare Anfangserfolge sollten den Klienten zur Mitarbeit motivieren. Bei multiplen Störungen sollte zuerst mit den grundlegenden begonnen werden. Schließlich ist es günstiger, mit den weniger aufwendigen Interventionsschritten zu beginnen. Gegen Therapieende besteht das Ziel in der Herstellung günstiger Bedingungen für die Stabilisierung und Generalisierung des neu erworbenen Verhaltens (Lohmann, 1980).

3.3.3 Indikation zur Verhaltenstherapie

Da sich die Verhaltenstherapie durch eine Vielfalt an unterschiedlichen Verfahren auszeichnet, deren Indikationsbreite wiederum beträchtlich schwankt, ist es nicht möglich, von der Indikation zur Verhaltenstherapie zu sprechen. Linden und Hautzinger (1981) beschreiben in ihrem Psychotherapiemanual mehr als vierzig verhaltenstherapeutische Einzeltechniken mit Hinweisen auf deren Indikation und Kontraindikation. Das Spektrum an Methoden reicht von spezifischen Einzeltechniken, wie die Sprachmaskierung, die ausschließlich zur Therapie von Stottern eingesetzt wird, bis zu komplexen Therapieprogrammen, wie das Selbstsicherheitstraining von Ullrich de Muynck & Ullrich, das bei den unterschiedlichsten Störungsbildern Anwendung findet (Seidenstücker, 1984). Ein allgemein anerkanntes Klassifikationsschema verhaltenstherapeutischer Therapietechniken liegt bislang nicht vor (Baumann & von Wedel, 1981). Da das verhaltenstherapeutische Vorgehen als einzelfallorientiertes Experiment konzipiert ist, sind allgemeine Indikationsaussagen schwer zu formulieren. Selektive und adaptive Indikationsaspekte werden in der Verhaltenstherapie in der Regel nicht unterschieden, sondern gemeinsam unter dem Gesichtspunkt der Therapieplanung diskutiert (Seidenstücker, 1984). Aus Gründen der Vergleichbarkeit verschiedener Therapieformen wird diese Unterscheidung hier dennoch getroffen. In der Literatur wird die Indikationsthematik sowohl unter dem inhaltlichen als auch unter dem formalen Aspekt behandelt. Von der inhaltlichen Seite her stellt sich die Frage, welche Technik bei welcher Störung indiziert ist. Unter formalen Gesichtspunkten kann gefragt werden, wie die Art des Vorgehens bei Diagnostik und Therapieplanung zu Indikationsaussagen führen kann (Baumann & von Wedel, 1981).

3.3.3.1 Selektive Indikation

In der Verhaltenstherapie werden selektive Indikationsentscheidungen auf der Grundlage einer umfassenden Verhaltensanalyse getroffen. Sie stützen sich damit auf die klinische Urteilsbildung durch Experten (Seidenstücker, 1984). Das Vorgehen bei der Datenerhebung orientiert sich dabei an verschiedenen diagnostischen Schemata, welche Ordnungsgesichtspunkte zur Strukturierung der erhobenen Informationen liefern. Die breiteste Anwendung findet dabei das S-O-R-C-K Modell von Kanfer (1969) sowie die multimodale Verhaltensanalyse (BASIC-ID) von Lazarus (1973). Ziel der funktionalen Verhaltensanalyse ist es, diejenigen Faktoren sowie deren Zusammenhänge zu ermitteln, die für die Entstehung, die Aufrechterhaltung und die Veränderung von Verhalten und Erleben bedeutsam sind. Im Mittelpunkt stehen dabei die Beziehung zwischen Umwelt und Verhalten sowie deren wechselseitige Abhängigkeit. Im Verlauf der Informationsgewinnung über den Klienten entsteht ein hypothetisches Bedingungsmodell des Problemverhaltens, auf dessen Basis die Störung erklärt, Ziele definiert und geeignete Behandlungsmaßnahmen ausgewählt werden (Baumann & von Wedel, 1981). Hintergrund dieses diagnostischen Vorgehens bildet die Annahme, daß ein psychisches Problem am besten durch die Beschreibung des problematischen Verhaltens, seiner kontrollierenden Faktoren und der Mittel bestimmbar ist, durch die es geändert werden kann (Kanfer & Saslow, 1976; Schulte, 1976). Die funktionale Verhaltensanalyse basiert somit auf einer problemorientierten Sichtweise und nicht auf einer persönlichkeitsorientierten, wie sie den traditionellen diagnostischen Ansätzen zugrundeliegt (Goldfried & Kent, 1976). Das Problemverhalten wird möglichst umfassend, nämlich auf drei Ebenen erhoben, der subjektiv-verbalen, der motorischen und der physiologischen Ebene, wobei keine Konkordanz der Beobachtungsergebnisse vorliegen muß. Die ermittelten Daten erfüllen interventionsvorbereitende, -begleitende und -kontrollierende Aufgaben und werden erhoben, um die „funktionale Beziehung" zwischen den einzelnen Verhaltensbereichen zu erfassen (Kanfer & Saslow, 1976).

Das Problem, welche therapeutischen Einzelmaßnahmen indiziert sind (Binnenindikation), verlagert sich somit auf die diagnostische Frage bei der Verhaltens- und Problemanalyse, d. h. auf die Frage einer angemessenen Probleminterpretation. Die Entscheidung führt immer zu verhaltenstherapeutischen Verfahren, da keine Kriterien für andere Behandlungsmethoden integriert sind (Seidenstücker, 1984). Im folgenden sollen nun beispielhaft verschiedene diagnostische Ansätze skizziert werden.

Bei dem Modell der simultanen Merkmalsdiagnostik (1977) von Lang handelt es sich um ein deskriptives Konzept zur Analyse einzelner Reaktionskomponenten emotionaler Störungen. Diese betreffen die verbale, die motorische und die physiologische Ebene. Es soll ermittelt werden, welches Reaktionssystem primär betroffen ist. Das Resultat hat wiederum Konsequenzen für die selektive Indikation. Beispielsweise kann Angst auf verbaler

Ebene stark ausgeprägt sein, ohne sich auf motorischer oder physiologischer Ebene zu äußern. Dies spricht für die kognitive Umstrukturierung als Behandlungsmethode. Untersuchungsergebnisse von Haag et al. (1981) an psychosomatisch erkrankten Patienten belegen die Brauchbarkeit des Modells von Lang gemessen am Therapieerfolg der Klienten, denen auf der Grundlage dieses Ordnungsschemas Behandlungsverfahren zugewiesen wurden. Es zeigte sich eine deutliche Überlegenheit der nach diesem Modell indizierten Behandlungsmethode gegenüber den nicht angezeigten (Seidenstücker, 1984). Eine Verhaltensanalyse dieser Art ist jedoch nur in solchen Fällen angezeigt, in denen das Problem anhand der auslösenden und nachfolgende Bedingungen abgrenzbar ist.
Bei nicht umschriebenen Störungen schlagen Caspar und Grawe (1982) ein Modell zur vertikalen Verhaltensanalyse (Plananalyse) vor. Problematisches Verhalten wird dabei nicht mehr nur in Abhängigkeit von den auslösenden und aufrechterhaltenden Bedingungen gesehen. Es wird vielmehr als Teil eines übergeordneten Lebensplans begriffen, mit dem die betreffende Person bestimmte Ziele verfolgt. Verhalten wird also in bezug auf seine Funktion innerhalb dieses individuellen Lebenskonzepts analysiert und nicht mehr nur auf Situationsebene. Lebenspläne werden anhand des Verhaltens erschlossen. Ziel ist dabei, die Wechselwirkung zwischen problematischem Verhalten und dem Lebensplan des Klienten zu ermitteln (Linsenhoff, Bastine & Kommer, 1982). Der Diagnostiker orientiert sich dabei an folgenden heuristischen Leitfragen: „Welche Gefühle und Eindrücke löst der Klient beim Therapeuten aus? Was will der Klient beim Therapeuten erreichen? Welches Bild von sich versucht der Klient dem Therapeuten zu vermitteln?" (Seidenstücker, 1984, S. 489). Die empirische Absicherung zur selektiven Binnenindikation ist bisher noch sehr bruchstückhaft.
Variablen, durch die der Behandlungserfolg prognostiziert werden kann, lassen sich einerseits in diagnose- und methodenübergreifende Prognosevariablen und andererseits in diagnose- und methodenspezifische Variablen unterteilen.
Nach Seidenstücker (1984, S. 491) zählen zu den *diagnose- und methodenübergreifenden Prognosevariablen*:
1. *Patientenvariablen* wie Motivation, Erfolgserwartung, Symptomorientierung, Problemlösefähigkeit und die Differenziertheit des Verhaltensrepertoires;

2. *Störungsvariablen* wie Dauer und Komplexität der Störung sowie
3. *Therapeutenvariablen* wie Motivation, Erfolgserwartung, Empathie und Wärme.

Zu den *diagnose- und methodenspezifischen Prognosevariablen* lassen sich in Abhängigkeit von der Diagnose folgende prognostisch günstige Merkmale nennen:
1. *Phobie*:
   a) umschriebene Angst, nicht frei flottierend, hohe Habituationsgeschwindigkeit.
      Indizierte Behandlungsmethode: Systematische Desensibilisierung (Grawe, 1978)
   b) Phobien ohne klaren Fokus, frei flottierend, weitere neurotische Symptome
      Indizierte Behandlungsmethode: Reizüberflutung (Grawe, 1978)
   c) Agora- und Sozialphobien, starke phobische Angst und hoher Leidensdruck
      Indizierte Behandlungsmethode: Multimodale Verhaltenstherapie, d. h. Desensitivierung, Reizüberflutung, operante Verstärkung und Selbstkontrolle (Grawe, 1976)
   d) Sozialängste, aggressive Hemmung, keine ausgeprägten Abhängigkeitsbedürfnisse
      Indizierte Behandlungsmethode: Selbstsicherheitstraining in Gruppen (Grawe, 1978).
2. *Zwänge*: keine Zwangsgedanken, keine Stimmungsschwankungen
   Indizierte Behandlungsmethode: Reizüberflutung (Boulougouris, 1977)
3. *Transvestismus*: umschriebene Störung, geringer Neurotizismus kein Transsexualismus
   Indizierte Behandlungsmethode: Aversionsbehandlung und Selbstkontrolle (Grawe, 1978)
4. *Neurotische und Persönlichkeitsstörungen*: ausagierende Patienten mit hohen Hysterie- und Manie-Werten im MMPI, unabhängig von YAVIS-Merkmalen (young, attractive, verbal intelligent, social)
   Indizierte Behandlungsmethode: Multimodale Verhaltenstherapie, d. h. Desensitivierung, Selbstsicherheitstraining, Rollenspiel, Aversionsbehandlung und kognitive Umstrukturierung (Sloane u. a., 1975).

Nach Marks (1975) ist der therapeutische Erfolg von technikübergreifenden Merkmalen wie der Komplexität der Störung, der Motivation und der Erfolgserwartung des Klienten abhängig, ebenso von technikspezifischen Faktoren, wie z. B. dem anfänglichen Angstniveau des Klienten. Diese allgemeinen Hinweise reichen jedoch nicht aus, um die Indikationsentscheidung im Einzelfall zu begründen (Baumann & von Wedel, 1981).
In drei großangelegten Studien wurde die Frage untersucht, wann eine Verhaltenstherapie einer anderen Therapieform überlegen sei. Di Loreto (1971) verglich die differentielle Wirksamkeit von systematischer Desensibilisierung, Rational Emotiver Therapie (RET) und Gesprächstherapie bei sozial ängstlichen Studenten. Zunächst zeigte sich prinzipiell eine deutliche Symptomverbesserung der behandelten Klienten verglichen mit zwei unbehandelten Kontrollgruppen (no-treatment und no-contact-Gruppe). Klienten, die mit der Methode der systematischen Desensibilisierung therapiert wurden, zeigten eine stärkere Reduktion ihrer Ängstlichkeit als anders behandelte Klienten. Diese Ergebnisse zeigten sich sowohl bei der Selbst- und Fremdbeurteilung als auch in Fragebogenergebnissen. Die RET erwies sich dagegen bezüglich des Ansteigens interpersonaler Aktivität außerhalb der therapeutischen Situation den anderen Methoden überlegen. Die Ergebnisse unterschieden sich jedoch je nachdem, ob es sich um intro- oder extravertierte Klienten handelte. Introvertierte Klienten sprachen deutlicher auf Rational Emotive Therapie und systematische Desensibilisierung an als auf Gesprächstherapie. Die systematische Desensibilisierung dagegen war für beide Persönlichkeitstypen gleichermaßen erfolgversprechend. Mit der RET behandelte Extravertierte und gesprächstherapeutisch behandelte Introvertierte zeigen die gleichen Ergebnisse wie Klienten der Placebo-Gruppe. Es wird also deutlich, daß der Erfolg therapeutischer Maßnahmen nur unter differentiellen Gesichtspunkten befriedigend beurteilt werden kann (Seidenstücker, 1984).
Sloane et al. (1975) verglichen Patienten mit mittelschweren Neurosen und Persönlichkeitsstörungen nach einer jeweils vier Monate dauernden Verhaltenstherapie, Psychoanalyse bzw. nach einer viermonatigen Wartezeit ohne Therapie. Bei allen drei Gruppen zeigten sich Verbesserungen. Am deutlichsten waren diese jedoch bei den therapeutisch behandelten Gruppen. Zwischen Verhaltenstherapie und Psychoanalyse zeigten sich keine grundlegenden Wirkungsunterschiede. Dies spricht dafür, daß

die Verhaltenstherapie für einen breiteren Anwendungsbereich in Frage kommt als nur für Phobien und eng umgrenzte Probleme. Des weiteren erbrachte die Untersuchung, daß Verhaltenstherapie für ein größeres Klientel geeignet ist als bislang angenommen wurde. Die Psychoanalyse zeigt deutlichere Effekte beim „guten" Patienten, dem sogenannten YAVIS-Patienten, der sich durch folgende Eigenschaften auszeichnet: Er ist jung (young), attraktiv (attractive), verbal intelligent (verbally intelligent) und sozial (social) (Seidenstücker, 1984).

Grawe und Plog (1976) verglichen die Effektivität von Verhaltenstherapie und Gesprächstherapie bei phobischen Klienten. Klienten mit einer leichteren Phobie zeigten keine deutlichen Verbesserungen nach einer Verhaltenstherapie. Klienten mit einem hohen Leidensdruck wurden durch eine Gesprächstherapie noch abhängiger und hilfsbedürftiger. Aus diesen Ergebnissen schließen die Autoren, daß Gesprächstherapie bei Klienten indiziert ist, deren Leidensdruck unabhängig von der Phobie besteht. Ihre Störung wird im Kontext der Lebensumstände beurteilt. Die Effektivität der Gesprächstherapie geht nach Grawe und Plog über die Symptomreduktion hinaus. Der Klient gewinnt zusätzlich Entscheidungs- und Wahlfreiheit (Seidenstücker, 1984).

Aus diesen Untersuchungsergebnissen läßt sich folgern, daß die Ausgangsfrage der Indikationsforschung nicht danach gestellt sein sollte, welche Therapieform einer anderen überlegen ist. Sie muß vielmehr durch eine differentielle Fragestellung ersetzt werden: Welches Verfahren ist bei welcher Symptomatik, bei welchem Ausprägungsgrad der Störung, bei welchem Klienten, bei welchem Therapeuten am effektivsten (Kessler, 1984b; Baumann & von Wedel, 1981)?

3.3.3.2 Adaptive Indikation

Zur Therapieplanung findet man in der Verhaltenstherapie zahlreiche Ansätze. Es handelt sich hierbei meist um Einzelfalldarstellungen, die sich durch ihren heuristischen Nutzen auszeichnen. Es mangelt ihnen jedoch an ausreichender empirischer Absicherung hinsichtlich ihrer Objektivität und Reliabilität (Seidenstücker, 1984). Der Bezug zur empirischen Überprüfbarkeit wird durch kontinuierliche therapiebegleitende Veränderungs-

messungen hergestellt (Seidenstücker, 1984; Baumann & von Wedel, 1981).
Schulte (1976) schlägt ein Modell zur Therapieplanung vor, das sich durch seine starke Strukturierung auszeichnet und sowohl selektive als auch adaptive Gesichtspunkte der Indikation in sich vereint. Er stützt sich dabei auf Arbeiten von Kanfer & Saslow (1969) sowie Kaminski (1970). Das Änderungswissen wird dabei aus den theoretischen Annahmen der Verhaltenstherapie und den spezifischen Randbedingungen in Form des Hempel-Oppenheim Schemas (Wenn-dann-Aussagen) abgeleitet. Die Datenbasis wird durch eine umfassende Verhaltensanalyse geschaffen. Aus den so gewonnenen Informationen wird das Änderungswissen abgeleitet (Seidenstücker, 1984). Diesem Vorgehen liegt die Annahme zugrunde, daß das Problemverhalten durch die Gesetzesaussagen der Verhaltenstheorie und den spezifischen Randbedingungen ausreichend erklärbar ist. Da die zurückliegenden Bedingungen einer Störung nie vollständig ermittelt werden können, bleibt eine Bedingungsanalyse immer hypothetisch. Um adaptive Entscheidungen treffen zu können, werden aus dem Bedingungsmodell diejenigen Gesetzesaussagen und Randbedingungen ausgewählt, deren therapeutische Modifikation eine Annäherung an das definierte Ziel wahrscheinlich macht. Ständige Rückmeldung über das Ansprechen des Klienten auf die angewendete Technik erhält man durch die kontinuierlichen, therapiebegleitenden Verhaltensmessungen, die wiederum weitere Anhaltspunkte für die Planung des therapeutischen Vorgehens liefern (Seidenstücker, 1984). Sind keine Veränderungen der Symptomatik feststellbar, so kann dies auf verschiedene Ursachen zurückführbar sein: unangemessene oder schlecht ausgeführte Therapiemaßnahmen, unvollständige Verhaltensanalysen oder zu hoch bzw. falsch gesetzte Ziele. Das adaptive Vorgehen in der Verhaltenstherapie hat den Charakter einer Einzelfallanalyse.
Die Kritik an Schultes Entwurf bezieht sich auf die inhaltlich nicht näher spezifizierten Speicher des Bedingungs- und Änderungswissens. Es bleibt damit der Willkür des Therapeuten überlassen, wie er diese zu füllen vermag. Dieser Kritikpunkt gilt für viele adaptive Indikationsmodelle der Verhaltenstherapie gleichermaßen (Seidenstücker, 1984; Baumann & von Wedel, 1981).
Ein Ansatz, in dem präskriptive Gesichtspunkte Berücksichtigung finden, entwickelten Goldstein und Stein (1976). Die

Autoren formulieren einander ergänzende Auswahl- und Herstellungsregeln, die gleichermaßen für die Therapieplanung und für die Therapiedurchführung bedeutsam sind. Auswahlregeln bilden Richtlinien für die Zuordnung von Klienten, Therapeuten und Interventionsmethoden mit dem Ziel, den Behandlungsverlauf optimal zu gestalten. Herstellungsregeln sind therapeutische Handlungsregeln für adaptive Therapiefragen, die Anleitung dazu geben, wie mit welcher Methode der Therapeut das Ansprechen des Klienten auf die Behandlungsmethode verbessern kann (Seidenstücker, 1984; Baumann & von Wedel, 1981). Eine Möglichkeit, die Motivation und die Ansprechbarkeit des Klienten auf die Therapie zu erhöhen, besteht beispielsweise in der Rollenindukion, in der Strukturierung der Klientenerwartungen oder darin, daß der Therapeut dem Klienten Hinweise auf den Therapieverlauf gibt (Baumann & von Wedel, 1981). Die Bedeutsamkeit dieses Ansatzes liegt darin, daß empirisch belegte Theorien der allgemeinen und der Sozialpsychologie inhaltlich systematisiert und für die adaptive Therapieplanung aufbereitet wurden (Seidenstücker, 1984).

Modelle, welche das Bedingungswissen für die adaptive Indikationsstellung inhaltlich systematisieren und aufbereiten, liegen ebenfalls vor, z. B. von McLean (1980) für depressive Störungen (Seidenstücker, 1984).

Aus Untersuchungsergebnissen an Zwangspatienten leiteten Zaworka und Hand (1981) ein adaptives Indikationsmodell ab, das sie begründetermaßen auf Klienten mit neurotischen Symptomen übertrugen. Als maßgebliche Faktoren für die Diagnostik und die Planung des therapeutischen Prozesses erwiesen sich das Ausmaß der Symptomatik, das Ausmaß des Widerstands gegen die Symptomatik auf der Handlungsebene sowie das Ausmaß der Depression. Der jeweilige Zustand des Klienten wird auf diesen drei Variablen binär eingeordnet, woraus sich acht mögliche Kombinationen, d. h. Zustandstypen ergeben. Sie charakterisieren Stadien einer progredienten Krankheitsentwicklung. Aus ihnen lassen sich dann ihrerseits wieder Therapieziele ableiten. Die Hinweise der Autoren beschränken sich dabei allerdings auf die strategische Therapieplanung. Schlußfolgerungen bezüglich spezifischer Therapieziele sind aus diesem Modell nicht zu entnehmen (Seidenstücker, 1984).

Durch die starke Gewichtung des einzelfallanalytischen, verlaufsorientierten Vorgehens in der Verhaltenstherapie ist es prinzipiell schwer, aus den jeweiligen Konzepten konkrete Maßnahmen abzuleiten. Die Gründe für eine gegebenenfalls erfolglose Therapie lassen sich somit nicht eindeutig ausmachen. Fehler bei der Verhaltensanalyse kommen dabei genau so in Frage wie Fehler bei der Therapieplanung, Fehler des Therapeuten oder Schwächen der Therapiemethode (Seidenstücker, 1984).

3.4 Vergleich der therapeutischen Schulen

Ein Vergleich der dargestellten therapeutischen Orientierungen ist von großem Interesse für die Psychotherapieforschung, weil Gemeinsamkeiten und Unterschiede des therapeutischen Vorgehens Schlußfolgerungen über die unterschiedlichen Wirkungsweisen der Psychotherapie zulassen.

3.4.1 Vergleich der Persönlichkeits- und Störungstheorien

Der Grundstein professioneller Psychotherapie wurde mit der Begründung der Psychoanalyse gelegt, die auf einem medizinischen *Krankheitsverständnis* aufbaut (Kriz, 1985). Zeitlich später und als Gegenbewegung zur Psychoanalyse entstanden die Verhaltenstherapie und die Gesprächstherapie. Beide Richtungen wenden sich gegen die medizinische Sichtweise des Menschen und legen ihren Konzepten ein umfassenderes, biosoziales Konzept psychischer Störungen zugrunde (vgl. Kap. 2.3). Vergleicht man die grundlegenden *Modellannahmen* der dargestellten therapeutischen Schulen, so stößt man auf gravierende Unterschiede. Zwar dominiert sowohl in der Verhaltenstherapie als auch in der Psychoanalyse ein deterministisches Menschenbild, in der Verhaltenstherapie steht diese Abhängigkeit des Menschen jedoch im Zusammenhang mit einer ihn verstärkenden Umwelt. Der Mensch wird von einem rein wissenschaftlichen Standpunkt aus betrachtet. Wertfragen weicht die Verhaltenstherapie aus. Nach Plog (1982) handelt es sich um eine totalitäre Gesundheitsideologie. Durch ein hohes Maß an externer Kontrolle wird der Mensch dazu befähigt, den Anforderungen der Umwelt wieder zu genügen (Plog, 1982). Auch in der Psychoanalyse wird das menschliche Verhalten als determiniert betrachtet, hier jedoch primär von den biologischen Trieben.

Demgegenüber wird in der Gesprächstherapie ein Reifungsmodell vertreten. Der Mensch entfaltet sich auf der Grundlage einer ihm innewohnenden Selbstaktualisierungstendenz. Dieser Gedanke ist konstitutiv für alle humanistischen Therapierichtungen (Lohmann, 1980; Plog, 1982).

3.4.2 Vergleich der Therapietheorien und Therapieziele

Aus den differierenden Modellannahmen zur Entstehung psychischer Störungen leiten sich unterschiedliche Annahmen bezüglich deren *Behandlung* ab. Während für die Psychoanalyse verschiedene Behandlungsmaßnahmen beschrieben werden, liegen solche Spezifizierungen für die Gesprächstherapie nicht vor. Eine Zwischenstellung nimmt dabei die Verhaltenstherapie ein, innerhalb deren Konzeption zahlreiche Einzeltechniken beschrieben werden, die den Charakter von miteinander kombinierbaren Therapieelementen haben (Baumann & von Wedel, 1981).
Nach der psychoanalytischen Neurosenlehre kommt es durch Konflikte in bestimmten Phasen der psychosexuellen Entwicklung zu Fixierungen oder zu Regressionen in frühere Entwicklungsstadien. Durch erneutes Durchleben dieser ungelösten Situationen, z. B. in Form von Übertragungen, kommt es zu einer Art Nacherziehung des Klienten. Auch in der Gesprächstherapie ist das Ziel die emotionale und erlebnismäßige Nachreifung des Klienten. Nur wird diese auf andere Weise erwirkt, nämlich über die Herstellung einer tragfähigen, von Wärme, Echtheit und Selbstkongruenz bestimmten Therapeut-Klient-Beziehung. In der Verhaltenstherapie dagegen wird unter Zuhilfenahme von Lerntheorien sichtbares Verhalten und Kognitionen verändert, d. h. aufgebaut oder reduziert. Hierbei wird davon ausgegangen, daß Kognitionen und offen beobachtbares Verhalten vergleichbaren Prinzipien gehorchen. Die drei Therapieströmungen unterscheiden sich also auch hinsichtlich der Ansatzpunkte für Veränderungen im Verhalten und Erleben. Die Psychoanalyse bezieht sich auf emotionale und kognitive Aspekte, die Verhaltenstherapie auf verhaltensmäßige und kognitive Gesichtspunkte und die Gesprächstherapie überwiegend auf den emotionalen Erlebnisaspekt (Kriz, 1985; Lohmann, 1980).

Damit sind unterschiedliche Ebenen der *Zielfomulierung* verknüpft. In der Psychoanalyse liegt der Schwerpunkt auf langfristigen Zielen wie der Nacherziehung und Bewältigung früher nicht gelöster Entwicklungskonflikte, damit der Klient zu einem störungsfreien Zustand in der Zukunft gelangt. Die Verhaltenstherapie legt ihren Schwerpunkt auf mittelfristige Ziele. Die psychische Störung wird auf Symptomebene analysiert und behandelt. Das Ziel besteht primär in der Modifikation sichtbaren Verhaltens, welches ver- bzw. erlernt werden soll. Auf gleiche Weise sollen schädigende Kognitionen verändert werden. Die Gesprächstherapie richtet ihr Hauptaugenmerk auf kurzfristige Therapieziele, die in der Reifung bzw. der Veränderung des Klienten innerhalb der aktuellen Therapeut-Klient-Interaktion bestehen. Der Therapeut schafft dafür die Ausgangsbedingungen im Hier und Jetzt (Kriz, 1985; Lohmann, 1980).
Beleuchtet man die Rollen von Therapeut und Klient sowie deren Interaktion während der Therapie, so ergeben sich ebenfalls unterschiedliche Gewichtungen zwischen den beschriebenen therapeutischen Schulen. Bei allen drei Orientierungen nimmt der Therapeut eine bedeutsame, wenn auch jeweils andere Stellung ein. Therapeutentypen, die die prognostische Indikation in eine bestimmte Richtung positiv oder negativ beeinflussen, wurden bislang nicht gefunden (Baumann & von Wedel, 1981). Nichtsdestotrotz existieren übergeordnete Therapeutenvariablen, deren Realisierung wichtig ist für das Gelingen einer Therapie. Es handelt sich hierbei um Realitätsoffenheit, Personenbezogenheit und Akteptationsbreite (Tscheulin, 1982). Mit dem Merkmal der *Realitätsoffenheit* wird die Aufgeschlossenheit für die persönliche und situative Realität gekennzeichnet. Vertreter der Gesprächstherapie haben dieses Konstrukt am deutlichsten expliziert und unter dem Begriff „Selbstkongruenz" oder „Echtheit" zusammengefaßt. In der Verhaltenstherapie spricht man in diesem Zusammenhang von der Fähigkeit zu inhaltsrelevantem Verhalten, d. h. daß sich der Therapeut inhaltlich so verhalten und äußern sollte, daß es für den Klienten bedeutsam ist. In der psychoanalytischen Terminologie ist der Begriff „Realitätsoffenheit" mit dem therapeutischen Arbeitsbündnis verknüpft und bezieht sich auf den idealerweise stark ausgeprägten interpretativ-unterstützenden Stil des Therapeuten. Gegenübertragungen sollte er, soweit diese nicht für den therapeutischen Prozeß relevant sind, vermeiden (Tscheulin, 1982).

Unter *Personenbezogenheit* versteht man das adäquate Verstehen des Klienten in seiner persönlichen Eigenart. In der Gesprächstherapie wird diese Variable als Forderung nach „Empathie" des Therapeuten expliziert. In der Psychoanalyse wird in diesem Zusammenhang von der „Suche nach Einsicht" und von „Einfühlung" gesprochen. Auch in der Verhaltenstherapie läßt sich dieses Kennzeichen finden, und zwar unter der Bezeichnung „stimulus-response-congruence". Damit wird beschrieben, inwieweit eine Antwort des Therapeuten Aufschluß darüber ermöglicht, daß er die Äußerung des Klienten aufgenommen und richtig verstanden hat (Tscheulin, 1982).

Unter der *Akzeptationsbreite* versteht Tscheulin (1982) die Achtung des Therapeuten vor der Eigenart seines Gegenübers. Wiederum erhält diese Variable in der Gesprächstherapie das größte Gewicht. Es handelt sich um die unbedingte positive Wertschätzung des Klienten bzw. des Menschen schlechthin. Doch auch in der Psychoanalyse und der Verhaltenstherapie klingt die Forderung nach Akzeptanz des Klienten durch den Therapeuten an. In der Psychoanalyse tauchen in diesem Zusammenhang Beschreibungen auf wie „Verzicht auf Werthaltungen" oder „permissive Einstellung des Therapeuten". Von „interpersonaler Wärme" wird in der Verhaltenstherapie gesprochen (Tscheulin, 1982).

Innerhalb der Verhaltenstherapie übernimmt der Therapeut stark strukturierende und systematisierende Aufgaben. Er greift aktiv und direktiv in das therapeutische Geschehen ein, indem er das problematische Verhalten systematisiert, Techniken zu dessen Beseitigung auswählt, Therapieziele bestimmt und Situationen herstellt, in denen der Klient bestimmte Verhaltensweisen erlernen und üben kann. Sloane (1975) konnte dies in einer Untersuchung belegen, die verdeutlichte, daß Verhaltenstherapeuten ihre Therapie aktiver gestalten, daß sie dominierender und hinsichtlich der Konversation informationsfreudiger sind als Psychoanalytiker. Keine Unterschiede fand er hingegen in bezug auf die Klärung und Interpretation von Klientenproblemen (ebenso Luborski et al., 1982). Allerdings setzten Verhaltenstherapeuten und Psychoanalytiker Deutungen auf unterschiedliche Weise ein. Von Verhaltenstherapeuten wurden Deutungen für den Disput irrationaler Ansichten herangezogen. Dagegen verwendeten Psychoanalytiker Deutungen, um Übertragungsvorgänge bewußt zu machen (Keßler, 1984b). Der Klient nimmt bei einer verhaltenstherapeutischen Intervention zunächst eine eher abhängige Rolle ein. Er läßt sich zu Therapiebeginn idealerweise vom Therapeuten führen, übernimmt aber im Verlauf der Therapie immer mehr selbststeuernde Funktionen. Ziel der Verhaltenstherapie ist es, dem Klienten Problemlösekompetenz zu vermitteln, damit er in der Lage ist, zukünftige problematische Situationen selbständig zu meistern.

Der *Therapeut-Klient-Beziehung* wird in der verhaltenstherapeutischen Literatur erst seit Beginn der 70er Jahre Beachtung geschenkt. Dies bedeutet jedoch nicht, daß Beziehungsvariablen nicht ebenso realisiert werden können wie in der Gesprächstherapie (Grawe, Caspar & Ambühl, 1990; Garfield, 1982). Eysenck (1959) vertrat zunächst den Standpunkt, daß die Therapeut-Klient-Beziehung für den Heilungsprozeß zwar nützlich sein kann, aber im Grunde nur untergeordnete Bedeutung hat (Bergold, 1982). Im Zuge der Entwicklung sozialer Lerntheorien und Veröffentlichungen klinischer Praktiker erschien die Rolle des Therapeuten in einem anderen Licht. Der Therapeut fungiert als sozialer Verstärker, als diskriminativer Reiz, als Modell für angemessenes Verhalten innerhalb und außerhalb der therapeutischen Situation für emotionale und kognitive Reaktionen und als jemand, der soziale Regeln vermittelt und Erwartungen erzeugt. Voraussetzung für den Einfluß des Therapeuten ist eine gute Therapeut-Klient-Interaktion. Durch sie werden Veränderungsprozesse gefördert. Goldstein (1971) hat in diesem Zusammenhang die Variable der sozialen Attraktivität formuliert. Von Bandura (1969) stammen Ausarbeitungen zur optimalen Wirksamkeit von Modellen. Zur wechselseitigen Beeinflussung von Therapeut und Klient liegt das Konzept der reziproken Verhaltensinduktion vor, welches besagt, daß der Interaktionsstil eines Kommunikationsteilnehmers bei seinem Gegenüber eine ähnliche Verhaltensweise hervorruft, d. h. auf freundliches Verhalten erfolgt eine freundliche Reaktion (Bergold, 1982).

Der Psychoanalytiker unterliegt der Abstinenzregel. Seine Rolle ist die eines passiven Zuhörers. Er nimmt gegenüber dem Patienten eine annehmende, aber distanzierte Haltung ein, reagiert selten, wenn, dann mit Deutungen von Träumen, Assoziationen oder sonstigen Äußerungen. Der Verlauf der Therapie wird also vom Patienten bestimmt (Kriz, 1985; Krause, 1982; Keßler, 1984; Bergold, 1982). Das therapeutische Verhalten läßt dem Patienten Raum für Übertragungen, denn verdrängte Konflikte können innerhalb der Therapeut-Patient-Beziehung aktualisiert und auf diese Weise ausgelebt und hinsichtlich deren

Konflikthaftigkeit gelöst werden. Insofern stellt die aktuelle Beziehung des Patienten zum Analytiker ein wichtiges Element zur Heilung des Betroffenen dar. Gegenübertragungen von seiten des Therapeuten liefern dem Patienten wichtige Anregungen für den weiteren therapeutischen Prozeß (Kriz, 1985; Bergold, 1982; Krause, 1982; Keßler, 1982). Ein weiterer wichtiger Gesichtspunkt der Therapeut-Patient-Beziehung ist das psychoanalytische Arbeitsbündnis, welches gekennzeichnet ist durch einen eher rationalen Umgang miteinander, bestimmt durch normative Maximen, z. B. in bezug auf die Regelung der Entlohnung des Therapeuten, hinsichtlich der Einhaltung der vereinbarten Termine usw. (Bergold, 1982; Keßler, 1982).

Auch in der Gesprächstherapie ist die Therapeut-Klient-Beziehung ausschlaggebend für den Heilungsprozeß. Die Art des Beziehungsangebots wird als notwendige und hinreichende Bedingung für konstruktive therapeutische Persönlichkeitsveränderungen erachtet (Keßler, 1984; Bergold, 1982; Bommert, 1982; Kriz, 1985). Der Gesprächstherapeut greift die Äußerungen des Klienten auf und gibt in seinen eigenen Worten wieder, was er verstanden hat. Soweit dies möglich ist, enthält er sich dabei interpretierenden Äußerungen. Sein Verhalten ist idealerweise von Wärme, Akzeptanz und Echtheit gekennzeichnet. Der Therapeut überläßt dem Klienten die Führung in der therapeutischen Sitzung. Betont wird die Selbststeuerung des Klienten: Er ist Subjekt, nicht Objekt der Therapie. Die Interaktion zwischen Therapeut und Klient bildet die Basis der angestrebten psychischen Veränderungen des Klienten (Bergold, 1982; Minsel & Bente, 1980; Schwab, 1984).

Der Klient nimmt sowohl in der Gesprächstherapie als auch in der Psychoanalyse eine aktive und strukturierende Rolle ein. Anders bei der Verhaltenstherapie. Dort übernimmt der Therapeut strukturierende Aufgaben, die er sukzessive an den Klienten abgibt. Die Therapeut-Klient-Beziehung ist für die Psychoanalyse und die Gesprächstherapie das ausschlaggebende Medium zur Veränderungen des psychischen Erlebens. Die Verhaltenstherapie legt auf die Interaktion weniger Gewicht, bezieht sie jedoch zunehmend in das therapeutische Geschehen ein.

Aus den dargelegten Unterschieden hinsichtlich Modellannahmen, zu verändernden Verhaltens- und Erlebnisaspekten sowie den unterschiedlichen Ebenen der Zielfomulierung ergeben sich unterschiedliche therapeutische Strategien, die an entsprechender Stelle bereits ausgeführt wurden. Lohmann (1980) bewertet diese jedoch nicht als konkurrierende Verfahren, was der Haltung der Mehrzahl der Therapeuten entspricht, sondern betrachtet sie als einander ergänzende Inventare zur Einstellungs-, Verhaltens- und Persönlichkeitsveränderung (Lohmann, 1980).

3.4.3 Der Stellenwert der Indikation in den dargestellten therapeutischen Schulen

Im folgenden werden Gemeinsamkeiten und Unterschiede hinsichtlich des Stellenwertes der Indikation innerhalb der Psychoanalyse, der Gesprächstherapie und der Verhaltenstherapie aufgezeigt.
Allen Therapieschulen gemeinsam ist die Tatsache, daß keine einheitliche Klassifikation psychotherapeutischer Richtungen vorliegt. Des weiteren ist der Zusammenhang zwischen der Diagnose und der gewählten Behandlungsform eher lose. Die Indikationsstellung erfolgt bei allen drei therapeutischen Richtungen auf der Grundlage von Symptomen und Syndromen. Um den Patienten präziser beschreiben zu können, werden zudem weitere Merkmale herangezogen, die den Patienten genauer beschreiben sollen (Baumann & von Wedel, 1981).
Eine weitere Gemeinsamkeit besteht in dem Mangel an Studien zur Prognose des Therapieerfolgs. Vorhersagen über den Therapieerfolg werden in der Regel auf der Grundlage einiger weniger Prädiktoren getroffen, häufig auf der Basis der Diagnosestellung, was bisher wenig zufriedenstellend ist. Genauere prognostische Aussagen verspricht man sich dagegen von der systematischen Berücksichtigung von Prozeßmerkmalen wie z. B. den Resultaten einer Probetherapie. Dieses Vorgehen wurde von Vertretern der Gesprächstherapie begründet und scheint im Licht des derzeitigen Forschungsstandes vielversprechend (Baumann & von Wedel, 1981).
Diskrepanzen zwischen den genannten Therapierichtungen bestehen hinsichtlich der jeweiligen Fachsprache sowie der jeweiligen Behandlungsregeln. Es fehlen allgemeingültige Behandlungsregeln für psychische Störungen über alle Therapieschulen hinweg. Ebenso mangelt es an einer gemeinsamen Fachsprache. Erste Ansätze dazu sind z. B. in der Suche nach unspezifischen Wirkfaktoren der Psychotherapie zu sehen (vgl. Kap. 4). Des weiteren kann man sich nur schwer auf gemeinsame tech-

nologische Wirkparameter einigen. Eine Festlegung technologischer Variablen würde eine differenzierte Beurteilung der Wahl eines ermöglichen. Empirische Forschungsregeln könnten hier als Vergleichsbasis herangezogen werden. Erschwerend kommt hinzu, daß die Profile der einzelnen Therapierichtungen nicht ausreichend spezifiziert sind. Dies betrifft insbesondere den Zusammenhang zwischen Therapiezielen und therapeutischen Interventionen sowie die theoretischen Unterschiede zwischen den einzelnen therapeutischen Richtungen (Seidenstücker, 1984; Baumann & von Wedel, 1981). Aus den dargelegten Gründen gehen Therapeuten in der Regel experimentell und einzelfallbezogen vor (Baumann & von Wedel, 1981). Eine umfassendere Präzisierung und Begründung theoretischer Konzepte, eine Überprüfung sowie eine kritische Festlegung von Aussagebereichen würde Entscheidungen bezüglich therapeutischer Richtungen erleichtern. Baumann und von Wedel (1981) schlagen als gemeinsame Grundlage verschiedener therapeutischer Schulen die Zugrundelegung der Kriterien vor, die Strotzka (1975) an eine Psychotherapiedefinition stellt (vgl. Kap. 2.1).

Insgesamt wird deutlich, daß bisher wenig gesichertes Wissen zur differentiellen Indikationsstellung vorliegt. Baumann und von Wedel (1981) nennen folgende Gründe für diesen Sachverhalt:

1. Kontollierte empirische Studien wurden erst in jüngster Zeit durchgeführt.
2. Die vorliegenden Studien sind in vielerlei Hinsicht methodisch kritisierbar: Die Therapietechniken sind oft ungenügend spezifiziert.

Statt einer dem Sachverhalt angemessenen multimodalen Diagnostik werden globale Zielkriterien zugrundegelegt. Patientencharakteristika werden häufig vernachlässigt. Katamnesen fehlen. Die Patienten werden oft nicht zufällig auf die verschiedenen Untersuchungsgruppen aufgeteilt usw.

Baumann und von Wedel (1981) ziehen den Schluß, daß allgemein anerkannte methodische Leitbilder formuliert werden müssen, um auf dieser Basis eine einheitliche Wissensstruktur zu schaffen, aus der wiederum Handlungsregeln abgeleitet werden können. Jedoch durch die Verbesserung methodischer Mängel allein wird das dahinterliegende Grundsatzproblem der Psychotherapie bzw. der Psychologie insgesamt noch nicht gelöst. Die Schwierigkeit besteht in der Integration zweier

gegensätzlicher Forschungsleitbilder. Die eine Position, die der geisteswissenschaftlichen Hermeneutik, ist geprägt durch Sinnfragen, Wertentscheidungen und der Frage nach individueller Lebensplanung. Demgegenüber steht die Forderung einer objektivierenden Naturwissenschaft nach empirischer Überprüfung von Aussagen. Forschungsrichtlinien, die beiden Forderungen gerecht werden, müssen erst noch entwickelt werden. Ansätze dazu liefern z. B. Petermann (1982) mit dem Konzept der Kontrollierten Praxis oder Westmeyer (1979) mit seinem Verhandlungsmodell (Baumann & von Wedel, 1981).
Unter der jeweiligen Darstellung der Psychotherapiemethode wurden Indikationsmodelle und Indikationsbereiche dargestellt. Es handelte sich hierbei um Ergebnisse der Indikationsforschung innerhalb von Therapieschulen. Ebenso liegen Modelle der selektiven *therapieschulenübergreifenden Indikation* vor, die im folgenden noch kurz behandelt werden sollen.
Als Reaktion auf Ergebnisse der Psychotherapieforschung, die auf einen quantitativen Wirkungsgleichstand von Psychotherapiemethoden hinweisen, hat Beutler (1979) eine Taxonomie der Therapiemethoden entwickelt, die drei indikationsrelevante Patientenmerkmale sowie entsprechende Zuordnungsregeln beinhaltet. Wegen der stark vereinfachenden Darstellung der Zusammenhänge und aufgrund konzeptioneller Mängel ist dieses Modell jedoch für die Praxis nicht brauchbar (Seidenstücker, 1984).
Von Caine et al. (1981) stammt der Entwurf eines Indikationsmodells, das sowohl Patienten- als auch Störungsmerkmale in differenzierterer Weise als Beutler einbezieht. So werden neben den Patienten- und Störungsmerkmalen auch die subjektive Symptombedeutung sowie Aspekte der methodischen Therapieziele unter dem Oberbegriff der Behandlungserwartungen für die Indikationsstellung als relevant erachtet. Auf der Grundlage dieses Modells entwickelte Caine ein Meßinstrument für indikationsrelevante Merkmale.
Sowohl das Modell von Beutler als auch Caines Modell beziehen sich auf die Gesamtheit aller neurotischen Störungen (Seidenstücker, 1984).
Der Ansatz von Deneke (1981) dagegen bezieht sich ausschließlich auf Indikationskriterien psychosomatisch erkrankter Patienten, insbesondere mit hypochondrischen Störungen und Herztod-Phobien. Sein ausdrückliches Ziel ist die Entwicklung eines praxisnahen Ansatzes. Er geht dabei einzelfallanalytisch vor und

stützt sich auf ätiologische Überlegungen, nicht auf Patientenmerkmale wie Beutler (1979) und Caine et al. (1981). So wird der Patient von verschiedenen Interviewern befragt. Das Entscheidende dabei ist, daß sich die Interviewer verschiedenen therapeutischen Richtungen zugehörig fühlen, der psychoanalytischen, der verhaltenstherapeutischen und der familientherapeutischen. Zur Anwendung kommt zudem ein streßbezogenes Interview. Ausgehend von den so gewonnenen Informationen zu den unterschiedlichsten Bereichen entwirft jeder Diagnostiker für sich ein schulen- und patientenspezifisches Modell über die Entstehung und Aufrechterhaltung der Störung sowie zur Indikationsstellung. Im Verlauf einer Gruppendiskussion kommen die Therapeuten schließlich zu einer integrierten Diagnose sowie zur vorläufigen Auswahl von Interventionsstrategien. Eine Gefahr bei diesem Modell ist die mögliche Dominanz eines Experten aufgrund seiner Persönlichkeit und hierarchischen Position und damit seinem vertretenen Standpunkt, der eine inhaltiche Schwerpunktsetzung unter Umständen nicht rechtfertigt (Deneke, 1981).

Ein ebenfalls integratives Modell der zielorientierten Psychotherapie wurde von Bastine (1976, 1981) erstellt. Grundlage dieses Modells sind nicht die trennenden Faktoren zwischen den einzelnen therapeutischen Richtungen, wie bei den zuvor dargestellten Ansätzen, sondern vielmehr die ihnen gemeinsamen, *unspezifischen* Wirkfaktoren. Bastine geht davon aus, daß der Therapeut über eine Vielzahl von Methoden verfügen muß, um seinen Handlungsspielraum für eine effektive Behandlung eines Patienten weit zu gestalten. Dies wird durch den Rückgriff auf Interventionsstrategien aus verschiedenen Therapieschulen erreicht. Als übergeordneter Rahmen bzw. als Ordnungsschema für die einzelnen Techniken dienen Behandlungselemente, die den verschiedenen Schulen gemeinsam sind. Dazu gehören Selbstaktivieren, Konkretisieren, Stabilisieren, Attribuieren, Konfrontieren, Amplifizieren. Präzisierungen bezüglich der Entsprechung einzelner therapeutischer Methoden aus unterschiedlichen Schulen, Spezifizierungen der Art und des Ausmaßes der Behandlungseffekte und die empirische Überprüfung der Anwendungsbedingungen dieses Entwurfs stehen bislangnoch aus. Zumindestens für die Supervision hat sich dieses Schema als sinnvoll erwiesen (Bastine, 1976). Den beiden zuletzt genannten Entwürfen wird in Kap. 5 „Integrative Ansätze" größere Beachtung geschenkt.

Zum Thema der Indikation wurden bisher Ansätze zur Indikationsforschung innerhalb der genannten Therapieschulen und im Anschluß daran therapieschulenübergreifende Modelle dargestellt. Einen weiteren Gesichtpunkt des Indikationsproblems beleuchten vergleichende Psychotherapiestudien, die Gegenstand des folgenden Kapitels sind.
An dieser Stelle sei angemerkt, daß die verschiedenen therapeutischen Schulen inzwischen in verschiedener Hinsicht erweitert wurden. Selbstverständlich gibt es auch innerhalb theoretischer Konzeptionen unterschiedliche Richtungen und Standpunkte.

4. Vergleichende Psychotherapieforschung

Um die Aussagen von Therapievergleichsstudien qualifiziert beurteilen zu können, müssen diese vor dem Hintergrund der Entwicklung der Psychotherapieforschung beleuchtet werden.

4.1 Entwicklung und Stand der Psychotherapieforschung

Noch zu Beginn der 50er Jahre standen theoretisch-konzeptionelle Arbeiten zur Psychotherapie im Vordergrund (Bastine, Fiedler & Kommer, 1989). Eine Veränderung des Interesses wurde durch Eysencks provokative Behauptung ausgelöst, Psychotherapie sei bei Neurotikern nicht effektiver als eine Placebo-Behandlung bzw. zeige den gleichen Effekt wie eine Spontanremission. In 2/3 aller Fälle neurotischer Störungen gehe das Symptombild innerhalb von ein bis zwei Jahren spontan so weit zurück, daß von einer Heilung gesprochen werden könne (Eysenck, 1952; Bozok, 1986; bdp, 1988; Reinecker, Schiepek & Gunzelmann, 1989; Garfield, 1982). Psychotherapeuten sahen sich dadurch gezwungen, die *Effektivität* ihrer therapeutischen Arbeit nachzuweisen (Bastine, Fiedler & Kommer, 1989; Reinekker, Schiepek & Gunzelmann, 1989), was in einer regen Forschungstätigkeit zum Ausdruck kam (Grawe, 1988; Garfield, 1982). Der Nachweis der Wirksamkeit von Psychotherapie per se ist inzwischen hinlänglich erbracht (Grawe, 1988; Bozok, 1986; Zielke, 1979).

Auf diese erste Phase der Psychotherapieforschung folgte eine zweite, die den *Effektivitätsvergleich* zwischen unterschiedlichen Therapieschulen zum Gegenstand hatte (Vergleichende Psychotherapieforschung). Therapievergleichsstudien erbrachten jedoch keine nennenswerten, statistisch signifikanten Unterschiede zwischen den Ergebnissen der verschiedenen therapeutischen Orientierungen. Luborski et al. (1975) kommen zu dem Schluß: „everyone has won and all must have prizes" (Reinecker, Schiepek & Gunzelmann, 1989, S. 364). Mittlerweile hat sich das Forschungsinteresse verlagert auf eine *differentielle Fragestellung* (Differentielle Psychotherapieforschung) (Bastine, Fiedler & Kommer, 1989). Diese heute dominierende Problemstellung läßt sich wie folgt charakterisieren: Das zentrale Thema ist die Suche, die Beschreibung und die Erklärung derjenigen Faktoren des Therapieprozesses, die zum Therapieerfolg beitragen. Durch gezielte Instrumentalisierung dieser Faktoren soll versucht werden, den Therapieerfolg zu maximieren. Nach Grawe (1988) lassen sich die bisherigen Forschungsbemühungen dadurch kennzeichnen, daß sie das Bestehende zu überwinden suchten. Immer neue Therapieformen wurden begründet und hinsichtlich ihrer Wirksamkeit untersucht. Mittlerweile zeichnet sich jedoch ein Stillstand dieser „Therapieschuleninflation" ab. Grawe sieht den Grund dafür in der verstärkten Zuwendung zu den Prozessen innerhalb des Therapieverlaufs (Grawe, 1988). In diesem Zusammenhang erhalten „neue alte" Fragestellungen einen bedeutsamen Stellenwert, z. B. solche nach den wesentlichen Determinanten des therapeutischen Prozesses oder nach den Unterscheidungsmerkmalen verschiedener Therapieformen. Welche Veränderungen finden in der Therapie statt? Wie entstehen diese Veränderungen bzw. wie werden sie bewirkt? (Grawe, 1988; Bastine, Fiedler & Kommer, 1989). Der Therapieprozeß selbst rückt wieder (vgl. Einzelfalldarstellungen von Freud) und zunehmend mehr in den Mittelpunkt wissenschaftlicher Bemühungen. Im jetzigen Forschungsstadium geht es jedoch in erster Linie um die Entwicklung, Erprobung und um den Vergleich von Methoden zur Analyse des therapeutischen Geschehens und weniger um inhaltliche Aussagen zu Prozeßverläufen. So erscheint die Einzelfallanalyse in diesem Kontext vorerst als der adäquate Zugang zum Prozeßgeschehen. Empirisch gehaltvolle Prozeßtheorien liegen zum jetzigen Stand der Forschung noch nicht vor (Grawe, 1988; Bastine, Fiedler & Kommer, 1989). Hinweise auf diesen Wandel der Forschungsschwerpunkte hin zu einer eingehenden Betrachtung des Therapieprozesses und weg von einer Überbetonung von Therapieeffekten zeigen sich an den Inhalten von Beiträgen auf Fachtagungen und von Veröffentlichungen (Gra-

ve, 1988). Ausgehend von dieser therapieschulenübergreifenden Themenstellung besuchen zunehmend mehr Vertreter verschiedener psychotherapeutischer Richtungen — der Psychoanalyse, der Gesprächstherapie und der Verhaltenstherapie — gemeinsam wissenschaftliche Kongresse und Fachtagungen. Sie verbinden ähnliche Fragen und ähnliche Ziele, nämlich die Suche nach Strategien zur Erforschung der Determinanten des therapeutischen Prozesses. Möglicherweise trägt die zunehmende Prozeßorientierung in der Psychotherapieforschung dazu bei, daß sich Vertreter unterschiedlicher therapeutischer Positionen einander theoretisch annähern (Bastine, Fiedler & Kommer, 1989).
Um die Ergebnisse unterschiedlicher Therapievergleichsstudien integrierend zu bewerten, werden in der Regel zwei Arten der Sekundäranalyse vorgenommen; einerseits die qualitative Analyse und andererseits die quantitative Auswertung der Studien, die sogenannte Meta-Analyse.
Der *qualitative* Zugang besteht zunächst in der Sammlung therapieschulenvergleichender Primärstudien, aus denen die qualitativ schlechten ausgesondert und die verbleibenden Ergebnisse zusammengefaßt werden.
Zu kritisieren ist an diesem Vorgehen, daß die Entscheidungen bezüglich der methodischen und theoretischen Angemessenheit einer Studie oft auf der Grundlage subjektiver Kriterien erfolgen, die zudem nicht transparent sind. Ferner werden statistische Interaktionen häufig zugunsten generalisierbarer Ergebnisse vernachlässigt. Dabei wird außer acht gelassen, daß die sekundäre Analyse von Interaktionseffekten durchaus zur Klärung widersprüchlicher Ergebnisse beitragen kann. Beschränkt man die Auswertung der Studien auf das Auszählen statistisch signifikanter Ergebnisse und läßt die nicht signifikanten Resultate außer acht, gehen wertvolle Informationen verloren, was leider häufig in Kauf genommen wird. Insgesamt gehen die Autoren oft unkritisch mit der Aussagekraft von Signifikanztests um (Reinecker, Schiepek & Gunzelmann, 1989). Das gegeneinander Aufwiegen von signifikanten und nicht-signifikanten Ergebnissen, die sogenannte Box-Counting-Methode nach Glass, McGaw & Smith (1981) führt zu einer Reihe weiterer Kritikpunkte. Die Stichprobengröße, die Einfluß auf die Signifikanz hat, wird oft nicht berücksichtigt. Aus widersprüchlichen Resultaten werden angesichts einer Zusammenfassung oft falsche Schlußfolgerungen gezogen. Außerdem beeinflußt die Anzahl der in die Auswertung einbezogenen Studien das Ergebnis.

Jackson (1980) fand, daß die oben erwähnten Fehler tatsächlich gemacht werden. Schenkt man den methodischen Anforderungen ausreichend Beachtung, sind qualitative Reviews ein durchaus sinnvolles Instrument zur zusammenfassenden Auswertung von Therapievergleichsstudien, d. h. die Suche nach relevanten Studien muß umfassend und erschöpfend betrieben werden, die Auswahl von Untersuchungen muß auf der Basis methodischer und theoretischer Begründungen erfolgen, Interaktionseffekte müssen einbezogen werden, methodische Mängel müssen ausreichend Berücksichtigung finden etc. (Reinecker, Schiepek & Gunzelmann, 1989).

Im folgenden wird der Meta-Analyse ein eigener Abschnitt gewidmet, da sie der wesentliche Zugang zur Integration von Befunden der Vergleichenden Psychotherapie darstellt. Die Ausführungen liefern die Grundlage zur Beurteilung der im Anschluß daran dargestellten meta-analytischen Ergebnisse zum Effektivitätsvergleich verschiedener Therapieschulen und zwischen Laienhelfern und professionellen Therapeuten.

4.2 Die Meta-Analyse als methodischer Ansatz zur primärstudienübergreifenden Befundintegration

4.2.1 Begriffsbestimmung und statistische Vorgehensweise im Rahmen der Meta-Analyse

Eine andere Art des methodischen Zugangs ist die quantitative Integration der empirischen Forschungsergebnisse. Die Synthese der Ergebnisse wird dabei durch Integration und Kumulation statistischer Kennwerte erzielt, ohne auf die ursprünglichen Rohdaten zurückzugreifen (Wittmann & Matt, 1986). Glass (1976) hat für dieses Vorgehen den Begriff „Meta-Analyse" geprägt (Reinecker, Schiepek & Gunzelmann, 1989; Wittmann & Matt, 1986).

Sowohl hinsichtlich der Art der statistischen Auswertung als auch bezüglich der Interpretation der Resultate bestehen unterschiedliche Möglichkeiten. Zur *statistischen Auswertung* der Daten können beispielsweise Wahrscheinlichkeiten summiert, standardisierte Mittelwertdifferenzen berechnet, Korrelationsstudien integriert oder non-parametrische Methoden angewendet werden. Die Art der Datenintegration ist unter anderem

abhängig von den Charakteristika der zu verwertenden Primärstudien.
Nach Wittmann & Matt (1986) lassen sich drei Varianten von Meta-Analysen unterscheiden, die mit drei Forschergruppen eng verknüpft sind:

1. Ausgangspunkt der Forschungsgruppe um Rosenthal bilden Analysen der Signifikanzwerte der Effekte aus den Primärstudien;
2. die Forschungsgruppe um Glass et al. aggregiert Effektstärkemaße. Es handelt sich hierbei um eine leicht modifizierte Form des Effektstärkemaßes nach Cohen, welches als die standardisierte Mittelwertsdifferenz zwischen Experimental- und Kontrollgruppe definiert ist (Wittmann & Matt, 1986). Glass' Effektstärkemaß setzt sich zusammen aus der Differenz zwischen den Mittelwerten der Experimental- und der Kontrollgruppe im Verhältnis zur Streuung der Differenzwerte. Dieser Wert gibt in quantitativ vergleichbarer Form an, wie stark der Effekt der betreffenden Behandlung hinsichtlich des zugrundegelegten Kriteriums ausgeprägt ist (Grawe, Caspar & Ambühl, 1990);
3. die Forschungsgruppe um Hunter & Schmidt berechnet ebenfalls Effektstärkemaße, allerdings in Form von Korrelationskoeffizienten, welche sich in Glass' Effektstärkemaße überführen lassen (Wittmann & Matt, 1986).

Auf der Ebene der *Interpretation* bestehen ebenfalls verschiedene Möglichkeiten. So können Effektstärken z. B. als Grade von „Equivalent Scores" interpretiert werden, d. h. Effektstärken werden auf die Effekte gut bekannter Interventionen bezogen. Eine andere Art der Interpretation besteht im Abwägen von Kosten und Nutzen einer therapeutischen Intervention. Dazu werden die Kosten eines Treatments vor dem Hintergrund der zu erwartenden Therapieeffekte beleuchtet. Einbezogen werden sowohl die inhaltliche Bedeutung der Effektstärken als auch die Höhe der Einsparung von Folgekosten nach erfolgreicher Behandlung. Bei einer Auswertung der Effektstärken als „Binomial Effect Size Display" werden die einzelnen Effekte als Erfolgsrate einer Behandlung interpretiert.
Seit der 1980 von Smith et al. durchgeführten Meta-Analyse (Darstellung vgl. Abschnitt 4.3.2) hat sich diese Form der Sekundäranalyse rasch verbreitet. In jüngster Zeit wird auf diesem Wege jedoch weniger die generelle Wirksamkeit von

Psychotherapie untersucht. Vielmehr rücken differentielle Fragestellungen in den Vordergrund, wie etwa die Wirksamkeit bestimmter Behandlungsmethoden bei spezifischen Störungsbildern (Bastine, Fiedler, Kommer, 1989; Wittmann & Matt, 1986).

4.2.2 Funktion und Nutzen der Meta-Analyse

Der Beitrag von Meta-Analysen zur Therapieforschung ist trotz einiger Schwachstellen, auf die an entsprechender Stelle noch einzugehen sein wird, groß. Meta-Analysen liefern einen differenzierten Überblick über den aktuellen Stand eines Forschungsgebietes. Sie zeigen Forschungsschwerpunkte, -lücken und -defizite auf und leisten damit einen beachtlichen Beitrag zur Kontinuität des Forschungsprozesses (Wittmann & Matt, 1986; Reinecker, Schiepek & Gunzelmann, 1989). Durch die Dokumentation von Untersuchungen kommt ihnen eine Art Feedback-Funktion zu. Der interessierte Leser erhält relativ einfach Zugang zu einer Datenbasis, die oft größer und übersichtlicher aufbereitet ist als das Ergebnis einer selbst durchgeführten mühsamen Suche und Durchsicht der Primärliteratur.

Die Darstellung und der Vergleich von Untersuchungen wirft zudem die Frage nach deren methodischer Qualität auf (Reinekker, Schiepek & Gunzelmann, 1989). Insofern leisten Meta-Analysen einen Beitrag zu einem differenzierten Forschungsprozeß und üben einen sinnvollen Druck zur Rechtfertigung von Konzeptualisierungen, von Publikationsformen und -standards aus. Umgekehrt wirkt die Qualität von Primärstudien zurück auf die Aussagekraft und die Qualität von Meta-Analysen. Es besteht also eine wechselseitige Abhängigkeit (Reinecker, Schiepek & Gunzelmann, 1989).

Überdies können Resultate aus Meta-Analysen Hilfestellung für Entscheidungen von Forschungsorganisationen bezüglich der Förderung von Forschungsvorhaben liefern oder helfen, politische Entscheidungen zu begründen (Wittmann & Matt, 1986).

4.2.3 Probleme und Grenzen der Meta-Analyse

Da verschiedene Meta-Analysen zu gleichen Fragestellungen z. T. widersprüchliche Resultate erbracht haben, wird die Frage aufgeworfen, was Meta-Analysen leisten können. Welchen Beitrag können Meta-Analysen zu spezifischen Fragestellungen der Psychotherapieforschung erbringen? Wie sinnvoll ist ein globales und rein quantitatives Maß wie die Effektstärke? Im folgenden soll begründet werden, warum Aussagen auf der Basis von Effektstärkeberechnungen nur globale Informationen liefern, die unter Vorbehalt, d. h. unter Berücksichtigung der methodischen Kritikpunkte, verwertet werden sollten.

Wie andere Analyseformen (z. B. die qualitative Sekundäranalyse) auch, ist die Meta-Analyse vor einseitiger Auswertung und unkritischer, selektiver Interpretation nicht geschützt. Dieser Sachverhalt liegt beispielsweise dann vor, wenn Studien für die Analyse einseitig ausgewählt werden, wenn die Bewertungsgrundlage nicht ausreichend beschrieben und begründet wird, wenn die Effektstärkeberechnungen unklar bleiben oder wenn wichtige Effekte, die mit den betreffenden Merkmalen kovariieren, nicht einbezogen werden (Wittmann & Matt, 1986). Das Ergebnis einer Meta-Analyse ist abhängig von der Anzahl der Einzelstudien, die in die Datenintegration eingehen, von den Selektionskriterien, die bei der Suche nach relevanten Studien herangezogen werden, der Reliabilität und Validität der Kodierung von Studien sowie von den Statistiken, die der Effektstärkeberechnung zugrundeliegen (Reinecker, Schiepek & Gunzelmann, 1989).

Die Tatsache, daß eine Studie mit einem um so größeren Gewicht in die Analyse eingeht, je mehr Kriterien für die Ergebnismessung herangezogen wurden (Reinecker, Schiepek & Gunzelmann, 1989), verzerrt unter Umständen die errechneten Effektstärken. Führt man eine Datenintegration lediglich auf der Basis solcher Studien durch, bei denen die jeweiligen Kennzeichen (Stichprobenauswahl und -größe, Reliabilität, Validität etc.) der Primäruntersuchungen differenziert in bezug auf einzelne Variablenausprägungen berücksichtigt werden, bleiben unter Umständen nur wenig Studien als Datenbasis übrig. Die Aussagen, die auf dieser Grundlage gemacht werden, erhalten das gleiche Gewicht wie Effektstärken, zu deren Berechnung weit mehr Studien herangezogen wurden (Reinecker, Schiepek & Gunzelmann, 1989).

Aus der Kontroverse um die Methodik und die Ergebnisse einer Vielzahl durchgeführter Meta-Analysen und Sammelreferate kristallisieren sich folgende Problembereiche und Kritikpunkte heraus:

1. Qualitätsproblem

Die Qualität der integrierten Studien kovariiert mit den aus der Meta-Analyse resultierenden Effektstärken. Folgende Merkmale einer Studie wirken sich negativ aus:
— zu kleine Stichproben,
— ungenügend kontrollierte Zuordnung der Patienten zu den Untersuchungsgruppen,
— eine Auswahl von Patienten, die nicht den praktischen Gegebenheiten des klinischen Alltags entspricht,
— eine Auswahl von Therapeuten, die nicht erfahren genug sind; häufig handelt es sich um Studenten in Therapieausbildung,
— die Bewertung von Erfolgen anhand inadäquater Kriterien,
— fehlende Angaben zu weiteren Therapiemaßnahmen, wie z. B. zur Verordnung von Medikamenten, unzureichende Kontrolle der Abbruchraten,
— fehlende Nachfolgeuntersuchungen, um Langzeiteffekte bzw. Spätwirkungen zu eruieren (Bozok, 1986; Wittmann & Matt, 1986; Reinecker, Gunzelmann & Schiepek, 1989).

Inwieweit Studien von unterschiedlicher methodischer Qualität miteinander integrierbar sind, ist bislang ungeklärt. Werden Untersuchungen aufgrund methodischer Mängel ausgeschlossen, ergibt sich das Problem der Festlegung von Ausschlußkriterien. Welche Kriterien werden zugrundegelegt? Wer legt sie fest? Lassen sich allgemeinverbindliche Maßstäbe finden? Nach Glass et al. (1981) sollte die methodische Qualität der Primärstudien zwar thematisiert werden, aber nicht zu deren Selektion führen (Reinecker, Schiepek & Gunzelmann, 1989).

2. Uniformitätsproblem

Es ist fraglich, ob es theoretisch und statistisch gerechtfertigt ist, Meßdaten von Patienten, Therapeuten, Therapien und verschiedenen Pathologien gleich zu behandeln und über sie hinweg zu generalisieren. In der Psychotherapieforschung wird ihre Vergleichbarkeit häufig vorausgesetzt. Kiesler (1966, 1971) spricht in diesem Zusammenhang von einem „Uniformitätsmythos" und führt dazu aus, daß sowohl Intensität, Dauer und Setting der Therapie als auch die Kompetenz der Therapeuten, die Problembereiche und schließlich die Merkmalskonstellatio-

nen von Patienten so uneinheitlich seien, daß diese sich nicht vergleichen ließen (Bozok, 1986).
Nach Kiesler (1966) sollte statt dessen die differentielle Indikationsfrage gestellt werden: Für welchen Patienten mit welcher Störung ist welcher Therapeut mit welcher Behandlungsform und welchem Setting indiziert (Garfield, 1982; Baumann & von Wedel, 1981; Bozok, 1986; Wittmann & Matt, 1986)?
Geht man davon aus, daß Psychotherapie differentiell wirksam ist, so ist die Aussagekraft globaler Maße wie der Effektstärke, die nicht nach Klienten-, Therapeuten-, Methoden-, Outcome- oder Settingvariablen unterscheiden, stark eingeschränkt, weil qualitative Unterschiede wie die unterschiedliche Wirksamkeit verschiedener Therapiemethoden in bezug auf verschiedene Erfolgskriterien oder Klientenstichproben nicht berücksichtigt werden. Damit im Zusammenhang steht die Tatsache, daß mit verschiedenen Behandlungsformen zum Teil unterschiedliche Ziele verfolgt werden, was sich differentiell (qualitativ) auswirkt. Durch quantitative Berechnungen der Effektstärke werden solche qualitativ unterschiedlichen Auswirkungen therapeutischer Methoden übergangen. Dieses Problem läßt sich nur schwer lösen, da die zugrundegelegten Erfolgskriterien abhängig sind von den Zielen, die mit den Interventionsmethoden verbunden sind. Eine mehrdimensionale Evaluation des therapeutischen Effekts wird häufig nicht realisiert (Reinecker, Gunzelmann & Schiepek, 1989). Komplexe Interaktionseffekte zwischen Klienten-, Therapeuten-, Setting- und Methodenvariablen sowie anderen Faktoren können in einer meta-analytischen Auswertung von Primärstudien nicht berücksichtigt werden (Bozok, 1986; Wittmann & Matt, 1986; Reinecker, Schiepek, & Gunzelmann, 1989).
Die Berechnung globaler Effektstärken führt zudem zum Ausschluß relevanter Schlußfolgerungen, die aus therapeutischen Mißerfolgen oder nichtsignifikanten Ergebnissen gezogen werden können. Sie ist zur Klärung differentieller Fragestellungen folglich nicht angemessen (Reinecker, Schiepek & Gunzelmann, 1989).

3. Inkommensurabilitätsproblem (Äpfel-Birnen-Problem)

Hier stellt sich die Frage, inwieweit Studien, in denen unterschiedliche Meßinstrumente zum Einsatz kommen, mit denen unterschiedliche Intentionen verfolgt werden, überhaupt miteinander vergleichbar sind, bzw. ob deren Ergebnisse in einem gemeinsamen Kennwert abbildbar sind, ohne daß dabei wichtige Informationen vernachlässigt werden (Äpfel-Birnen-Problem). So variiert die Güte eines Meßinstrumentariums je nach Kontext und Problemstellung. Ein Meßverfahren kann also nicht als gleichermaßen relevant für alle Patientengruppen erachtet werden. Problematisch ist außerdem der Vergleich von Meßwerten, die aufgrund unterschiedlich reliabler Meßinstrumente gewonnen wurden (Reinecker, Schiepek & Gunzelmann, 1989; Wittmann & Matt, 1986).

Glass et al. (1981) argumentiert für die Generalisierbarkeit mit der Begründung, daß ein Vergleich von solchen Studien, die alle Aspekte gleichermaßen berücksichtigen, wenig aussagekräftig sei. Den Autoren zufolge muß das Problem der Vergleichbarkeit statt dessen vor dem Hintergrund der jeweiligen Forschungsfrage neu geklärt werden (Reinecker, Schiepek & Gunzelmann, 1989).

Ein weiterer Kritikpunkt an der Meta-Analyse besteht darin, daß durch die Evaluation des therapeutischen Effekts in Form eines globalen Kennwertes die *inhaltlich-klinische* Bedeutsamkeit der psychischen Veränderung nicht deutlich wird, was jedoch das ausschlaggebende Kriterium für die Beurteilung eines therapeutischen Effekts darstellt (Reinecker, Schiepek & Gunzelmann, 1989).

Insgesamt stellen Meta-Analysen also eine Methode der Sekundäranalyse dar, die einen wertvollen Überblick über zahlreiche Einzelergebnisse liefern können. Diese müssen jedoch mit Vorsicht und vor dem Hintergrund der Bedingungen der Befundintegration interpretiert werden. Aussagen zu differentiellen Fragestellungen von Psychotherapie und interaktiven Effekten können aus den globalen Kennwerten nicht abgeleitet werden. Reinecker et al. (1989) schlagen deshalb vor, die Erfolgsforschung um die Untersuchung von Prozeßvariablen, wie Interaktionsmuster etc. zu erweitern. Ferner sollte der jeweilige Kontext einer therapeutischen Sitzung Berücksichtigung finden (Reinecker, Schiepek & Gunzelmann, 1989).

4.3 Meta-Analysen zum Effektivitätsvergleich unterschiedlicher Therapieformen

Im folgenden Abschnitt wird eine Auswahl von Therapievergleichsstudien dargestellt. Die Entscheidung für die beschriebenen drei Studien kann wie folgt begründet werden: Die Studien von Luborski et al. (1975) sowie Smith et al. (1980) beziehen sich auf den amerikanischen Sprachraum. Es handelt sich um sehr bekannte Meta-Analysen, die in der einschlägigen Fachliteratur immer wieder zitiert werden, und auf die sich zahlreiche Folgeuntersuchungen berufen. Sie hatten einen prägenden Einfluß auf die Entwicklung der Psychotherapieforschung. Zudem wurden mit beiden Untersuchungen grundlegende sekundäranalytische Vorgehensweisen begründet. So formulierten Luborski et al. die Box-counting-Methode und Smith et al. die Methode der Effektstärkenberechnung. Wittmann & Matt (1986) bewerten in ihrer Analyse ausschließlich Beiträge, die sich auf den deutschen Sprachraum beziehen. Weiterhin vergleichen sie Resultate aus englischsprachigen und deutschsprachigen Ländern. Bei der Auswahl der dargestellten Studien wurde ferner darauf geachtet sowohl ältere als auch neuere Studien einzubeziehen.

4.3.1 Die Meta-Analyse von Luborski, Singer und Luborski

4.3.1.1 Darstellung

In die Auswertung von Luborski et al. (1975) gingen 105 Primärstudien ein. Sie wurden von den Autoren danach eingeordnet, ob sie Hinweise auf eine Überlegenheit der einen oder anderen Therapiemethode oder aber auf die Gleichwertigkeit zweier oder mehrerer Methoden erbrachten. Schließlich wurde diejenige Therapieform als die effektivste erachtet, für die die meisten Primäruntersuchungen sprachen. Luborski et al. haben für diese Verfahrensweise den Begriff „box-score-Methode" geprägt.
Es zeigte sich, daß die Mehrzahl der Untersuchungen keine signifikanten Unterschiede zwischen einzelnen therapeutischen Richtungen erbrachte. Dies impliziert, daß verschiedene Arten der Psychotherapie bei einem breiten Spektrum an psychischen Problemen den gleichen mittleren therapeutischen Behandlungseffekt aufweisen. Dieses Ergebnis deckt sich auch mit Resultaten aus älteren (Bergin, 1975; Lambert & Bergin, 1973; Meltzoff und Kornreich, 1970; zit. n. Bozok, 1986) und neueren Studien (Bergin & Lambert, 1978; Orlinsky & Howard, 1978; zit. n. Bozok, 1986). Bei eng umgrenzten Problemstellungen zeigte sich eine leichte Überlegenheit verhaltenstherapeutischer Techniken

gegenüber anderen therapeutischen Verfahren, was auf eine differentielle Wirksamkeit schließen läßt (Luborski et al., 1975).

4.3.1.2 Kritik

Den Autoren wurde vorgeworfen, daß sie bei der Auswahl der Studien zu viele der in Abschnitt 4.2.3 dargestellten Einwände gegen die Meta-Analyse vernachlässigten, obwohl diese von ihnen z. T. selbst formuliert worden waren. Insgesamt ging die Qualität der einzelnen Studien nicht in die Auswertung ein. So kam es, daß z. B. zwei qualitativ weniger geeignete Studien größeres Gewicht erhielten als eine qualitativ höherwertige Studie. Von Hersen et al. (1984) wurde ihnen Voreingenommenheit bei der Selektion der Studien unterstellt, ebenso von Kazdin & Wilson (1978), die der Ansicht waren, es seien zu viele verhaltenstherapeutische Untersuchungen ausgeschlossen worden (Bozok, 1986).

4.3.2 Die Meta-Analyse von Smith & Glass

4.3.2.1 Darstellung

Smith und Glass (1980) haben in ihre meta-analytische Auswertung von Therapiestudien 475 Untersuchungen einbezogen. Gemeinsame Grundlage bildete jeweils die Gegenüberstellung einer Psychotherapiemethode mit einer Kontrollgruppe, woraus Schlußfolgerungen über die Effektivität von Psychotherapie gezogen werden sollten (Smith & Glass, 1980).
Innerhalb der therapeutischen Gruppe fanden die Autoren eine durchschnittliche Effekt-Meßgröße von 0,85, bei einem maximalen Wert von 1. Die Hälfte der Patienten der Therapiegruppe fühlten sich nach der Behandlung deutlich gebessert, und zwar besser als 80% der Personen der Kontrollgruppen (Smith et al., 1980). Psychotherapeutische Methoden erbringen diesen Resultaten zufolge mehr als nur bescheidene Effekte wie dies in den Übersichtsarbeiten von Rachmann (1971) und Bergin (1971) festgehalten wurde (Bozok, 1986). Ein Vergleich zwischen zwischen psychodynamischen, klientenzentrierten oder verhaltenstherapeutischen Methoden erbrachte keine signifikanten Effekti-

vitätsunterschiede (Smith et al., 1980). Smith & Glass (1980) fanden also keine Hinweise auf spezifische Wirkfaktoren von Psychotherapie, auch nicht für spezielle verhaltenstherapeutische Techniken.

4.3.2.2 Kritik

Das Vorgehen von Smith et al. bei der Auswahl der Primärstudien zeichnet sich dadurch aus, daß nicht nur solche Untersuchungen in die meta-analytische Auswertung einbezogen wurden, die in renommierten Fachzeitschriften erschienen sind, denn dabei handelt es sich vornehmlich um Veröffentlichungen signifikanter Resultate. Sie erweiterten ihre Analyse um Untersuchungen mit nicht signifikanten Ergebnissen. Aus diesem Grund ist die Vorgehensweise der Autoren als objektiver zu bewerten als Analysen anderer Autoren, die nicht-signifikante Resultate nicht in die Auswertung einbeziehen (Bozok, 1986).
Zum Vorwurf wurde ihnen gemacht, daß die ausgewerteten Studien z. T. von schlechter methodischer Qualität seien, daß die Therapeuten zu unerfahren wären und die Dauer der Therapien zu kurz gewesen wäre. Betrachtet man jedoch die Korrelationen der einzelnen Kriterien mit dem Therapieverfahren (Studienqualität und Therapieverfahren: 0,03; Therapiedauer und Therapieverfahren: 0,05 sowie die Erfahrenheit der Therapeuten und Therapieverfahren: 0,00), gelangt man zu dem Schluß, daß ihr Einfluß auf die Wirksamkeit von Psychotherapie zu vernachlässigen ist (Bozok, 1986; Wittmann & Matt, 1986). Glass setzte dieser Kritik die Annahme eines kompensatorischen Modells entgegen, demzufolge viele qualitativ ungenügende Studien dann hinreichend klare Schlußfolgerungen ermöglichen, wenn die Studien jeweils in unterschiedlichen Aspekten Schwächen aufweisen (Wittmann & Matt, 1986).
Wilson & Rachmann (1980) kritisierten, daß einige Untersuchungen, in denen die Verhaltenstherapie positive Ergebnisse aufwies, nicht in die Analyse aufgenommen wurden. Dies führte ihrer Meinung nach dazu, daß die Verhaltenstherapie schlechter abschnitt als dies gemeinhin in der Literatur zu verfolgen sei. Dieser Einwand ist aber insofern nicht stichhaltig, als lediglich Ergebnisse zur Verhaltenstherapie ausgeschlossen wurden, die auf der Grundlage subjektiver, ausschließlich von Patienten und Therapeuten vorgenommener Erfolgseinschätzungen zustande

gekommen waren. Bezieht man diese in die Auswertung ein, so zeigt sich für die Verhaltenstherapie eine ähnliche Effektivitätshöhe wie für andere Therapieformen (Bozok, 1986).
Eine Überprüfung und weitgehende Bestätigung ihrer Ergebnisse erfuhren Smith & Glass durch die Arbeiten von Landman & Dawes (1982), Shapiro & Shapiro (1983) und Prioleau et al. (1983), die die Technik der Meta-Analyse mit geringen Veränderungen auf sorgfältig ausgewählte Studien anwendeten (Bozok, 1986; Wittmann & Matt, 1986).
Die Bedingungen, unter denen die meisten Studien durchgeführt wurden, sind nicht repräsentativ für den klinischen Alltag in psychotherapeutischen Praxen oder Kliniken. Eine umfangreiche Zusammenstellung von in dieser Hinsicht adäquaten Studien erscheint jedoch angesichts des immensen finanziellen, personellen und zeitlichen Aufwands, den diese Studien erfordern würden, nicht möglich (Parloff, 1982).
Insgesamt gesehen stellt die Analyse von Smith & Glass (1980) eine umfassende Bestandsaufnahme der Psychotherapieforschung dar, durch die Möglichkeiten und Grenzen der Meta-Analyse deutlich werden (Bozok, 1986). Sie löste einen regelrechten Boom von Meta-Analysen aus (Reinecker, Schiepek & Gunzelmann, 1989).

4.3.3 Die Meta-Analyse von Wittmann & Matt

4.3.3.1 Darstellung

Wittmann & Matt (1986) führten ebenfalls eine Meta-Analyse von Studien zur Effektivität von Psychotherapie durch. Sie werteten ausschließlich deutschsprachige Arbeiten aus und berechneten jeweils Effektstärken. Die Autoren verfolgten mit ihrer Studie folgende Fragestellung: Wie ist der aktuelle Stand der psychotherapeutischen Effektforschung in deutschsprachigen Ländern? Zeigen unterschiedliche psychotherapeutische Interventionsarten unterschiedliche Effekte? Bestehen Unterschiede zur Psychotherapieforschung im angelsächsischen Sprachraum? Die Autoren legten großes Gewicht auf die Berücksichtigung der Qualität der ausgewählten Studien. Die Studien mußten u. a. der Psychotherapie-Definition von Meltzoff & Kornreich (1970) (vgl. Kap. 2) genügen und auf einem Kontrollgruppendesign aufbauen. Die Kontrollgruppen konnten entweder als Warte-

gruppe oder als Gruppe mit Placebobehandlung realisiert sein. In dem Zeitraum von 1971 — 1982 fanden Wittmann & Matt 76 kontrollierte deutschsprachige Psychotherapieeffektstudien, in denen 86 Behandlungsvergleiche angestellt wurden. Sie gelangten zu folgenden Ergebnissen: In bezug auf die therapeutische Effektivität zeigte sich eine quantitative Überlegenheit der Verhaltenstherapie gegenüber der Psychoanalyse und der Gesprächstherapie. Die Autoren schränken dieses Ergebnis jedoch aufgrund der qualitativen Merkmale der Primärstudien ein. Die quantitativen Unterschiede zwischen den einzelnen Therapieformen sind demnach durch folgende Faktoren bedingt: Ein geringerer durchschnittlicher Behandlungseffekt nach einer psychoanalytischen und einer gesprächstherapeutischen Intervention ist nach Wittmann & Matt durch eine Überrepräsentation verhaltenstherapeutischer Verfahren bedingt. Die Gesprächstherapie, die innerhalb ihrer theoretischen Konzeption den weitesten Generalisierungsanspruch erhebt, kommt ihren eigenen methodischen Forderungen nach konstruktnaher Erfassung des Selbstkonzepts z. B. durch Q-Sort oder Semantisches Differential nicht nach. Statt dessen werden weniger geeignete Meßverfahren angewendet. Ferner ist die Art der Klientenauswahl fragwürdig, und die systematische Variation der Bedingungen wird oft vernachlässigt. Nach Meinung der Autoren würde exakteres und angemesseneres methodisches Arbeiten unter Umständen höhere Effektivitätswerte für die Gesprächstherapie erbringen. Dagegen gelingt es den Verhaltenstherapeuten eher, die therapeutischen Effekte adäquat zu erfassen. Sie wählen bescheidenere und konstruktnähere Meßinstrumente wie Angstskalen oder Beschwerdelisten. In bezug auf das Niveau von Persönlichkeitsinventaren ließ sich zwischen Verhaltenstherapie und Gesprächstherapie kein Unterschied feststellen. Da zur Psychoanalyse nur eine geringe Anzahl kontrollierter Studien vorlag, können diesbezüglich keine Schlußfolgerungen gezogen werden (Wittmann & Matt, 1986).
Der Vergleich der ermittelten Effektstärken der deutschen und der amerikanischen Psychotherapieforschung erbrachte, daß die Effektstärken der deutschen Psychotherapieforschung nur halb so groß sind wie die der amerikanischen. Jedoch folgt daraus nicht, daß deutsche Therapeuten nur halb so effizient arbeiten wie amerikanische. Wittmann & Matt nennen vier mögliche Erklärungen für das Zustandekommen dieses Effekts:

1. Im deutschen Sprachraum fehlt es häufig an der Übung, Kompetenz und Erfahrung, die zur Durchführung von Psychotherapievergleichsstudien nötig sind. Effektstudien haben in der Regel explorativen Charakter, d. h., es werden weniger spezifische Hypothesen geprüft, statt dessen wird nach eher globalen Effekten gesucht.
2. Für das Zustandekommen des oben genannten Ergebnisses spielt sicher auch die von Wittmann & Matt bewußt gewählte konservative Effektstärkenberechnungen für einzelne Studien eine Rolle. So berücksichtigen sie sowohl die in den Studien angegebenen Nulleffekte sowie die Nulleffekte, die im Versuchsplan zwar genannt, aber später nicht mehr aufgeführt wurden.
3. Außerdem kann die unterschiedliche Verwendung psychologischer Meßverfahren Einfluß auf die Diskrepanz zwischen den Effekten im englischen und deutschen Sprachraum gehabt haben. In der Meta-Analyse von Wittmann & Matt wurden in 25% der Fälle Traitinventare zur Datenerhebung eingesetzt, während diese in den Studien von z. B. Shapiro & Shapiro (1982) nur in 12% und in der Studie von Smith et al. (1980) lediglich in 1% der Fälle Anwendung fanden.
4. Eine weitere Erklärung für dieses Resultat liefern die unterschiedlichen Publikationsgewohnheiten sowie die Maßstäbe eines Landes, die an Veröffentlichungen gestellt werden. Den Autoren zufolge herrscht in den USA ein größerer Druck, Forschungsergebnisse zu publizieren. Außerdem werden in den USA — im Gegensatz zu deutschsprachigen Ländern — Studien nicht veröffentlicht, wenn sie keine signigikanten Unterschiede liefern (Wittmann & Matt, 1986).

4.3.3.2 Kritik

Kritisch ist an dieser Meta-Analyse anzumerken, daß die beschriebene Literaturbasis nicht so breit gefächert und so systematisch und ausschließlich betrieben wurde wie von den Autoren dargestellt. So fehlen bedeutsame Untersuchungen, beispielsweise von Hahlweg et al. (1982) oder Zielke (1979), während unwesentlichere, z. B. am eigenen Institut geschriebene Diplomarbeiten, einbezogen wurden. Die Selektion von Primärstudien beschränkt sich ferner auf Veröffentlichungen um bestimmte Forschergruppen, z. B. der Gruppe um Tausch &

Tausch zur klientenzentrierten Psychotherapie oder auf Veröffentlichungen in bestimmten Publikationsorganen, während andere therapierelevante Literaturquellen vernachlässigt wurden. Überdies fanden auch Studien in der Meta-Analyse Berücksichtigung, die der Psychotherapie-Definition von Meltzoff & Kornreich (1970) nicht genügten, z. B. „Auswirkungen schriftlicher Ermutigungen während Klassenarbeiten auf Angst und Leistungen der Schüler". Die Ausgangsbasis für die vorliegende Meta-Analyse ist demnach zumindest teilweise fragwürdig (Riedel & Schneider-Düker, 1991).

Wittmann & Matt (1986) selbst beklagen, daß nur 76 Studien zu finden waren, die den genannten Kriterien entsprachen. Viele der einbezogenen Untersuchungen zeichnen sich durch schlechte methodische Qualität aus, wie z. B. unzureichende Repräsentativität der Versuchspersonen, Defizite bei der Darstellung der Studien in den Publikationen und die Tatsache, daß Möglichkeiten der Anwendung quasi-experimenteller Designs zur reliablen und sensitiven Schätzung von Behandlungseffekten nicht voll ausgeschöpft wurden, indem beispielsweise therapeutische Effekte unzureichend operationalisiert wurden. Bei der Mehrzahl der Studien (58%) entsprach die Auswahl von Klienten und Therapeuten nicht den Gegebenheiten der klinischen Praxis. Es handelte sich um Analog-Studien, deren Versuchspersonen sich nur aufgrund des Angebots eines Therapie-Experiments der therapeutischen Behandlung unterzogen. In 77% der Einzeluntersuchungen hatten die Therapeuten lediglich ein Jahr oder weniger Berufserfahrung. Überdies waren primär Kurzzeitbehandlungen Gegenstand der Analyse. Riedel & Schneider-Düker (1991) ziehen daraus den Schluß, daß ein großer Anteil der sogenannten „Klienten" der Behandlung nicht in ausreichendem Maß ausgesetzt war (Riedel & Schneider-Düker, 1991).

Ein Kriterium zur Auswahl von Primärstudien für die vorliegende Meta-Analyse war das Vorhandensein einer Kontrollgruppe. Nach Riedel & Schneider-Düker führt diese Art der Selektion zwangsläufig zu einer Überrepräsentation von Kurzzeitbehandlungen und Analog-Studien, da diese den Anforderungen genügen. Die Folge ist, daß wissenschaftlich anerkannte Einzelfall- und Einzelgruppenstudien aus der Analyse ausgeschlossen werden. Damit bleiben wichtige Befunde unberücksichtigt. Unbehandelte Kontrollgruppen, die durch ein Störungsbild gekennzeichnet sind, das eine langdauernde Therapie erfordern würde, lassen sich zum einen nicht realisieren und zum anderen ethisch nicht rechtfertigen. Somit sind bestimmte Therapieverfahren und Störungsbilder in dieser Studie nicht evaluierbar (Riedel & Schneider-Düker, 1991).

Neben den experimentellen Einschränkungen, beispielsweise durch die Forderung eines Kontrollgruppendesigns, machen Riedel & Schneider-Düker (1991) die Auswahl behandelter Störungsbilder für die geringe Therapiedauer verantwortlich. Es wurden primär diffuse Beschwerden oder Störungen geringer Schwere therapiert, was durch den Schwerpunkt des Behandlungssettings, nämlich universitäre Beratungsstellen und Schulen erklärbar ist.

Vor diesem Hintergrund muß es als fraglich gelten, ob die Aussagen von Wittmann & Matt auf den therapeutischen Alltag übertragbar sind.

Im folgenden wird eine *Primärstudie* dargestellt, die ebenfalls den Effektivitätsvergleich verschiedener Therapieformen zum Gegenstand hat. Ihr besonderes Kennzeichen ist die systematische Auswertung des therapeutischen Prozesses.

4.4 Die Berner Therapievergleichsstudie von Grawe, Caspar & Ambühl

4.4.1 Darstellung

Die Berner Therapievergleichsstudie wird hier ausführlicher dargestellt, da sie aufgrund eines anderen methodischen Vorgehens als der quantitativen Auswertung therapeutischer Effekte zu abweichenden und differenzierteren Resultaten bezüglich der Wirksamkeit verschiedener therapeutischer Interventionsformen gelangt. Ferner liefert die Studie Hinweise auf die Relevanz der Therapeut-Klient-Beziehung und die flexible Abstimmung der therapeutischen Techniken auf die Erfordernisse des Klienten für den Therapieerfolg.

4.4.1.1 Fragestellung

Anliegen der Studie von Grawe, Caspar & Ambühl (1990) ist die Klärung der Gründe für den beschriebenen Wirkungsgleichstand verschiedener psychotherapeutischer Richtungen. Kommt dieser Gleichstand durch die Übereinstimmung grundlegender Konzeptionen zustande oder sind die Ergebnisse durch die Wahl der Meßmethodik bedingt? Aus dieser Problemstellung werden ein methodischer und ein klinischer Untersuchungsschwerpunkt abgeleitet.

Vom *forschungsmethodischen Standpunkt* her stellt sich die Frage, ob die beschriebenen Untersuchungseffekte von einer bestimmten Art der Meß- und Auswertungsmethodik abhängig sind oder ob tatsächlich keine Wirkungsunterschiede zwischen einzelnen therapeutischen Schulen aufzufinden sind. Das Vorgehen der Autoren zielt darauf ab, neue Wege der Untersuchung, insbesondere der Datenauswertung, zu beschreiben. Als methodische Erklärung für das Zustandekommen vergleichbarer therapeutischer Erfolge unterschiedlicher Arten von Psychotherapien werden zwei Ansätze diskutiert: einerseits die undifferenzierte und eingeengte Erhebung der Therapieeffekte und andererseits die Art der Auswertung, die in der eindimensionalen Wiedergabe der Therapieeffekte besteht. Grawe et al. vertreten die Position, daß die Darstellung von Therapieeffekten *mehrdimensional* erfolgen muß, um komplexe, mehrdimensionale Interaktionsmuster und -resultate qualitativ differenziert zu erfassen. Aus diesem Grund gelangen in der Untersuchung von Grawe et al. vielfältige prozeßanalytische Meßmethoden zu mehreren Meßzeitpunkten zur Anwendung.

Auf der anderen Seite beinhaltet die *klinische Fragestellung* den Wirkungsvergleich zwischen vier verschiedenen Therapieformen.

Dazu werden die
1. Interaktionelle Verhaltenstherapie sowohl in Gruppen als auch in Form von Einzeltherapie,
2. die normale verhaltenstherapeutische Breitspektrumstherapie sowie
3. die Gesprächstherapie einander gegenübergestellt.

Das Ziel der Auswahl dieser Therapieformen ist u. a. die Auswirkungen einer bestimmten Art der Problemanalyse, der sogenannten *Plananalyse*, zu untersuchen, die ganzheitlich konzipiert ist und zwischenmenschliche Gesichtspunkte in den Vordergrund rückt, wie das bei den beiden interaktionellen Therapieformen (Einzel- und Gruppentherapie) der Fall ist (vgl. Kap. 3.3.3.1). Dabei soll der Einfluß des interaktionellen Schwerpunkts sowohl in bezug auf den Therapieprozeß als auch auf das Therapieergebnis ergründet werden. Demgegenüber wurde das normale verhaltenstherapeutische Vorgehen untersucht, bei dem die Problembereiche in Form einer funktionalen Verhaltenanalyse exploriert werden. Diese ist ausschließlich auf die spezifischen Bedingungen der Problematik bezogen. Desweiteren wurde die Gesprächstherapie in den Vergleich einbezogen, bei der die Beziehung zwischen Therapeut und Klient primär für therapeutische Veränderungen verantwortlich gemacht wird.

Grawe et al. gehen von dem Standpunkt aus, daß die verhaltenstherapeutische Arbeit auf der Basis einer guten und tragfähigen Therapeut-Klient-Beziehung am erfolgversprechendsten ist, da der Therapeut sein Vorgehen dabei systematisch auf die interaktionellen Bedürfnisse des Klienten einstellt.

4.4.1.2 Methode

4.4.1.2.1 Einbezogene Therapieformen

Gemeinsame Grundlage der drei verhaltenstherapeutischen Bedingungen (verhaltenstherapeutische Breitspektrumstherapie, Interaktionelle Einzeltherapie, Interaktionelle Gruppentherapie) ist die Orientierung am Problemlöseparadigma. Ausgangspunkt jeglichen therapeutischen Handelns stellt dabei die systematische und umfassende Problemanalyse dar. Der Anlaß für die Berücksichtigung gesprächstherapeutischer Therapieeffekte besteht in der Tatsache, daß Gesprächstherapeuten keine Problemanalyse vornehmen.

Aus den resultierenden Vergleichsmöglichkeiten können Aussagen über die Bedeutung der systematischen Problemanalyse einerseits sowie über den Einfluß der gezielten Abstimmung des Therapeutenvorgehens auf die Bedürfnisse des Klienten abgeleitet werden. Im folgenden werden die einzelnen Therapieformen kurz skizziert.

a) Interaktionelle Verhaltenstherapie

Der gemeinsame Grundgedanke der *Interaktionellen Verhaltenstherapie* im Einzel- und Gruppensetting besteht einerseits im systematischen und strukturierten Vorgehen bei der Problemanalyse sowie andererseits in den Eigenheiten der spezifischen Methode der Plananalyse. Es handelt sich dabei um eine vertikale

Verhaltensanalyse. Im Gegensatz zur funktionalen Verhaltensanalyse wird bei dieser Strategie die gesamte Lebenssituation des Klienten, insbesondere seine zwischenmenschlichen Beziehungen, in die Betrachtung der Problematik einbezogen. Die Perspektive ist also um wesentliche Elemente erweitert. Die Therapie baut nicht auf einem spezifischen Problem auf, das durch auslösende und aufrechterhaltende Bedingungen reguliert wird (= horizontale Verhaltensanalyse). Vielmehr wird das Verhalten des Menschen als Teil eines übergeordneten Plans angesehen, mit dem die Person bestimmte Ziele verfolgt. Grundannahme der Interaktionellen Verhaltenstherapie ist, daß Probleme im sozialen Bereich aufgrund bestimmter interaktioneller Pläne auftreten, die in der Therapie während der Interaktion mit dem Therapeuten beispielhaft in Erscheinung treten. In der Gruppensituation kommt zu diesen gemeinsamen Bestimmungsstücken der Interaktionellen Verhaltenstherapie hinzu, daß die Aufmerksamkeit des Therapeuten zusätzlich auf Gruppenprozesse gelenkt wird. Der Gruppenleiter hat deshalb zwar weniger Zeit pro Klient, kann in diesem Kontext die interaktionellen Pläne des Klienten jedoch gut erkennen und zu deren Veränderung beitragen.

b) Breitspektrumstherapie

Bei der Breitspektrumstherapie handelt es sich um die übliche Verfahrensweise im verhaltenstherapeutischen Sinne, bei der zunächst eine funktionale Verhaltensanalyse durchgeführt wird. Im Anschluß daran wird die jeweils angezeigte verhaltenstherapeutische Methode vom Therapeuten frei gewählt. Allerdings zeigte sich, daß hier kognitive Techniken deutlich bevorzugt wurden, so daß das breite Spektrum übender, kompetenzerweiternder und verhaltensabbauender Techniken nicht abgedeckt war.

c) Gesprächstherapie

Die *Gesprächstherapie* wurde nach der theoretischen Konzeption von Rogers durchgeführt (vgl. dazu Kap. 3.2).
In einem ambulanten Setting wurde diejenige Klientenstichprobe (n = 80) behandelt, für die Gesprächstherapie und Verhaltenstherapie indiziert ist. Es handelt sich um Klienten mit unterschiedlichen neurotischen Problemen, primär mit zwischen-

menschlichen Schwierigkeiten wie soziale Ängste, Unsicherheit, Kontaktschwierigkeiten usw. Bei der Planung und Durchführung der Untersuchung wurde größeres Gewicht auf die praktisch-klinische Relevanz gelegt als auf die experimentelle Kontrolle. Die Gruppe der Therapeuten setzte sich aus therapieerfahrenen Psychologen zusammen, die unter fortlaufender Supervision standen und auch außerhalb der Untersuchung mit der jeweiligen Therapieform arbeiteten.

4.4.1.3 Ergebnisse

4.4.1.3.1 Behandlungseffekte nach Therapieende

Die Autoren konnten keine signifikanten quantitativen Effektivitätsunterschiede zwischen den verschiedenen Therapieformen nachweisen. Soweit entsprechen ihre Ergebnisse denen der dargestellten therapieschulenvergleichenden Meta-Analysen. Aufgrund der differenzierten Auswertung des Veränderungsverlaufs wurden signifikante qualitative Unterschiede erkennbar.

a) Interaktionelle Gruppentherapie

Bei der Interaktionellen Gruppentherapie zeigt sich das breiteste Wirkungsspektrum. Gleichzeitig ist die Streuung der Therapieeffekte am größten, d. h. es kommt zu einer Polarisierung zwischen erfolgreichen und nicht erfolgreichen Klienten. Zu einer Spaltung der Stichprobe kommt es ebenfalls hinsichtlich der Therapiedauer. Erfolgreiche Klienten bleiben in der Regel 45 Sitzungen in Therapie, während erfolglose Klienten rasch merken, daß sie mit Gruppentherapie nicht zurecht kommen und die Behandlung nach ca. 24 Sitzungen beenden. Bei denjenigen Klienten, die die Behandlung fortsetzen, stellt sich der Behandlungseffekt schon nach 20 Therapiesitzungen ein.
Die Verhaltensmodifikationen in den einzelnen Problembereichen sind eng miteinander verbunden. Der wichtigste Effekt besteht in der Reduktion sozialer Ängste. Er zeigt sich in einer Verbesserung der Befindlichkeit, in einer Verbesserung des Selbstbildes, in einer Verringerung fatalistischer Kontrollüberzeugungen und in einer Reduktion der Belastung durch psychopathologische Symptome.
Die erzielten Veränderungen sind stabil. Es kommt nicht zu spezifischen Späterscheinungen. Eine Abhängigkeit zwischen

Klientenmerkmalen (z. B. Persönlichkeitseigenschaften wie die Tendenz, sich abhängig zu machen) und Therapieerfolg besteht nicht. Tendenziell zeigt sich jedoch, daß stärker gestörte Klienten mehr von einer Interaktionellen Verhaltenstherapie profitieren als weniger gestörte Klienten.

Als Gruppentherapie führt die Interaktionelle Verhaltenstherapie in den Bereichen zu den stärksten Modifikationen, in denen sich die gravierendsten Symptome zeigen. Die Trennung der Stichprobe in erfolgreiche und nicht-erfolgreiche Klienten ist durch therapieabhängige Klientencharakteristika bedingt, d. h. durch die Tatsache, daß die Betreffenden eine Gruppentherapie eigentlich ablehnen und sich nur widerwillig darauf eingelassen haben.

b) Interaktionelle Einzeltherapie

Die Zufriedenheit der Klienten ist bei dieser Therapieform am größten. In allen Einzelmaßen zeigen sich etwa gleich starke Wirkungen. Ausdrückliche Mißerfolge sind nicht feststellbar. Sowohl hinsichtlich der individuellen Hauptprobleme als auch hinsichtlich der allgemeinen Befindlichkeit zeigen sich gravierende Verbesserungen. Zudem schätzen nahe Kontaktpersonen das Sozialverhalten der Klienten in realen zwischenmenschlichen Beziehungen als stark verbessert ein. Zu einschneidenden Befindlichkeitsveränderungen kommt es jedoch erst in der zweiten Therapiehälfte, die sich im ersten Therapieabschnitt in nicht sichtbarer Weise vorbereiten. Ferner besteht folgender Zusammenhang: In dem Maß, in dem die Hauptprobleme gelindert werden, hellt sich die allgemeine Befindlichkeit auf. Bis sich die Veränderungen manifestieren, dauert es ca. 20 Sitzungen. Sie sind dann von hoher Stabilität. Die Wahrscheinlichkeit, die Therapie erfolgreich zu beenden, ist nicht von Klientencharakteristika vor Therapiebeginn abhängig. Damit liegen keine populationsspezifischen Einschränkungen vor. Der Therapeut konnte sich demzufolge flexibel auf die Klienten einstellen.

c) Breitspektrumstherapie

Insgesamt ergaben sich ähnlich starke Effekte wie bei der Interaktionellen Verhaltenstherapie, jedoch manifestierten sich diese nicht im fremdeingeschätzten zwischenmenschlichen Verhaltensbereich. Zudem traten Veränderungen des Hauptproblems unabhängig von anderen Veränderungen auf. Das Hauptproblem galt somit als einer von mehreren zu modifizierenden

Bereichen. Ein Teil der behandelten Klienten geriet nach Beendigung der Behandlung in einen krisenhaften Zustand. Diese Verfassung erklären die Autoren durch die Annahme eines Abhängigkeitsverhältnisses zwischen Therapeut und Klient während der Therapie. Die Klienten fühlen sich stärker auf die therapeutische Unterstützung angewiesen als andere Klienten. Das Ende der Therapie und damit die Trennung von einer wichtigen Bezugsperson löst erneute Schwierigkeiten aus. Untermauert wird diese Vermutung durch das Ergebnis, daß sich abhängig machende Klienten bei dieser Therapieform bessere Erfolge erzielen. Im Gegensatz zur Interaktionellen Verhaltenstherapie trat bei der Breitspektrumstherapie eine hohe Korrelation zwischen Klientenmerkmalen und dem Therapieerfolg auf, insbesondere im Zusammenhang mit Veränderungen der drei wichtigsten Problembereiche. Die Ergebnisse ermöglichen also eine klare Indikationsaussage: Diejenigen Klienten haben eine eher schlechte Prognose, die sich in ihrem Sozialverhalten und dem allgemeinen Befinden als schwer gestört wahrnehmen und in hohem Maß unter psychopathologischen Symptomen leiden. Als geeignet gilt die Breitspektrumstherapie bei solchen Klienten, die leichter gestört sind, die sich überdies eher vom Therapeuten abhängig machen und sich von ihm anleiten lassen. Diese Resultate stehen im Widerspruch zu den Ergebnissen anderer Untersuchungen. Grawe et al. vermuten die Ursache darin, daß in der hier besprochenen Studie wenig übende, verhaltensaufbauende und kompetenzerweiternde Verfahren Anwendung fanden. Statt dessen entschieden sich die Therapeuten hauptsächlich für kognitive verhaltenstherapeutische Interventionsmethoden. Auf diese Weise wurden die mögliche Verfahrensvielfalt nicht genutzt. Erschwerend kommt hinzu, daß das Beziehungsangebot nicht ausreichend auf die Erfordernisse des Klienten abgestimmt war. Dies wird durch das Ergebnis deutlich, daß sich abhängig machende Klienten nach der Therapie in eine Krise gerieten. Diese grundlegenden Unterschiede zwischen den beiden verhaltenstherapeutischen Verfahrensweisen sind demnach durch das Ausmaß der Realisierung von Beziehungsfaktoren bedingt.

d) Gesprächspsychotherapie

Verglichen mit den drei verhaltenstherapeutischen Interventionsformen schneidet die Gesprächstherapie sowohl hinsichtlich der Breite als auch hinsichtlich des Ausmaßes der Wirksamkeit schlechter ab. Hinsichtlich der Verringerung sozialer Ängste, der Verbesserung der Befindlichkeit und des Selbstbildes sind die Effekte geringer. Zu gleich guten Resultaten kommt es in bezug auf die Verringerung der Belastung durch psychopathologische Symptome. Wie auch bei der Breitspektrumstherapie spiegeln sich die Veränderungen des Sozialverhaltens nicht in den Fremdeinschätzungen durch nahe Kontaktpersonen wider. Die Stärke der Gesprächstherapie besteht dagegen in der Veränderung bzw. der Verbesserung von Kontrollüberzeugungen. In diesem Punkt ist sie den anderen drei Therapieformen überlegen. Die Ursache für diese spezifische Indikation vermuten die Autoren in der Non-Direktivität der Therapieform, durch die der Klient dazu aufgefordert wird, Eigenverantwortung für den therapeutischen Prozeß zu übernehmen.

Relativ viele Klienten erzielen durch eine Gesprächstherapie mäßige bis gute Erfolge, wenige jedoch hervorstechende Veränderungen. Erfolgreiche Klienten bleiben länger in Therapie als nicht erfolgreiche, wobei erfolgreiche Klienten zunächst eine Verbesserung erfahren, dann in eine Krise geraten, um aus dieser schließlich mit guten therapeutischen Erfolgen hervorzugehen. Die Veränderungen in den unterschiedlichen Problembereichen erfolgen unabhängig voneinander. Sowohl im ersten als auch im zweiten Halbjahr nach Therapieabschluß zeigen sich ausgeprägt positive Veränderungen im Selbstbild, obwohl die Effekte in diesem Bereich während der Behandlung eher gering einzuschätzen sind. Darin scheint sich eine für die Gesprächstherapie typische und spezifische Spätwirkung zu manifestieren. In bezug auf das allgemeine Befinden und die psychopathologische Symptomatik verschlimmert sich der Zustand nach Therapieende zunächst, was sich im zweiten Halbjahr nach Beendigung der Behandlung wieder relativiert. Bezüglich der Hauptproblembereiche Befindlichkeit, soziale Ängstlichkeit und Belastung durch psychopathologische Symptome sind die positiven Spätfolgen der Gesprächstherapie eher gering. Insgesamt zeigt sich, daß die differentiellen Spätfolgen nach einer Gesprächstherapie sowohl in positiver als auch in negativer Hinsicht besonders deutlich ausgeprägt sind.

Der Indikationsbereich der Gesprächstherapie ist relativ klar umrissen. Diese Therapieform ist angezeigt für Klienten, die über gute zwischenmenschliche und soziale Kompetenzen verfügen und zudem nach Autonomie streben. Die Schwere der

Gestörtheit bezogen auf die allgemeine Befindlichkeit und die Ausprägung psychopathologischer Symptome sind dabei unerheblich.

4.4.1.3.2 Veränderungsverlauf

Hinsichtlich des Therapieverlaufs ergeben sich gravierende Differenzen zwischen den vier Behandlungsformen. Sie legen den Schluß nahe, daß durch die verschiedenen Therapieformen qualitativ unterschiedliche Veränderungsprozesse aktiviert werden. Quantitativ vergleichbare Endresultate rechtfertigen also nicht die Folgerung, daß sich verschiedene Therapieformen in ihrer Wirkung entsprechen. Das bedeutet, daß sich zwar keine Unterschiede im Endergebnis finden lassen, daß die Veränderungen aber dennoch auf unterschiedliche Weise zustandekommen.

Die qualitativ divergierenden Wirkungsweisen der einzelnen Therapieformen zeigen sich auch im Zusammenhang zwischen den Veränderungsmustern. Für die *Interaktionelle Verhaltenstherapie* im Rahmen einer Gruppe gilt dabei: Wer sich in einem Problembereich positiv verändert, verbessert sich auch in anderen Bereichen, d. h. es kommt entweder zu einer umfassenden Verhaltensmodifikation oder aber zu keiner Veränderung. Bei der einzeltherapeutischen interaktionellen Form der Verhaltenstherapie besteht ein ausgeprägter Zusammenhang zwischen der Verbesserung der Problematik und einer allgemeinen Befindlichkeitsverbesserung sowie einer geringeren Korrelation zum Abbau sozialer Ängste. Bei der *Breitspektrumstherapie* läßt sich dagegen keine Verquickung zwischen Verbesserungen der individuellen Hauptproblematik und Veränderungen in anderen Verhaltensbereichen feststellen.

Dieses Ergebnis impliziert, daß die Effekte beider Therapierichtungen (Interaktionelle Verhaltenstherapie und Breitspektrumstherapie) in einem unterschiedlich funktionalen Zusammenhang stehen. Dies wiederum untermauert die Annahme, daß die Therapieeffekte auf qualitativ unterschiedliche Weise zustandekommen.

Auch bei der *Gesprächstherapie* ergeben sich keine ausgeprägten Zusammenhangsmuster für die Veränderungen in den verschiedenen Problembereichen.

4.4.1.3.3 Differentielle Indikation

Ein weiterer Unterschied zwischen den untersuchten Therapierichtungen läßt sich hinsichtlich der Erfolgsabhängigkeit von Ausgangsmerkmalen des Klienten beobachten.
Bei der *Interaktionellen Verhaltenstherapie* (einzeln und in Gruppen) besteht kein Zusammenhang zwischen Klientenmerkmalen und dem Behandlungsergebnis. Vielmehr ist der Behandlungserfolg von den Prozessen abhängig, z. B. von Erfahrungen mit den angewandten Therapiemethoden, von Lernprozessen, die innerhalb und außerhalb des Therapiegeschehens ablaufen. Daraus läßt sich schließen, daß diese Interventionsform für alle Klienten geeignet und die flexible Einstellung des Therapeuten auf den Klienten hinsichtlich Behandlungsform und Beziehungsangebot gut gelungen ist.
Anders bei der *Breitspektrumstherapie:* Diese Form der Therapie ist nur bei einem sehr eingeschränkten Personenkreis erfolgversprechend. Es gilt folgender Zusammenhang: Je schwerer der Klient gestört ist, desto geringer ist seine Chance, eine Breitspektrumstherapie erfolgreich abzuschließen. Die Änderungswahrscheinlichkeit ist ungünstig bei Klienten mit hoher sozialer Ängstlichkeit, bei Klienten, die das Gefühl der Beziehungsunfähigkeit haben, die in ihrem emotionalen Befinden beeinträchtigt sind und die unter psychopathologischen Symptomen leiden. Indiziert ist diese Therapieform demnach also eher für wenig gestörte Klienten, die sich als tendenziell unterordnend und hilfsbedürftig charakterisieren lassen. Bei ihnen kommt es bei der Breitspektrumstherapie zu bedeutsamen Verbesserungen in den Hauptproblembereichen.
Für die *Gesprächstherapie* besteht auch eine Abhängigkeit des Therapieerfolgs von den Ausgangsmerkmalen des Klienten. Nur gilt ein eher gegenteiliger Zusammenhang. Die Gesprächstherapie hat sich für solche Klienten als geeignet erwiesen, die über ein gutes soziales Verhaltensrepertoire verfügen und die beziehungsfähig sind. Treten psychische Probleme eines Klienten im Zusammenhang mit Störungen in zwischenmenschlichen Beziehungen auf, scheint die Gesprächstherapie nicht die Methode der Wahl zu sein. Der Grad der allgemeinen Gestörtheit sowie die Stärke psychopathologischer Symptome wirken sich nicht auf den Erfolg einer Gesprächstherapie aus, wie das für die Breitspektrumstherapie festgestellt wurde. Im Gegensatz zur Breitspektrumstherapie ist die klientenzentrierte Therapie für

Menschen indiziert, die gerade nicht unterwürfig und hilfsbedürftig sind, sondern die sich durch den Wunsch nach Selbstbestimmung auszeichnen.
Es wird also deutlich, daß die Indikationsbereiche der Breitspektrumstherapie und der Gesprächstherapie in hohem Maß eingeschränkt sind, während sich für die Interaktionelle Verhaltenstherapie keine Ausschlußkriterien finden ließen.

4.4.1.3.4 Folgerungen für die Klinische Praxis

Die Bedeutung dieser Studie ist einerseits darin zu sehen, daß sie die Ergebnisse bestätigt, von denen die Mehrzahl der Therapeuten ohnehin überzeugt ist, nämlich daß für die verschiedenen Therapieformen unterschiedliche Wirkungen, Wirkungsweisen und Indikationsstellungen relevant sind. Ergebnisse zur gleichen Wirkungsweise unterschiedlicher Therapieformen sind wahrscheinlich methodische Artefakte der verwendeten Forschungsmethode und nicht geeignet, Aussagen über die Therapierealität zu machen.
Andererseits sind die Resultate dieser Untersuchung eine Aufforderung an die klinische Praxis und die Ausbildung zum Psychotherapeuten, das Beziehungsverhalten ausdrücklich und systematisch zu explorieren und in die Therapie einzubeziehen, um diese effektiv zu gestalten. Als geeignete Methode schlagen die Autoren die von ihnen eingesetzte Plananalyse vor.
Sie ziehen den Schluß, daß eine wesentliche Voraussetzung für die erfolgreiche Durchführung einer Therapie darin besteht, daß der Therapeut das Beziehungsangebot und die therapeutischen Techniken an die Möglichkeiten und Bedürfnisse des Klienten anpaßt. Dafür ist es hilfreich, daß sich der Therapeut über seine Therapieschule hinaus breit bildet. Dies muß nach Meinung der Autoren nicht zwangsläufig eklektisches Arbeiten mit sich bringen, wie die Konzeption und Umsetzung der Interaktionellen Verhaltenstherapie belegt. Dennoch sind Grenzen, die durch die Zugehörigkeit zu einer bestimmten therapeutischen Schule gesetzt werden, eher hinderlich für die Flexibilität und Anpassungsfähigkeit des Therapeuten.

4.4.1.3.5 Forschungsmethodische Folgerungen

Nach einem Jahr ambulanter Therapie zeigen sich also bei allen vier Therapieformen gleich starke Effekte, die aber bei differenzierter Betrachtung qualitativ stark voneinander abweichen. Die Gesamteffektstärken sind zusammengesetzt aus unterschiedlichen Einzelveränderungen, die in unterschiedlichen Zusammenhängen bei verschiedenen Gruppen von Klienten entstanden sind. Daraus läßt sich ableiten, daß es wenig aufschlußreich ist, wenn die Auswirkungen von Therapie als ein Mehr oder Weniger auf einer einzelnen Skalen abgebildet werden. Auch die Verwendung mehrerer Effektmaße ändert an dieser Kritik nichts, denn auch hier werden quantitative Indikatoren und damit quantitative Ausprägungsunterschiede zur Signifikanzprüfung herangezogen. Als alternative Auswertungsmethode schlagen Grawe et al. vor, die erhobenen Informationen im Kontext des therapeutischen Prozesses zu analysieren und die Zusammenhangsmuster der Einzelmerkmale in die Auswertung einzubeziehen.

4.4.2 Kritik

Die gruppenstatistische Auswertung der Studie von Grawe, Caspar & Ambühl (1990) erbrachte ähnliche Befunde wie die von Luborski et al. (1975), Smith et al. (1980) oder Wittmann & Matt (1986). Jede einzelne Therapieform erzielte zwar signifikante Veränderungen des Klienten innerhalb der Behandlungsbedingungen. Bedeutsame Wirkungsunterschiede zwischen den unterschiedlichen Verfahren ließen sich jedoch nicht finden. Auch die differentielle Auswertung erbrachte diesbezüglich enttäuschende Resultate. Lediglich eine leichte Überlegenheit der Interaktionellen Verhaltentherapie war feststellbar. Soweit sind die Befunde bereits aus anderen Übersichtarbeiten bekannt. Anders fallen die Ergebnisse jedoch aus, wenn man die einzelnen Informationen, die zu unterschiedlichen Meßzeitpunkten, zu unterschiedlichen Meßinhalten und aus unterschiedlichen Beurteilerperspektiven erhoben wurden zueinander in Beziehung setzt und sich nicht auf die Betrachtung von Einzelinformationen beschränkt. Gemäß den theoretischen Erwartungen erbrachte die Interaktionelle Verhaltenstherapie durchgängig bessere Ergebnisse bezüglich der Flexibilität, dem Abwechslungsreichtum und der Aktivität, mit der einerseits die Therapeut-Klient-Beziehung gestaltet wurde und mit der andererseits therapeutische Techniken ein- und umgesetzt wurden. Auch aus der Sicht unabhängiger Beurteiler waren interaktionell orientierte Verhaltenstherapeuten aktiver und in kreaterer um die Unterstützung des Veränderungsprozesses bemüht. Die beiden anderen Therapieformen erbrachten nach diesen Kriterien qualitativ unterschiedliche Ergebnisse, welche den jeweils gesetzten theoretischen Schwerpunkten entsprachen, beispielsweise verbesserten sich durch eine gesprächstherapeutische Behandlung primär die Kontrollüberzeugungen des Klienten, was mit der non-direktiven Konzeption der Behandlungsform intendiert wird. Daraus kann aber keine durchgängig positivere Beurteilung der einen oder anderen Therapierichtung resultieren.

Die Autoren gehen also insgesamt davon aus, daß Interventionsformen eine schulenspezifische, jeweils qualitativ unterschiedliche Wirksamkeit entfalten.

In der vorliegenden Arbeit sollen aus diesen Resultaten weiterreichende Folgerungen gezogen werden: Da gerade jene Therapieformen besonders günstige Ergebnisse erbracht haben, die sowohl technische Variablen als auch Faktoren der Therapeut-Klient-Beziehung — also unspezifische Komponenten — in den Vordergrund stellen, werden therapeutische Effekte gleichermaßen durch unspezifische wie auch durch schulenspezifische Wirkfaktoren bedingt. Aufschlüsse darüber liefern Effektivitätsvergleiche zwischen Laienhelfern und professionellen Therapeuten, die im folgenden Absatz zusammengefaßt werden.

4.5 Meta-Analysen zum Effektivitätsvergleich zwischen Laienhelfern und professionellen Psychotherapeuten

Meta-analytische Ergebnisse zur Effektivität von Laientherapeuten liefern Hinweise auf jene Wirkfaktoren von Psychotherapie, die relativ unabhängig sind von einer spezifisch therapeutischen Methode. Es handelt sich um sogenannte unspezifische Wirkfaktoren (Reinecker, Schiepek & Gunzelmann, 1989). Laien können ohne Ausbildung nur begrenzt spezifische Faktoren in die Therapie einbringen, z. B. durch Selbstbildung oder durch populärwissenschaftliche Kenntnisse. Ihr Hilfsangebot beschränkt sich deshalb primär auf unspezifische Faktoren wie Engagement oder Verständnis. Professionelle Therapeuten verfügen darüber hinaus über Kompetenzen bezüglich spezifischer therapeutischer

Techniken. Die Betrachtung von Ergebnissen aus Effektivitätsvergleichen zwischen Laienhelfern und professionellen Helfern gibt folglich über die Anteile spezifischer und unspezifischer Faktoren im therapeutischen Geschehen Auskunft (Bozok, 1986).

4.5.1 Die Bedeutung der Laienhilfe in der psychosozialen Versorgung

Seit dem Beginn der 60er Jahre erfährt die Laienhilfe einen starken *Bedeutungszuwachs* innerhalb der psychosozialen Versorgung. Diese Entwicklung ist maßgeblich mit zwei Veränderungen verknüpft. Zum einen hat sich die Struktur der Gesundheitsversorgung insofern gewandelt, als dem sozialen Umfeld des Patienten ein größerer Stellenwert für die Entstehung, Prävention und Behandlung von psychischen Krankheiten beigemessen wird. Um diesen betont gemeindenahen Ansatz adäquat realisieren zu können, ist die Mitarbeit von Laienhelfern unerläßlich (Gunzelmann, Schiepek & Reinecker, 1987). Auf der anderen Seite ordnen therapeutische Schulen der Laienhilfe eine zunehmend größere Bedeutung zu. So geht die Verhaltenstherapie beispielsweise davon aus, daß der Umwelt eine entscheidende Rolle bei der Entstehung und Aufrechterhaltung des Problemverhaltens sowie bei der Generalisierung therapeutischer Effekte zukommt. Laienhelfer wie z. B. die Eltern oder Lehrer eines Kindes etc. erfüllen in diesem Zusammenhang eine wesentliche Funktion wie auch bei der Realisierung selbstkontrollierten Verhaltens im Rahmen verhaltenstherapeutischer Selbstkontrollansätze (vgl. auch Kap. 3.3.2.2) (Kanfer & Saslow, 1976). Auch innerhalb der Gesprächstherapie wird der Mitwirkung von Laien zunehmend mehr Raum gegeben (Gunzelmann, Schiepek & Reinecker, 1987).

Auswirkungen der Laienarbeit lassen sich einerseits in der Psychotherapieforschung und andererseits in der psychosozialen Versorgung erkennen. Für die Therapieforschung stellt die Untersuchung von Laienarbeit eine entscheidende Erkenntnisquelle hinsichtlich therapeutischer Prozesse und therapeutischen Verhaltens dar, die unabhängig von spezifischen therapeutischen Techniken untersucht werden kann. So werden Informationen über die Brauchbarkeit „naiver" Theorien und über die Bedeutung einer passenden Therapeut-Klient-Zuordnung geliefert.

Professionelle und ungewöhnliche Interventionsstrategien können miteinander verglichen werden, unspezifische Wirkfaktoren können in ihrer inhaltlichen Bedeutung erfaßt werden, ohne daß diese von spezifischen therapeutischen Methoden überlagert werden. Die Ergebnisse geben ferner Auskunft über die Spontanremissionsrate psychischer Erkrankungen, d. h. darüber, inwieweit informelle Hilfe durch die Familie, durch Freunde oder Bekannte usw. zu einer Verbesserung einer psychisch bedingten Problematik führen kann (Gunzelmann, Schiepek, & Reinecker, 1987).

Eine umfassende gemeindenahe psychosoziale Versorgung wäre ohne den Einsatz von Laien aufgrund der personellen und finanziellen Belastung nicht denkbar (Zielke, 1979; 1980; 1982). Nach Moeller (1975) werden in 95% der Fälle psychischer Probleme erst gar keine Experten konsultiert, vielmehr kommt es zu einer Verbesserung der Symptomatik primär durch das Engagement naher Bezugspersonen, also von Laien. Ein Vorteil der Laienhilfe ist darin zu sehen, daß Laienhelfer zum einen informell arbeiten können und zum anderen als strukturierte und kontrollierte Ergänzung und Entlastung professioneller Therapeuten organisiert einsetzbar sind. Ihr potentielles Tätigkeitsfeld erstreckt sich dabei auf den gesamten Bereich der psychosozialen Versorgung (Zielke, 1979, 1980, 1982; Gunzelmann, Schiepek & Reinecker, 1987).

Abgesehen von der Tatsache, daß die Effektivität der therapeutischen Arbeit von Laien in verschiedenen Untersuchungen bestätigt werden konnte, sprechen weitere Argumente für den Einsatz von Laienhelfern. Sie sind kurzfristig und kostensparend für die psychosoziale Versorgung verfügbar. Oft arbeiten sie ehrenamtlich. Insbesondere informelle Laienhelfer sind für den Betreffenden leichter erreichbar und unauffälliger um Rat zu bitten. Auch die Problematik der Etikettierung kommt bei Laien weniger zum Tragen als bei professionellen Therapeuten. Überdies sind Laien nicht den Zwängen und Regeln von Institutionen unterworfen, so daß ihnen ein relativ breiter Handlungsspielraum bleibt. Ihr Einsatz fördert die Generalisierung therapeutischer Effekte auf die natürlichen Lebensbedingungen. Dem Patienten gelingt eine bessere Integration in die Gesellschaft, z. B. durch Kontaktgruppen für psychisch Kranke oder Elterntraining. Die Tätigkeit von Laienhelfern stellt eine effektive Form der primären, sekundären und tertiären Prävention dar, durch die das vorhandene Selbsthilfepotential gestärkt und die Verant-

...wortung nicht an Professionelle abgegeben wird. Die Autoren halten den Einsatz von Laienhelfern in der psychosozialen Versorgung deshalb für dringend angeraten (Gunzelmann, Schiepek & Reinecker, 1987).

Aus den Vorteilen, die mit dem Einsatz von Laien in der psychosozialen Versorgung verknüpft sind, darf kein Argument gegen die Arbeit von professionellen Therapeuten abgeleitet werden. In diesem Zusammenhang muß kritisch angemerkt werden, daß die Arbeit von Laien auf den direkten Umgang mit dem Patienten *begrenzt* ist. Laientherapeuten dürfen nicht unkontrolliert eingesetzt werden. Weitere therapeutische Arbeitsbereiche wie diagnostische, therapiebegleitend evaluative oder supervidierende Funktionen können ausschließlich vor dem Hintergrund einer professionellen Ausbildung adäquat ausgeübt werden. Die Kompelxität der therapeutischen Aufgaben verlangt eine professionelle Ausbildung. Laien werden außerdem immer nur *kurzfristig* eingesetzt, z. B. für die Dauer einer Studie. Dabei bleibt fraglich, ob der anfängliche Enthusiasmus der Laien den therapeutischen Alltag überdauern kann. Offen bleibt zudem die Frage, inwieweit sich die Erwartungshaltung der Klienten gegenüber dem Laien auf den therapeutischen Erfolg auswirkt (Zielke, 1979, 1980). Beispielsweise bewirkt allein der Kontakt zu einem Menschen bei Patienten in geschlossenen psychiatrischen Stationen eine kurzfristige Verbesserung der Symptomatik. Ergebnisse aus Follow-up-Studien belegen jedoch, daß diese Effekte langfristig nicht stabil sind (Zielke, 1979).

Die Mitarbeit von Laien kann also nur als *Ergänzung* professioneller therapeutischer Arbeit gesehen und nie der Einsparung von Kosten dienen. Eine Konkurrenz zwischen Laien und Professionellen erscheint daher nicht angebracht. Sinnvoll ist es, den jeweiligen Therapeuten jeweils dort einzusetzen, wo er am geeignetsten ist. Zur Ergänzung und Koordination der Arbeit von Laien und Professionellen ist ein Wandel des Berufsrollenverständnisses erforderlich. Die ausschließliche „Eins-zu-Eins-Hilfe" müßte zugunsten der Aktivierung, Anleitung und Supervision der in der Gemeinde vorhandenen quasi-psychotherapeutischen Wirkfaktoren verändert werden. Ihr Einsatz kann zu der Entwicklung von Selbstkontrolle, Selbsthilfe und Selbstmodifikation der Klienten beitragen (Gunzelmann, Schiepek & Reinecker, 1987; Zielke, 1980).

4.5.2 Die Meta-Analyse von Durlak

4.5.2.1 Darstellung

Durlak (1979) trug die Ergebnisse von 42 Studien zusammen, die den Effektivitätsvergleich von Laien und professionellen Therapeuten zum Gegenstand hatten. Er integrierte Daten aus Veröffentlichungen aus dem Zeitraum von 1961 – 1977. Unterschiede zwischen den Studien bestanden hinsichtlich der behandelten Problematik, der Patientenstichprobe, der Interventionsstrategien, dem therapeutischen Setting und den zugrundegelegten Erfolgskriterien. Als Kriterium zur Unterscheidung zwischen Laien und Professionellen wurde die professionelle Ausbildung gewählt, ein eher allgemeines, weites Kriterium, das die durch Selbstbildung erworbene Kompetenz der Laienhilfe nicht berücksichtigt (Durlak, 1979).

Die meta-analytische Auswertung der einzelnen Ergebnisse erfolgte mittels einer abgewandelten Form der Box-Counting-Methode, die von Luborski, Singer & Luborski (1971) erstmals beschrieben wurde (s. o.). Es wird ausgezählt, welche der beiden Therapeutengruppen mehr signifikante Verbesserungen erzielt differenziert nach Problembereichen und unter Berücksichtigung der methodischen Qualität der Primäruntersuchungen.

Durlak kommt dabei zu dem Schluß, daß Professionelle und Nicht-Professionelle in der Regel gleichermaßen effektiv arbeiten. Nur in wenigen Fällen verzeichnen Laienhelfer sogar mehr therapeutische Erfolge für sich als Fachkräfte. Die Ausnahme von diesem Resultat bildet ein Beitrag, in dem sich für die Berufstherapeuten ein größerer Behandlungserfolg ergab als für Laien. Die Klientenstichprobe setzte sich dabei aus übergewichtigen Erwachsenen zusammen. Folgt man Durlaks Ausführungen, so scheint eine professionelle Ausbildung für eine effektive Therapie nicht maßgeblich zu sein (Gunzelmann, Schiepek & Reinecker, 1987; Durlak, 1979).

Durlak (1979) resümiert, daß bislang unbekannt ist, warum Laientherapeuten mit relativ wenig klinischer Erfahrung und Ausbildung gleiche oder gar bessere Resultate erzielen als Professionelle. Die Argumente, die zur Erklärung dieser Ergebnisse herangezogen werden, wie die höhere Motivation und der Enthusiasmus der Laienhelfer, sind nicht zufriedenstellend, denn professionelle Therapeuten haben dem beispielsweise ihr Prestige bei den Klienten und ihre Erfahrung entgegenzusetzen.

Durlak betont, daß der Enthusiasmus allein nicht derart deutliche und durchgängige Effekte hervorrufen könne. Zwei der integrierten Untersuchungen erbrachten den Nachweis, daß das Verhalten von Laien insgesamt einfühlsamer, wärmer und echter eingeschätzt wurde als das der professionellen Therapeuten. Dies legt die Folgerung nahe, daß therapeutische Fachkräfte unter Umständen zu teilnahmslos sind. In diesem Kontext darf nicht außer acht gelassen werden, daß diese Merkmale schwer meßbar sind und daß noch nicht eindeutig geklärt ist, ob sich diese Kennzeichen durchweg therapiefördernd auswirken.

Als alternative Erklärung dieses Ergebnisses wäre denkbar, daß sich Laien im Umgang mit Patienten unbefangener und natürlicher verhalten. Sie sind mehr oder weniger unbeeinflußt von psychologischen Theorien und Techniken, deren Berücksichtigung sich möglicherweise hinderlich auf den Kontakt zum Klienten auswirkt. Dieses unterschiedliche Verhaltensrepertoire kann einerseits zu einer höheren Glaubwürdigkeit des Laien beitragen und andererseits in einer besseren und gleichberechtigteren Therapeut-Klient-Beziehung zum Ausdruck kommen. In diesem Zusammenhang sind Ergebnisse aus Untersuchungen zu Therapeutenvariablen interessant, nach denen die Persönlichkeit des Therapeuten für den Therapieerfolg mindestens ebenso relevant ist wie die spezifische Technik (vgl. Kap. 5). Diese Erklärungsversuche sind bislang jedoch noch rein spekulativer Natur und bedürfen einer genauen empirischen Prüfung (Durlak, 1979).

4.5.2.2 Kritik

Ausgehend von den dargestellten Überlegungen entbrannte eine heftige Kontroverse um Durlaks Vorgehensweise und Schlußfolgerungen. So wurden Durlaks Resultate von Nietzel & Fisher (1981) einer eingehenden Prüfung unterzogen. Die Autoren kritisieren die geringe methodische Qualität der Studien, das Vorgehen bei der Einteilung in die verschiedenen Qualitätsklassen, die — nach Meinung der Autoren — unangemessene Definition des Laienstatus sowie die geringe „statistische Power" der Studien, die die Interpretation nicht-signifikanter Ergebnisse unzulässig mache (Gunzelmann, Schiepek & Reinecker, 1987). Auf der Grundlage dieser Beanstandungen beurteilten die Autoren die aggregierten Untersuchungen nochmals und entschieden sich dafür, 37 der 42 Studien auszuschließen und nur noch fünf Studien in die Auswertung einzubeziehen. Zusätzlich wurden vier neuere Beiträge aufgenommen, bei denen die professionellen Therapeuten den Laien hinsichtlich therapeutischer Effektivität überlegen waren. Nichtsdestotrotz kamen sie zu dem Fazit, daß Laien unter Supervision effektiv mit psychiatrischen Patienten arbeiten können. Durlaks Folgerungen seien allerdings nicht aufrechtzuerhalten, da neuere Ergebnisse eher auf eine höhere Wirksamkeit von therapeutischen Fachkräften hinweise (Gunzelmann, Schiepek & Reinecker, 1987).

Nach einer detaillierten Auseinandersetzung mit den genannten Kritikpunkten weist Durlak (1981) diese als unbegründet zurück. Abschließend stellt er fest, daß Laien zwar in bestimmten Problembereichen erfolgreich arbeiten können, der Einfluß von Variablen wie Supervision oder Training aber noch zu klären sei.

Die von Durlak sowie Nietzel & Fisher ausgewerteten Studien wurden von Hattie, Sharpley & Rogers (1984) einer weiteren Meta-Analyse unterzogen. Die Auswertung erfolgte diesmal durch die Berechnung von Effektstärken in Anlehnung an Glass, McGraw & Smith (1981). Mittelwertsdifferenzen zwischen Experimental (Laien)- und Kontrollgruppe (professionelle Therapeuten) wurden jeweils für einzelne Studien unter Berücksichtigung von Kriterien wie Training, Erfahrung des Therapeuten, Klientenmerkmale, methodische Qualität der Studie usw. errechnet sowie global über alle Studien hinweg als Gesamteffektstärken. Auch hier zeigte sich wieder, daß Laien mindestens ebenso effektiv therapeutisch arbeiten können wie Fachkräfte. Die Höhe der Effektstärken korreliert dabei positiv mit Variablen wie therapeutischer Erfahrung, Supervision, Training, Dauer der Intervention und Anzahl der Therapiesitzungen. Ohne Einfluß auf die Ergebnisse bleiben hingegen die Methode der Laienauswahl, die Anzahl der Klienten, die Art der Zuweisung von Patienten zu Therapeuten und die Anzahl der miteinander verglichenen Therapeuten. Bezieht man die methodische Güte der Studien in die Datenintegration ein, so ergeben sich höhere Effektstärken für methodisch besser durchgeführte Untersuchungen. Als besonders bedeutsam erweist sich hier die Art des Erfolgskriteriums. Auf der Grundlage von *Therapeuten-Ratings* kommt eine größere Diskrepanz zwischen Laien und Professionellen zustande, wobei die Laien effektiver zu sein scheinen. Geht man dagegen von *Klienten-Ratings* aus, fällt der Unter-

schied geringer aus. Die von Nietzel & Fisher (1981) vertretene Behauptung der höheren Wirksamkeit von Fachtherapeuten konnte damit nicht bestätigt werden.
Berman & Norton (1986) wiederholten die Analyse, schlossen aber elf Studien aufgrund qualitativer Mängel aus. Auch hinsichtlich der Art der Effektstärkenberechnung nahmen sie Veränderungen vor. Statt der Standardabweichung der Kontrollgruppe ermittelten sie die gemeinsame Standardabweichungen für Experimental- und Kontrollgruppe. Zudem errechneten die Autoren eine durchschnittliche Effektstärke für jede Studie. Sie verfolgten dabei das Ziel, die Abhängigkeit von Effektstärken aus gleichen Studien zu umgehen und jede Primäruntersuchung mit dem gleichen Gewicht in die Analyse eingehen zu lassen. Die Autoren fanden auch hier eine vergleichbare Effektivität von Laien und Professionellen, und zwar unabhängig von der Art und Modalität der Behandlung, des Problems, der Erfolgsmessung, des Ausbildungsniveaus und der Erfahrung des Therapeuten. Betrachtet man die Dauer der Therapie und das Alter der Patienten, ergeben sich abweichende Resultate. So sind therapeutische Fachkräfte bei kürzeren Behandlungsverläufen sowie bei älteren Patienten effektiver, Laien dagegen bei längeren Therapieverläufen und bei jüngeren Patienten. Der Alterseffekt wird von den Autoren auf die Ähnlichkeit zwischen Klient und Therapeut zurückgeführt. Die Ergebnisse blieben auch nach Ausschluß derjenigen Studien konstant, in denen sich die Therapien von Laien und Professionellen unterschieden (Gunzelmann, Schiepek & Reinecker, 1987).

4.5.3 Die Meta-Analyse von Gunzelmann, Schiepek & Reinecker

4.5.3.1 Darstellung

Gunzelmann, Schiepek und Reinecker (1987) betrachteten insgesamt 184 Studien zur Effektivität von Laienhelfern im Vergleich zu professionellen Therapeuten. Zu diesem Zweck reanalysierten sie die von Durlak zugrundegelegten Studien und bezogen darüber hinaus weitere Effektivitätsstudien zur Laienarbeit ein, jeweils mit und ohne Kontrollgruppendesign. Integriert wurden Beiträge aus den Jahren 1974 bis 1984. Zur Selektion der Studien wurden keine Restriktionen hinsichtlich Problembereiche oder

Interventionsstrategien getroffen. Voraussetzung für die Aufnahme in die Auswertung war allerdings die Beschreibung der Art der Behandlung sowie die Tatsache, daß Laien ohne professionelle Hilfe arbeiteten, daß Angaben zu den Therapieeffekten sowie ausreichende Informationen zur Berechnung von Effektstärken vorlagen. Als Kritrium für den Status des Laien wurde die Definition von Zielke (1982) herangezogen. Der Autor beschreibt Laien als „Personen, die mit Klienten mehr oder weniger zielgerichtet arbeiten, ohne dazu ein umfangreiches professionelles Training erhalten zu haben. Sie können für ihre Tätigkeit unterschiedlich aufwendig ausgebildet sein, selbst Mitglieder oder ehemalige Mitglieder der betroffenen Zielgruppe sein und unentgeltlich auf freiwilliger Basis arbeiten oder fest angestellt sein" (Zielke, 1982, S. 232).

Auf der Grundlage dieser Informationen wurden für jede Untersuchung Effektstärken nach Smith (1980) und Glass (1981) errechnet. Die Autoren gingen bei der Verwendung inferenzstatistischer Methoden davon aus, daß der Einfluß der Abhängigkeit der Daten auf die Gesamtergebnisse zu vernachlässigen sei, was zu konservativen Ergebnissen führt (Gunzelmann, Schiepek & Reinecker, 1987).

Die Autoren gelangen zu dem Schluß, daß Laienhelfer auch ohne *Ausbildung* therapeutische Effekte erzielen. Scheinbar sind dazu andere Kompetenzen nötig als diejenigen, die in einer professionellen Ausbildung vermittelt werden. Bei zunehmender Komplexität der Problemlage gewinnt die Ausbildung eines Therapeuten jedoch an Relevanz.

Den Ergebnissen zufolge erscheint *Supervision* in allen Bereichen unerläßlich zu sein. Karlsruher (1970) führt diesbezüglich an, daß Supervision die Sicherheit und die Erfolgserwartung im Umgang mit dem Klienten erhöht.

Hinsichtlich der *Trainingsdauer* zeigte sich anhand der Ergebnisse, daß ein kurzes Training von weniger als 15 Stunden für eine hinreichende therapeutische Effektivität von Laien ausreicht.

Betrachtet man die unterschiedliche Effektivität von Laien und Professionellen differenziert nach Problembereichen, so zeigt sich, daß Laien sehr gute Ergebnisse erzielen, wenn es sich

a) um stark und gut strukturierte Interventionen und
b) um ausgesprochen unspezifische Alltagsaktivitäten, insbesondere im psychiatrischen Bereich handelt.

Die Patienten erhalten durch die Laien die Gelegenheit zu sozialen Aktivitäten. Für Laien scheinen dagegen solche therapeutische Settings ungeeignet, die komplexe Treatments erfordern. Weiterhin wird ein Trend erkennbar, daß Laien dann eine höhere Effektivität erzielen, wenn sie dem Klienten bezüglich des Alters und des *sozio-ökonomischen Status* ähnlich sind. In neuerer Zeit wurde die Notwendigkeit der Berücksichtigung der spezifischen sozialen Situation zunehmend deutlicher auch von professionellen Therapeuten in die Therapie einbezogen. Für Laien galt dies bereits in früheren Studien als wesentliches Element ihrer Hilfe.

Bei *unfreiwillig rekrutierten Patienten* scheint die Effektivität von Laien höher auszufallen. Hierbei handelt es sich einerseits um Psychiatriepatienten, bei denen sich möglicherweise die Auswirkungen unspezifischer Faktoren bemerkbar machen. Andererseits sind Kinder häufig unfreiwillig in Therapie. Der höhere Erfolg von Laien läßt sich dadurch erklären, daß sie in der Regel gleichzeitig enge Bezugspersonen der Kinder sind, wie z. B. Eltern oder Lehrer. Die Autoren folgern, daß sich in diesem Ergebnis wahrscheinlich eher die besonderen Behandlungsbedingungen manifestieren als die Art der Klientenselektion.

Die *Erfahrung* der Laien wirkt sich nicht signifikant auf die Höhe der Effektstärken aus. Gunzelmann et al. ziehen daraus zwei Schlußfolgerungen: Zum einen sind gut strukturierte Therapiemethoden auch ohne große Erfolge einsetzbar, und zum anderen sind andere Merkmale wie die der spezifischen therapeutischen Technik für das Therapieergebnis relevant. Um dazu nähere Aufschlüsse zu erhalten, ist es erforderlich, den Therapieprozeß systematisch zu analysieren (Gunzelmann, Schiepek & Reinecker, 1987).

Der *Behandlungsort* scheint sich tendenziell im Sinne einer leicht höheren Effektivität der Laien gegenüber den Berufstherapeuten auszuwirken. Als Erklärung wird der Umstand herangezogen, daß im Falle der Laientherapie einerseits oft die Umgebung für den Patienten vertraut ist, d. h. die Intervention läuft innerhalb des natürlichen sozialen Netzwerkes ab. Andererseits ist die Beziehung zwischen Laientherapeut und Patient häufig vertrauter, z. B. wenn es sich um die Eltern eines Kindes oder um den Partner eines Patienten handelt (Gunzelmann, Schiepek & Reinecker, 1987).

Zwischen der *Behandlungsdauer* und der Höhe der Effektstärke ergibt sich keine deutliche Beziehung. Bei psychiatrischen Patienten offener Stationen werden Erfolge in kürzerer Zeit erreicht als bei Patienten, die auf einer geschlossenen Station untergebracht sind. Die Autoren folgern daraus, daß diejenige Behandlung effizienter ist, die die Unterstützung des sozialen Netzwerkes sowie die Kompetenzen eines Laienhelfers systematisch miteinbezieht als eine Therapie in institutionellem Kontext, die den Alltag des Patienten ausgrenzt. Durch eine gemeindenahe Intervention übernimmt der Patient mehr Eigenverantwortung für seinen Genesungsprozeß (Gunzelmann, Schiepek & Reinekker, 1987).

Die Ergebnisse aus *Follow-up-Untersuchungen* weisen darauf hin, daß sich die höhere Effektivität von Laien nicht dauerhaft aufrecht erhalten läßt. Die Effektstärken der betrachteten Gruppen nähern sich einander an, bzw. die Effektivität der Laien ist teilweise etwas niedriger als die der Professionellen. Nichtsdestotrotz sind die Effekte der Laien relativ hoch, wenn man die Veränderungen einer Kontrollgruppe heranzieht. Da zum Zeitpunkt der erstmaligen Untersuchung und der Follow-up Erhebung unterschiedlich viele Studien einbezogen wurden, müssen Aussagen auf der Basis dieser Ergebnisse mit Vorsicht interpretiert werden (Gunzelmann, Schiepek & Reinecker, 1987).

Die *methodische Qualität* der Einzelstudien wirkt sich nur im Vergleich zu Kontrollgruppen auf die Höhe der Effektstärken aus. Kein Zusammenhang ergibt sich dagegen bei der Gegenüberstellung von Laien und Professionellen. Die Autoren erklären diese auseinanderklaffenden Resultate mit der Heranziehung divergierender Kriterien sowie mit den voneinander abweichenden Vorgehensweisen bei der Einschätzung der methodischen Qualität der Untersuchungen (Gunzelmann, Schiepek & Reinecker, 1987).

4.5.3.2 Kritik

Soweit sich aus der Studie von Gunzelmann, Reinecker & Schiepek (1987) ersehen läßt, können keine gravierenden Mängel an der Meta-Analyse aufgeführt werden. Die Literatursuche erfolgte umfassend und auf der Basis der therapierelevanten Publikationsorgane. Die Kriterien zur Auswahl der Studien sind in bezug auf die Laienarbeit weit gefaßt, d. h. es wird der gesamte Bereich der Laienarbeit einbezogen. In bezug auf die Qualität der einzelnen Studien sind die Auswahlkriterien relativ eng. So wurden beispielsweise nur solche Untersuchungen in die Analyse einbezogen, die Informationen über Therapieeffekte und die Art ihrer Berechnung enthielten, in denen die Art der Behandlung in ausreichendem Maße beschrieben wurde und in denen die Laien ohne professionelle Beteiligung arbeiteten. Einzelfallstudien wurden ausgeschlossen. Die Berechnung der Effektstärken erfolgte eher konservativ nach der Methode von Glass et al. (1981).

4.5.4 Schlußfolgerungen aus den dargestellten Ergebnissen

Trotz vielfältiger und differenzierter Therapievergleichsstudien ließen sich bislang kaum unterschiedliche Wirkungen verschiedener Therapieformen aufzeigen. Untersuchungsergebnisse, die die Überlegenheit kognitiv-behavioraler Therapien gegenüber dynamisch-humanistischen Orientierungen zu belegen scheinen (vgl. Wittmann & Matt, 1986), werden als Artefakte in Zweifel gezogen. Man steht also einer Art „Äquivalenz-Paradoxon" gegenüber, welches das Phänomen gleicher Wirkungen unterschiedlicher Verhaltensweisen charakterisiert (Grawe, Caspar & Ambühl, 1990).
Nach umfassender Auswertung der Literatur gelangt Bozok (1986) schließlich zu dem Fazit, daß „das Vorhandensein wirksamer spezifischer Faktoren ausgeschlossen werden kann" (Bozok, 1986, S. 39), während die Psychotherapie-Kommission der American Psychiatric Association diese Ergebnisse folgendermaßen kommentiert: „Psychotherapy appears efficacious more often than not, but the conditions under which it works are not well understood" (American Psychiatric Association, 1982).
Demgegenüber belegen Effektivitätsvergleiche zwischen Laien und professionellen Therapeuten, daß Laien zwar therapeutische Erfolge erzielen, diese jedoch nicht stabil sind und sich auf ein bestimmtes Klientel und ein bestimmte Form des Vorgehens beschränken.
Nach Ansicht der Autorin der vorliegenden Arbeit kann deshalb aus den dargelegten Befunden abgeleitet werden, daß unspezifische Wirkfaktoren eine große, aber keine ausschließliche Bedeutung beim Zustandekommen des Therapieerfolgs haben. Das Ergebnis, daß therapeutische Erfolge von Laien langfristig nicht stabil sind, spricht dafür, daß die beschriebenen unspezifischen

Wirkfaktoren die Basis einer therapeutischen Intervention bilden, auf dessen Grundlage therapeutische Techniken langfristig ihre Wirkung entfalten.
Der Laienhelfer ebenso wie der Therapeut unterbreitet dem Klienten ein Hilfsangebot in Form einer therapeutischen Beziehung. Auf dieser Grundlage leistet der Therapeut ihm Beistand, ohne den Klienten von der Selbstverantwortlichkeit zu entbinden. Die Eigeninitiative des Patienten ist im Zusammenhang mit dem Laientherapeuten deutlicher, da dieser nicht über den theoretischen Hintergrund einer Ausbildung verfügt. Diese Haltung fördert dagegen einerseits das Gefühl des Klienten, in ein soziales Netz eingebettet zu sein und aufgefangen zu werden und vermittelt ihm andererseits das Zutrauen in seine eigenen Fähigkeiten, die Probleme zu bewältigen. Der Klient ist damit weniger hilflos. Darüber hinaus unterstreicht das Ergebnis zum Vergleich von Laien und professionellen Therapeuten die Notwendigkeit systematischer Prozeßforschung während des therapeutischen Prozesses.

4.6 Zusammenfassung zu Kapitel 3 und 4

Thema der Kapitel 3 und 4 waren spezifische Wirkfaktoren der Psychotherapie. Dazu wurden die jeweiligen Faktoren exemplarisch an der Psychoanalyse, der Gesprächstherapie und der Verhaltenstherapie illustriert. Zu diesem Zweck erfolgte die Darstellung der ausgewählten Therapieformen hinsichtlich ihrer Persönlichkeitstheorie, Störungstheorie, hinsichtlich der Therapietheorie und der Therapieziele sowie der jeweiligen Indikation, um sie im Anschluß daran einander gegenüberzustellen. Dies geschah zunächst auf der Basis eines theoretischen Vergleichs hinsichtlich der konzeptuellen Determinanten und schließlich anhand der Beschreibung verschiedener Therapievergleichsstudien (Kap. 4.3) sowie der Gegenüberstellung von Laien und professioneller therapeutischer Arbeit (Kap. 4.5). Verschiedene Strömungen der Psychotherapieforschung wurden aufgezeigt. Ferner wurde eine grundlegende Methode von Psychotherapievergleichsstudien, die Meta-Analyse, mit ihren Vor- und Nachteilen, Möglichkeiten und Grenzen dargestellt.
Trotz einer Vielzahl durchgeführter Meta-Analysen konnten keine grundlegenden Effektivitätsunterschiede zwischen ver-

schiedenen Therapierichtungen gefunden werden. Wo z. B. eine leichte Überlegenheit verhaltenstherapeutischer gegenüber gesprächstherapeutischer Methoden sichtbar wird (Wittmann & Matt), attribuieren die Autoren diese Ergebnisse auf ein konstruktnäheres methodisches Vorgehen.
Demgegenüber vertreten Grawe, Caspar und Ambühl (1990) die Position, daß dieser Wirkungsgleichstand lediglich durch ein methodisches Artefakt zustandekommt. Durch adäquate Methoden der Datenerhebung und -auswertung zeigt sich, daß die quantitativ gleichen Thrapieeffekte auf qualitativ unterschiedliche Weise bei unterschiedlichen Klientenstichproben zustandekommen.
Um diesbezüglich zu einem Ergebnis zu gelangen, wird im nächsten Kapitel der Zusammenhang zwischen Klienten-, Therapeuten- und Interaktionsvariablen einerseits und Therapieergebnis andererseits aufgezeigt. Schließlich sollen verschiedene Modelle zur Wirkungsweise unspezifischer Einflußfaktoren im Rahmen der Psychotherapie erläutert werden.

5. Unspezifische Wirkfaktoren der Psychotherapie

Im Rahmen dieses Kapitels werden Ergebnisse der Psychotherapieforschung zur Interaktion von Klient und Therapeut beschrieben. Der Übersichtlichkeit halber sollen die Befunde getrennt für Klient und Therapeut dargestellt werden. Die interaktionsspezifischen Variablen werden dann als dritte Gruppe erörtert. Da zu diesem Thema eine Flut von Veröffentlichungen vorliegt, erhalten die Ausführungen im Rahmen der vorliegenden Arbeit den Charakter eines Überblicks. Im Anschluß daran werden verschiedene schulenübergreifende Modelle dargestellt, welche aufzeigen, wie Psychotherapie auf der Basis unspezifischer Einflüsse zwischen Therapeut und Klient wirksam werden kann. Ihnen gemeinsam ist die Sichtweise der Psychotherapie als soziales System (Garfield, 1982).

5.1 Begriffsbestimmung

Der Leser sieht sich nun mit zweierlei Gegebenheiten konfrontiert, zum einen mit der großen Anzahl psychotherapeutischer Schulen, die sich zwar sowohl theoretisch als auch methodisch grundlegend voneinander unterscheiden, durch die aber dennoch vergleichbare Therapieerfolge erzielt werden. Zum anderen liegen Ergebnisse vor, daß Laien nicht minder erfolgreich therapeutisch arbeiten können als Fachkräfte (Blaser, 1982; Bozok, 1986). Die Nachweis der Effektivität von Laientherapeuten allein reicht jedoch noch nicht aus, um die Wirksamkeit spezifischer Faktoren zu verneinen. Sie sind wahrscheinlich aber weniger einflußreich als bislang angenommen (Blaser, 1982). Auf der Suche nach therapeutischen Wirkparametern ist es angesichts dieser Befundlage naheliegend, nach gemeinsamen, den sogenannten *unspezifischen* Faktoren zu suchen. Neben der Untersuchung therapeutischer Laienarbeit besteht darüberhinaus die Möglichkeit, nicht-spezifische Einflußkomponenten anhand der Placebowirkung zu studieren (Blaser, 1982; Bozok, 1986).

Die Bezeichnung „unspezifische Wirkfaktoren" wird in der Literatur mehrdeutig verwendet. Zum einen versteht man darunter allgemeine Mechanismen, die in jeder guten zwischenmenschlichen Beziehung wirksam sind (Strupp & Hadley, 1979, zit. n. Baumann & von Wedel, 1981). Auf der anderen Seite werden darunter diejenigen Einflüsse zusammengefaßt, die allen therapeutischen Schulen gemeinsam, aber von Alltagsbeziehungen abzugrenzen sind, da eindeutige Vorstellungen bezüglich der Rolle des Helfers und des Hilfesuchenden bestehen (Kazdin, 1979, zit. n. Baumann & von Wedel, 1981). Die theoretische Unterscheidung von spezifischen und unspezifischen Wirkfaktoren ist nur insofern sinnvoll, als untersucht wird, welche Variablen in allen Therapieformen oder Beziehungen zum Tragen kommen (Baumann & von Wedel, 1981). In der vorliegenden Arbeit werden unter unspezifischen Wirkfaktoren bzw. den „common factors" der Psychotherapie die zwischenmenschlichen Einflüsse, „wie sie in jeder Therapeut-Klient Beziehung zu finden und daher mehr oder weniger Bestandteil aller Psychotherapieformen sind", subsumiert (Bozok, 1986, S. 4).

5.2 Empirische Befunde zum Einfluß unspezifischer Wirkfaktoren

Die Psychotherapieforschung hat sich in den letzten Jahren vermehrt der Untersuchung unspezifischer Wirkfaktoren der Psychotherapie zugewendet. Im Zuge dieser Forschungsbemühungen wurde deren Bedeutung zunehmend erkannt (Lennard & Bernstein, 1960; Rosenthal & Bandura, 1978; Barrett, Hampe & Miller, 1978; Brown, 1973; Kazdin & Wilcoxon, 1976; McReynolds et al., 1973; Garfield, 1973; Frank, 1971, 1973; McCardel & Murray, 1974; Patterson, 1967, 1969; Staples et al., 1975; Strupp et al., 1970; Torrey, 1972; zit. n. Garfield, 1982). Nichtsdestotrotz werden die schulenspezifischen Besonderheiten weiterhin in den Vordergrund gestellt (Garfield, 1982).

Zunächst werden die offensichtlichen gemeinsamen Kennzeichen verschiedener Psychotherapierichtungen analysiert. Jede Psycho-

therapie beginnt von seiten des Klienten mit einer individuellen Störung und einem dadurch bedingten Leidensdruck. Auf der anderen Seite gibt es einen gesellschaftlich legitimierten Helfer. Allein diese Tatsache ist bereits von Bedeutung. Sie weckt im Patienten, der in der Regel von Gefühlen der Demoralisation geprägt ist, die Hoffnung auf Linderung seiner Leiden, welche wiederum die Veränderungsbemühungen erleichtert. Ein weiterer gemeinsamer Aspekt aller Therapieformen ist der Aspekt der verbalen Kommunikation, die darin besteht, daß der Therapeut dem Klienten seine Aufmerksamkeit und sein Interesse schenkt, ihm zuhört und zu regelmäßig vereinbarten Terminen für ihn zur Verfügung steht. Der Klient kann in der therapeutischen Situation sein „Herz ausschütten", fühlt sich verstanden und angenommen. Im Verlauf der Behandlung entwickelt sich daraus eine Beziehung, die idealerweise von gegenseitiger Achtung geprägt ist und auf deren Grundlage therapeutische Faktoren ihre Wirksamkeit entfalten können (Garfield, 1982).
In einer Untersuchung von Zimmer & Cowles (1972) wurde diese Annahme bestätigt. Die Autoren verglichen die therapeutischen Prozesse dreier führender Psychologen, nämlich von Albert Ellis, Fritz Perls und Carl Rogers. Die Inhaltsanalysen der Interviewprotokolle zeigten grundlegende Unterschiede zwischen den Therapeuten zum einen hinsichtlich ihrer Persönlichkeitsstile und zum anderen in bezug auf die konkrete Vorgehensweise, so z. B. im verbalen Verhalten. Gemeinsamkeiten zwischen den Therapeuten bestanden in den folgenden Punkten: Alle drei sind anerkannte Autoritäten und Repräsentanten je einer bestimmten Therapieschule, was die Erwartungen der Klienten beeinflußt haben kann. Des weiteren war jeder von seiner speziellen Art des therapeutischen Vorgehens überzeugt, ein ebenfalls entscheidender Aspekt, der dem Patienten möglicherweise übermittelt wurde. Die Klientin (n = 1), die in allen drei Therapiesituationen gefilmt wurde, nannte bezüglich aller drei Therapeuten jeweils positive und negative Kennzeichen unterschiedlicher Art. Übereinstimmend kam sie jedoch bei allen drei Psychologen zu dem Schluß, daß die jeweilige Therapieform für sich nützlich sei. Trotz augenscheinlicher Unterschiede zwischen den Verfahren wurden alle als hilfreich erachtet. Weitere Folgerungen lassen sich aus diesem Einzelfallexperiment nicht ziehen, da es sich um gefilmte Aufnahmen handelt (Garfield, 1982; Zimmer, 1983).
Auch Shostrom (1966, 1968) und O'Dell & Bahmer (1981) verglichen Filmaufnahmen von therapeutischen Sitzungen be-

rühmter Psychologen miteinander. Shostroms Analysen ergaben für Rogers die höchsten Werte in bezug auf Zuwendung und gefühlsorientierte Sprache. Perls dagegen gelang es am besten, einen intensiven Erlebniskontakt zur Klientin herzustellen. In Ellis Therapie dominierten die kognitiven Neueinschätzungen und Neubewertungen (Zimmer, 1983). O'Dell & Bahmer (1981) verglichen Lazarus und Rogers hinsichtlich ihrer Worthäufigkeiten. Lazarus sprach am meisten und brachte sich am häufigsten in Form persönlicher Erlebnisse in die Therapie ein. Die Anzahl der von ihm verwendeten positiven Ausdrücke war am geringsten. Rogers dagegen zeichnete sich durch häufigere Wahl von Worten mit positivem Gehalt aus. Die Klientin von Rogers verwendete die wenigsten negativen Begriffe, während Lazarus' Klientin die meisten positiven Wörter aussprach. Bei beiden Therapeuten waren die positiven Selbstbeschreibungen der Klientinnen gleich hoch, bei Lazarus dagegen die negativen Schilderungen am niedrigsten (Zimmer, 1983). Bei den dargestellten Ergebnissen handelt es sich um Resultate aus Einzelfallanalysen, deren allgemeine Gültigkeit nicht geklärt ist.

Sloane et al. (1975) verglichen Therapieeffekte nach einer Verhaltenstherapie und nach einer Psychoanalyse miteinander. Die Auswertung der Daten erbrachte eine vergleichbare Effektivität. Zudem zeigte sich, daß Verhaltenstherapeuten ein signifikant höheres Intensitätsniveau in bezug auf die zwischenmenschliche Beziehung, Empathie und Selbstkongruenz erreicht haben als Psychoanalytiker. Betrachtet man das Ausmaß an positiver Zuwendung und interpersoneller Exploration, ließen sich keine Unterschiede feststellen. Obwohl die Therapeut-Klient-Beziehung in der Verhaltenstherapie, wie sie zum Untersuchungszeitpunkt verstanden wurde, keinen ausdrücklichen Stellenwert erhielt, wird sie dennoch ebenso realisiert wie von Vertretern therapeutischer Schulen, deren Schwerpunkt ausdrücklich auf dem Beziehungsaspekt liegt. Die therapeutische Beziehung findet erst in neuerer Zeit Eingang in verhaltenstherapeutische Konzeptionen z. B. in Form der Interaktionellen Verhaltenstherapie.

Weitere wichtige Aufschlüsse aus dieser Untersuchung ergeben sich, wenn man die Einschätzungen der erfolgreichen Klienten dahingehend untersucht, welchen Eigenschaften sie die primäre Bedeutung für ihren Therapieerfolg zuschrieben. Sowohl verhaltenstherapeutisch behandelte als auch psychoanalytisch behandelte Patienten schrieben überraschenderweise jeweils den gleichen Faktoren einen entscheidenden Einfluß in bezug auf

das persönliche Fortkommen in der Psychotherapie zu. Sie bezeichneten folgende Merkmale als sehr wichtig: die Persönlichkeit des Therapeuten, seine Hilfe beim Verstehen des Problems, seine Hilfe bei der sukzessiven Auseinandersetzung mit der Problematik, seine Fähigkeit, sich mit einer urteilsfähigen Person zu unterhalten sowie seine Hilfe, sich selbst verstehen zu lernen. Neben diesen Therapeutenmerkmalen wurden ebenfalls von 70% der Befragten Aspekte der Therapeut-Klient-Beziehung aufgeführt wie die Unterstützung des Therapeuten bei der Entwicklung von Problemlöseverhalten durch Wiederherstellung von Selbstvertrauen, seine Fähigkeiten und seine Zuversicht, daß sich die Probleme des Patienten bessern würden. Sloane et al. (1975) stellen zusammenfassend fest, daß keiner der Patienten auf die Frage nach den Wirkfaktoren ihrer Psychotherapie schulenspezifische Kriterien genannt hat. Statt dessen wurden solche Aspekte des Therapeuten und der Beziehung aufgeführt, die man allesamt unter den Begriffen „Ermutigung, Ratschlag oder Beruhigung" subsumieren kann. Dieses Ergebnis bekräftigt also die Annahme, daß am Ergebnis einer Psychotherapie allen Therapieschulen gemeinsame Wirkvariablen beteiligt sind (Garfield, 1982).
Weitere Untersuchungen z. B. von Ryan & Gizynsky (1971), Heine (1953) oder Feifel & Eells (1963) erbrachten ähnliche Resultate. Wieder wurden von den Patienten Variablen wie die Ruhe des Therapeuten, seine Anteilnahme und sein Verständnis sowie seine Unterstützung und Anerkennung für den Therapieerfolg verantwortlich gemacht. Von den Therapeuten werden in diesem Zusammenhang dagegen primär die spezifischen Techniken hervorgehoben (Feifel & Eells, 1963, zit. n. Garfield, 1982).

5.3 Klientenvariablen

5.3.1 Begriffsbestimmung

Unter Klientenvariablen subsumiert man all jene Kriterien, mit deren Hilfe sich Menschen, die sich in Psychotherapie befinden, charakterisieren lassen. Eingegrenzt wird dieses weite Gebiet durch die Beschränkung auf empirisch-analytisch erforschbare Kennzeichen, welche in ihrer Vielfalt ohnehin unüberschaubar sind (Minsel, 1982).

Der Status des Klienten läßt sich als soziale Rolle definieren, die aus einer in sich logischen Abfolge von Verhaltenselementen besteht. Diese ist wiederum auf die Verhaltenssequenz einer anderen Person abgestimmt. Unabdingbar für das reibungslose Wechselspiel zwischen Trägern sozialer Rollen ist die klare Erkennbarkeit, Interpretierbarkeit und Systembezogenheit der Rolle. Zudem muß der Rollenträger in der Lage sein, seine eigene Rolle adäquat darzustellen sowie die Rollen der anderen wahrzunehmen.
Mit der Klientenrolle sind Erwartungen auf verschiedenen Ebenen verknüpft: zum einen die Erwartungen der Umwelt hinsichtlich Anpassung und Fehlanpassung des Klienten, nämlich, daß er bei der Bewältigung seines Alltags Schwierigkeiten hat. Diese Probleme sind psychisch bedingt oder wirken sich in Form psychischer Symptome aus (Minsel, 1982). Der Klient ist gekennzeichnet durch das subjektive Gefühl des Leidens sowie durch die Hoffnung, mittels professioneller Hilfe zu einer Problemlösung zu gelangen (Kessler, 1984). Zum anderen wird der Klient mit den spezifischen Anforderungen einer Therapierichtung konfrontiert, z. B. mit der Erwartung, Erlebnisinhalte reflektieren und verbalisieren zu können. Der potentielle Klient muß für sich überprüfen, ob er in der Lage ist, diesen Erwartungen gerecht zu werden, d. h. ob er sich in Psychotherapie begeben oder bleiben will, ob er den Anforderungen einer bestimmten therapeutischen Schule genügt und ob eine Übereinstimmung zwischen ihm und dem Therapeuten z. B. in bezug auf Alter, Geschlecht, Zugehörigkeit zu einer sozialen Gruppe, bestimmten Werthaltungen usw. besteht (Minsel, 1982).
Die Spannbreite an Untersuchungsmöglichkeiten von Klientenvariablen ist groß. Sie reicht von der Beschreibung des Klienten in Form operationalisierbarer Merkmale bis hin zur phänomenologischen Darstellung des Klienten als ganzheitliches Wesen und wird bestimmt von dem jeweils einer Therapiemethode zugrundeliegenden Menschenbild (Minsel, 1982). Einige Beispiele sollen im Folgenden dargestellt werden.

5.3.2 Klassifikationssysteme

Die Erstellung einer Klassifikation von Klientenmerkmalen ist ein schwieriges Unterfangen, da derer eine unüberblickbare Anzahl vorliegen. Sinnvoller dagegen ist die Abhandlung dieses

Themas vor dem Hintergrund pragmatischer Fragestellungen. So sollten sowohl statische als auch dynamische Klientenvariablen in bezug zum Therapieprozeß, in bezug zum Therapieergebnis und im Zusammenhang mit Theoriefragen beleuchtet werden. Wichtig dabei ist, daß sich die verschiedenen Betrachtungsweisen jeweils befruchten und daß Klientenvariablen im Kontext von und in Interaktion mit anderen Variablen der Psychotherapie erforscht werden (Minsel, 1982).

Keßler (1984b) schlägt eine Untergliederung der Ergebnisse zu Klientenvariablen vor nach:
1. der Handlungsweise des Klienten in der Therapie,
2. seinen Kompetenzen,
3. seinen Erwartungen und
4. der Beziehung, die er zu seinem Therapeuten eingeht.

ad (1)
Zur *Handlungsweise* des Klienten zählen einerseits Verhaltensweisen, die dazu dienen, Veränderungen zu boykottieren, andererseits Verhaltensweisen wie Assoziieren oder Berichten, die im Sinne der Zielerreichung genutzt werden können sowie drittens Widerstände, die der Klient Veränderungen entgegensetzt. Aus Ergebnissen zu diesem Komplex wird die Frage abgeleitet, wie man bestimmte Aktivitäten des Klienten fördern und andere hemmen kann, um das Therapieziel zu erreichen.

ad (2)
Zum Bereich der *Kompetenzen* des Klienten werden Eigenschaften wie sozialer Status, Bildungsniveau, Alter etc. angesprochen, die das Gelingen einer psychotherapeutischen Behandlung wahrscheinlich machen. Der *„Erfolgsklient"* zeichnet sich durch die Neigung zu psychologischem Denken, durch eine gewisse Beziehungsfähigkeit sowie durch die Fähigkeit zu „Experiencing" aus (Selbsterleben, s. a. Kap. 3.2). Der *„Mißerfolgsklient"* dagegen ist durch eine schlechte prämorbide Persönlichkeitsanpassung, durch eine schwere Störung, durch geringe Therapiemotivation, durch unrealistische oder geringe Heilungserwartung mit geringem affektiv getönten Leidensdruck sowie durch geringe intellektuelle und verbale Fähigkeiten gekennzeichnet.

ad (3)
Zu den *Erwartungen* des Klienten liegen verschiedene Klassifikationen vor, wie die nach Therapieerwartungen vor Therapiebeginn und nach dem Erstkontakt mit dem Therapeuten oder

aber nach Erwartungen bezüglich der Prognose, der Handlungsmuster des Therapeuten und der Therapieziele. Gesichert ist dabei lediglich, daß Erwartungen den Therapieerfolg determinieren. Die Art des Zusammenhangs ist dabei ungeklärt.

ad (4)
Die *Beziehung zwischen Therapeut und Klient* wird unter zwei Gesichtspunkten analysiert, zum einen hinsichtlich der Frage, welche interaktionalen Prozesse zwischen einer helfenden Person und einer Person, die Hilfe sucht, ablaufen und zum anderen, wie die günstigste Form der Therapeut-Klient-Beziehung aussieht (Keßler, 1984b).

5.3.3 Empirische Befunde zum Einfluß von Klientenvariablen

Zunächst sollen eine Reihe der relevanten und bislang untersuchten Klientenvariablen aufgezählt werden. Ein entscheidender Einfluß auf den Therapieprozeß und das -ergebnis geht von folgenden Variablen des Klienten aus: vom Alter, Geschlecht, dem sozialen Status des Klienten, seiner Schichtzugehörigkeit, Rasse, Bildung, dem Ausmaß körperlicher Beschwerden, der Intelligenz, der psychiatrischen Diagnose, der Therapiemotivation und von einigen Persönlichkeitseigenschaften (Garfield, 1982). Die Forschungsergebnisse diesbezüglich sind keineswegs einheitlich. Nicht selten liegen widersprüchliche Befunde vor, aus denen man kaum verbindliche Schlüsse ziehen kann. Erschwerend kommt hinzu, daß Klientenvariablen nicht per se untersucht werden können. Sie lassen sich nie vollständig vom Einfluß des Therapeuten und der gemeinsamen Interaktion trennen (Garfield, 1982). Dem Leser wird auffallen, daß überwiegend ältere Untersuchungsbefunde dargestellt werden. Der Grund dafür besteht in der Tatsache, daß zum einen auch in der neueren Literatur immer wieder auf diese Ergebnisse älteren Datums rekurriert wird und zum anderen, daß keine grundlegend neuen Erkenntnisse hinzugewonnen wurden.

5.3.3.1 Einfluß von Klientenvariablen auf die Selektion und Akzeptanz

Man kann prinzipiell annehmen, daß sich das Klientel von Kliniken von dem niedergelassener Therapeuten unterscheidet,

wobei davon auszugehen ist, daß Patienten niedergelassener Therapeuten aufgrund anderer Kriterien selektiert sind als Patienten, die in Kliniken psychotherapeutisch behandelt werden. Dabei ist zu erwarten, daß diese Unterschiede in den USA aufgrund unterschiedlicher kassenärztlicher Regelungen deutlicher zutage treten als in Deutschland. Die folgenden Untersuchungsbefunde beziehen sich auf amerikanische Stichproben. Hamburger et al. (1967) beispielsweise fanden, daß Patienten, die sich einer Psychoanalyse in einer niedergelassenen Praxis unterziehen, einen relativ hohen sozioökonomischen Status haben und relativ gebildet sind (vgl. ebenso Hollingshead & Redlich, 1958; Ryan, 1969; Kadushin, 1969; zit. n. Garfield, 1982). Zudem tritt eine erhebliche Anzahl von Patienten, die ursprünglich um Therapie nachgesucht haben, diese erst gar nicht an bzw. erscheinen nach dem Erstkontakt nicht mehr. Die Zahlen dazu schwanken zwischen 23% und 40%. Andere Patienten wiederum, die sich gerne einer Psychotherapie unterziehen möchten, erhalten keinen Therapieplatz (Garfield, 1982). Gefunden wurden signifikante Zusammenhänge zwischen der Ablehnung des Klienten für eine Psychotherapie einerseits und dem geschätzten Einkommen sowie zur Höhe der Therapiemotivation andererseits. Das Ergebnis von Yamamoto & Goin (1966) eines signifikanten Einflusses eines niedrigen sozialen Status auf das Nichterscheinen zur Psychotherapie konnte in anderen Untersuchungen nicht bestätigt werden. Auswirkungen der Variablen Alter, Geschlecht und Bildung ließen sich nicht nachweisen (Garfield, 1982). Dennoch scheint die Variable „sozialer Status" tendenziell das Ausmaß an Akzeptanz einer Psychotherapie zu moderieren, zumal die Ergebnisse darauf hindeuten, daß diejenigen Patienten, die sich zur ersten Therapiesitzung nicht einfinden, ihre Probleme zuvor unkonkreter und unverständlicher vorgebracht haben als solche Patienten, die die Behandlung beginnen und fortführen (Garfield, 1982).
Was ist andererseits mit Patienten, die in entsprechenden Einrichtungen erscheinen, denen eine Therapie aber nicht angeboten wird? Auch hier scheint wieder ein Zusammenhang zur sozialen Schicht zu bestehen. Psychotherapie wird eher für diejenigen Patienten als angezeigt erachtet, die eine etwas höhere Schulbildung und einen relativ hohen beruflichen Status haben. Patienten mit geringerer Bildung und niedriger beruflicher Position werden z. B. eher einer medizinischen Behandlung als einer Psychotherapie zugewiesen (Garfield, 1982).

Insgesamt kann man davon ausgehen, daß eine gewisse Auslese dahingehend stattfindet, welche Menschen eine Therapie tatsächlich beginnen, welche eine Therapie von vorneherein ablehnen, welche sich für eine Therapie interessieren, sie dennoch nicht beginnen und welche eine Therapie gar nicht erst angeboten bekommen. Des weiteren liegt eine Selektivität hinsichtlich der Verteilung von Klienten vor, die in Kliniken bzw. in niedergelassenen Praxen behandelt werden. Ergebnisse zu Klientenvariablen müssen folglich vor diesem Hintergrund interpretiert werden (Garfield, 1982).

5.3.3.2 Einfluß von Klientenvariablen auf die Therapiedauer und den Therapieabbruch

Ein wenig beachtetes, aber gleichwohl sehr interessantes Phänomen ist die Untersuchung von *Therapieabbrüchen*. Von Garfield & Kurtz (1952) stammt eine Analyse von über 1000 Fallakten, die wichtige Aufschlüsse liefert. Annähernd 43% der Klienten in analytisch-psychotherapeutischer Behandlung der Veterans Administration Clinic brachen die Intervention vorzeitig ab. Dieses Ergebnis überrascht umsomehr, als es sich um sehr engagiertes Klinikpersonal handelte. Bestätigt werden konnten diese Resultate auch in anderen Bereichen, wie in psychiatrischen Kliniken, in Medical Schools, in State und Community Clinics und wahrscheinlich auch in niedergelassenen Praxen (Garfield, 1982). Weitere Untersuchungen, die diese Ergebnisse stützen, stammen vom National Center for Health Statistics (1966), von Ediuson (1968), Fiester & Rudestan (1975) oder Craig & Huffine (1976). Die Therapieabbruchrate schwankt dabei zwischen 30% und 65%. Aus diesen Befunden ergibt sich zwangsläufig die Frage, welche Klienten mit welchen Charakteristika die Therapie vorzeitig beenden.

Im folgenden werden dazu lediglich Untersuchungen zu denjenigen Klientenmerkmalen geschildert, die sich als bedeutsam erwiesen haben.

5.3.3.2.1 Soziodemographische Variablen

a) Die größte Aussagekraft besitzt auch in diesem Zusammenhang wieder die Variable „*soziale Schichtzugehörigkeit*". Es zeigt sich eine konsistent positive Beziehung zwischen Behandlungsdauer und sozialem Status. Mehr Patienten mit niedrigerem sozioökonomischem Status und niedrigerem Bildungsniveau brechen eine Psychotherapie vorzeitig ab, verglichen mit Patienten, die hinsichtlich sozioökonomischem Status und Bildungsniveau höher einzuordnen sind. Letztere sind besser über den Ablauf und den Inhalt einer Psychotherapie informiert, sind dem Therapeuten bezüglich des kulturellen Hintergrundes und der verbalen Kommunikationsfähigkeit ähnlicher. Eine Beziehung zwischen Therapeut und Klient läßt sich folglich einfacher herstellen und gestalten. Der Therapeut kann deshalb zu dem Schluß gelangen, daß der betreffende Patient geeigneter und motivierter für eine therapeutische Behandlung ist (Garfield, 1982).

b) Zwischen *Geschlecht* und Therapieabbruch ist der Bezug weniger eindeutig. Die Mehrzahl der Autoren gelangen zu dem Resultat, daß zwischen Männern und Frauen diesbezüglich kein Unterschied besteht (Affleck & Garfield, 1961; Craig & Huffine, 1976; Frank et al., 1957; Garfield & Affleck, 1959; Grotjahn, 1972; Koran & Costell, 1973). Autoren wie Brown & Kosterlitz (1964), Cartwright (1955), Rosenthal & Frank (1958) sowie Weiss & Schaie (1958) fanden Anzeichen dafür, daß mehr Männer die Therapie fortsetzen als Frauen. Mittels des Kriteriums „Geschlecht" läßt sich jedoch nur ein geringer Anteil der Gesamtvarianz erklären. Insgesamt erweist sich diese Variable *nicht* als relevanter prognostischer Indikator in bezug auf die Therapiedauer (Garfield, 1982).

c) Die Relation zwischen dem *Alter* des Patienten und Therapiedauer erbrachte keine signifikanten Ergebnisse (Affleck & Garfield, 1961; Cartwright, 1955; Frank et al., 1957; Garfield & Affleck, 1959; Rosenthal & Frank, 1958; Rubinstein & Lorr, 1956; zit. n. Garfield, 1982).

d) Auch die Art der *psychiatrischen Diagnose* läßt keine Prognosen hinsichtlich der Therapiedauer zu (Affleck & Garfield, 1961; Bailey, Warshow & Eichler, 1959; Garfield & Affleck, 1959; Lief et al. 1961; Pope, Geller & Wilkinson, 1975; Rosenthal & Frank, 1958; zit. n. Garfield, 1982).

5.3.3.2.2 Persönlichkeitsvariablen

Zu einem weiteren großen Gebiet erforschter Klientenvariablen zählen die *Persönlichkeitsmerkmale* der Patienten. Auch hier beschränken sich die Darstellungen auf diejenigen Kennzeichen, die häufig untersucht und sich als bedeutsam erwiesen (Garfield, 1982). Einschränkungen der Vergleichbarkeit der Ergebnisse ergeben sich aus der Tatsache der Selektivität der Klientenpopulationen in Kliniken und niedergelassenen Praxen sowie durch die von Untersuchung zu Untersuchung variierende Festlegung der Abbruchkriterien einer Therapie. Die in sich widersprüchlichen und nur schwer replizierbaren Ergebnisse müssen vor diesem Hintergrund interpretiert werden. Hieraus ergeben sich Einschränkungen für die Generalisierbarkeit der Resultate (Garfield, 1982).

a) Die *Therapiemotivation* des Klienten, die in der klinischen Literatur allgemein als ein entscheidendes Merkmal für das Gelingen einer Therapie gilt, scheint bezüglich der Therapiedauer eine geringe Bedeutung zu haben. So konnte in drei Studien kein Zusammenhang nachgewiesen (Affleck & Garfield, 1961; Garfield, Affleck & Muffley, 1963; Siegel & Fink, 1962; zit. n. Garfield, 1982), in einer dagegen eine signifikante Korrelation aufgezeigt werden (McNair et al., 1963; zit. n. Garfield, 1982).

Als Erklärung für dieses Resultat erwägt Garfield (1982) die problematische und häufig uneinheitliche Operationalisierung des Konstrukts „Therapiemotivation". So wird Therapiemotivation u. a. beschrieben als die Bereitschaft, sich den Anforderungen einer Therapieform zu stellen. Bezüglich der Psychoanalyse bedeutet das beispielsweise, sich verdrängte Inhalte bewußt zu machen und sich mit ihnen auseinanderzusetzen. Ein weiteres Element der Therapiemotivation besteht in der Bereitschaft des Klienten, finanzielle Opfer in Form eines regelmäßigen Behandlungshonorars auf sich zu nehmen. Überdies wird die Einschätzung der Therapiemotivation des Klienten entscheidend geprägt durch Eigenschaften des Klienten wie sein Interesse an Psychotherapie, seine Bewunderung für den Therapeuten, seine Offenheit gegenüber dem therapeutischen Bezugs- und Wertesystem, seine intellektuellen und bildungsbezogenen Kennzeichen sowie seine Symptomart, d. h. ob körperliche bzw. psychosomatische oder emotionale Probleme im Vordergrund stehen (Garfield, 1982).

b) Die *Therapieerwartungen* der Klienten beeinflussen die Therapiedauer dagegen entscheidend. Es besteht ein signifikant positiver Zusammenhang. Eine wichtige Untersuchung von Garfield & Wolpin (1963) hatte die Analyse der Erwartungshaltung von 70 ambulant behandelten, psychiatrischen Patienten mit einer durchschnittlich zwölfjährigen Schulbildung zum Gegenstand. Es zeigte sich, daß die Patienten einer Psychotherapie grundsätzlich positiv gegenüberstanden, denn 88% versprachen sich von einer Therapie eine Besserung der vorliegenden Symptome. Nichtsdestotrotz ergaben sich grundlegend unterschiedliche Vorstellungen zwischen Therapeut und Klient in bezug auf den therapeutischen Prozeß. So wurde deutlich, daß die potentiellen Patienten annahmen, es handele sich um 30-minütige statt 50-minütige Therapiesitzungen, daß die gesamte Intervention innerhalb von ca. 10 Stunden abgeschlossen sei und daß eine Besserung bereits nach der 5. Sitzung eintrete. Die Therapeuten vertraten dagegen beispielsweise die Ansicht, daß Psychotherapie einen sehr viel längeren Zeitraum umfassen sollte (Garfield, 1982).

Aus anderen Studien wurde ersichtlich, daß Therapieabbrecher signifikant andere Erwartungen haben als Patienten, die ihre Behandlung fortführen (Heine & Trosman, 1960; Heine, 1962; Overall & Aronson, 1962; zit. n. Garfield, 1982). Übereinstimmend zeigte sich, daß Abbrecher zu einer passiven Erwartungshaltung neigen. Sie erwarten Ratschläge oder eine bestimmte Medikation durch den Therapeuten zu erhalten. Patienten dagegen, die in Behandlung bleiben, gewichten die Zusammenarbeit mit dem Therapeuten stärker und wünschen sich von ihm, daß er ihre Probleme akzeptiert und ihnen Hilfestellung leistet. Insgesamt kann festgehalten werden, daß die Erwartungen derjenigen Patienten, die in Therapie blieben, stärker mit denen der Therapeuten übereinstimmten. Neben der Klientenerwartung ist die Kongruenz von Therapeuten- und Klienteneinstellungen und damit die Interaktion an sich von ausschlaggebender Bedeutung (Garfield, 1982).
Ein weiterer essentieller Aspekt ist die Art, wie der Therapeut den Klienten wahrnimmt. Hält er diesen für wenig motiviert und engagiert, für passiv und feindselig, kann diese Haltung direkt oder indirekt durchaus dazu führen, daß der Klient die Intervention vorzeitig beendet. Eine Untersuchung von Rosenzweig & Folman (1974) verdeutlicht, daß ein enger Zusammenhang zwischen der Therapiefortdauer einerseits und der Einschätzung des Therapeuten bezüglich seiner Fähigkeit, sich in den Patienten hineinzuversetzen, ihm positive Gefühle entgegenzubringen und

der Einschätzung der Beziehungsfähigkeit des Klienten andererseits besteht (Garfield, 1982). Shapiro (1974) fand eine positive Korrelation zwischen den positiven Empfindungen des Therapeuten gegenüber seinem Klienten und seinen Behandlungsprognosen sowie der Therapiedauer. Diese Beziehung besteht nicht in bezug auf die Einschätzung der Psychopathologien.

5.3.3.3 Einfluß von Klientenvariablen auf das Therapieergebnis

Jede Therapierichtung nimmt für sich in Anspruch, die psychischen Beschwerden eines Klienten lindern oder beseitigen zu können. Dennoch dürfen Therapieergebnisse, die keine Verbesserung der Beschwerden belegen, nicht ignoriert werden. Behandlungen bleiben z. T. ohne Auswirkungen oder es kommt zu Verschlechterungen. Zunächst soll der Einfluß demographischer Faktoren auf das Therapieergebnis besprochen werden, um dann den Zusammenhang zu Persönlichkeitsvariablen aufzuzeigen.

5.3.3.3.1 Soziodemographische Variablen

a) Die *soziale Schichtzugehörigkeit* scheint sich nicht auf das Therapieergebnis auszuwirken. Zwar brechen Angehörige der Unterschicht oder unteren Mittelschicht eine therapeutische Intervention häufiger ab; ist die Anfangsphase jedoch überwunden, sind sie annähernd genau so erfolgreich wie Angehörige der oberen Mittelschicht oder der Oberschicht (Garfield, 1978; Lorion; 1973; Luborski et al., 1971; zit. n. Garfield, 1982).

b) Vom *Bildungsniveau* scheint ein größerer Einfluß auf das Therapieergebnis auszugehen. Diese Untersuchungsresultate lassen sich jedoch nicht durchgängig finden. Als Kriterien wurden häufig Therapeuten-Ratings herangezogen, die in der Regel positiver ausfallen als andere Einschätzungen. Ferner erfolgen die Auswertungen in der Regel auf der Grundlage kleiner Patientenstichproben (Garfield, 1978).

c) Die unter anderem von Freud postulierte Annahme, daß ältere Menschen rigider und damit weniger therapiegeeignet seien, konnte in Untersuchungen nicht nachgewiesen werden. Weder die Variablen *Alter* noch das *Geschlecht* beeinflussen den Therapieerfolg maßgeblich (Garfield, 1978).

5.3.3.3.2 Persönlichkeitsvariablen

Ergebnisse zu *Persönlichkeitsvariablen* können hier aufgrund der vorliegenden Fülle an Informationen nur exemplarisch wiedergegeben werden. Luborski et al. (1971) fanden, daß diejenigen Patienten die größten Therapieerfolge erzielen, welche am wenigsten gestört sind und deren Persönlichkeitsintegration auf einem hohen Niveau eingeordnet werden muß. Weitere Studien konnten diese Befunde z. T. nicht replizieren oder erbrachten sogar gegenteilige Befunde (Prager & Garfield, 1972; Stone et al. 1961; Truax et al., 1966; zit. n. Garfield, 1982). Truax & Carkhuff (1967) fanden, daß diejenigen Patienten die größten therapeutischen Erfolge erzielen, welche sich anhand des Self-Report-Questionnaires am stärksten gefühlsgestört einschätzen und am wenigsten sichtbare oder verhaltensbezogene Symptome aufweisen.

a) Untersuchungsergebnisse weisen darauf hin, daß das Ausmaß an *Persönlichkeitsintegration* bzw. Ich-Stärke in positivem Zusammenhang mit dem Ergebnis einer Psychoanalyse steht, nicht jedoch mit dem einer Verhaltenstherapie (Kernberg et al., 1972; Sloane et al., 1975; Jacobs et al. 1972; zit. n. Garfield, 1982). Der Zusammenhang zwischen Ich-Stärke und Ergebnis einer Psychoanalyse ist dann besonders wahrscheinlich, wenn die Einschätzungen aufgrund von Therapeuten-Ratings erfolgen. Die Beurteilung der Verbesserung ist dabei in hohem Maß vom Allgemeinzustand des Patienten zu Therapiebeginn abhängig. So wird neben der Symptomverbesserung auch das Ausmaß der Persönlichkeitsentfaltung als Therapieziel betrachtet. Verbessert sich eine bereits zu Behandlungsbeginn gute Persönlichkeitsentfaltung während des Therapieprozesses, dann wird derjenige Patient in einem relativ guten Allgemeinzustand hinsichtlich seiner Besserung höher eingestuft, obwohl er sich quantitativ weniger verändert hat als ein Patient mit schlechtem Ausgangsniveau. Gleichzeitig weist er deutlichere Veränderungen auf, die aber unter dem Niveau des insgesamt gut integrierten Patienten bleiben. Das bedeutet, daß stabilisiertere Patienten die positivsten Ergebnisse erreichen (Garfield, 1982). Ganz anders fallen die Resultate dagegen aus, wenn man nur das Ausmaß der Veränderung, d. h. Ergebnisse aus Pre- und Postmessungen heranzieht. Hier weisen die zu Therapiebeginn gestörtesten Patienten die ausgeprägtesten Verbesserungen auf.

Sie weichen zu Therapiebeginn am weitesten von einem Anpassungsmittelwert ab und neigen deshalb bei einer Wiederholungmessung am stärksten zur Regression in Richtung Mitte (Garfield, 1982).
b) Relativ sicher dagegen läßt das Ausmaß an *Angst* Schlüsse auf den Therapieerfolg zu (Kernberg et al., 1972; Luborski et al., 1971; zit. n. Garfield, 1982). Klienten mit hoher „State"-Angst erzielen dabei positivere Therapieergebnisse als Klienten mit hoher „Trait"-Angst (Smith, Sjöholm & Nielzen, 1975; zit. n. Garfield (1981) hält als Persönlichkeitsvariablen — insbesondere das Ausmaß an Angst und Depression — für die aussagekräftigsten Indikatoren hinsichtlich des Therapieerfolgs.

Insgesamt sind die Ergebnisse und deren Interpretation bezüglich der prognostischen Relevanz von Persönlichkeitsvariablen für den Therapieerfolg recht uneinheitlich. Luborski et al. (1971) folgern aus den Untersuchungsergebnissen beispielsweise, daß die integriertesten Patienten die besten Therapieresultate erzielen. Anders und viel vorsichtiger fällt das Resümee von Meltzoff & Kornreich (1970) oder Garfield (1978) aus. Sie ziehen das Fazit, daß die Ergebnisse in hohem Maß von den Kriterien und Methoden der Untersuchung abhängig sind. Zu Therapiebeginn sozial gut angepaßte Personen erreichen ein höheres Niveau an Persönlichkeitsentfaltung, was aber nichts über das Ausmaß der Veränderung an sich aussagt. Zudem liegt es nahe, daß es sich hierbei um die „besseren" Klienten handelt, im Sinne einer größeren Ähnlichkeit und besseren Beziehung zwischen Therapeut und Klient (Garfield, 1982).
c) Auch die Untersuchungsergebnisse bezüglich des Einflusses der *Intelligenz* des Klienten auf seinen Therapieerfolg sind uneinheitlich. Luborski (1971) hat in 10 von 13 Untersuchungen eine Korrelation zwischen .24 und .46 gefunden, Meltzoff & Kornreich dagegen nur bei der Hälfte der analysierten Studien. Sie gelangen zu dem Schluß, daß eine hohe Intelligenz keine Voraussetzung für das Gelingen einer Therapie sei, wenn sie auch für manche Therapieschulen bedeutsamer ist als für andere (Garfield, 1982). Garfield (1982) vertritt den Standpunkt, daß ein Mindestniveau an Intelligenz im Sinne von Auffassungsgabe und Lernfähigkeit erforderlich ist, da es sich bei psychotherapeutischen Interventionen um die Einleitung von Lernprozessen handelt

(Garfield, 1982). Bislang ist die Festlegung dieses Niveaus jedoch nicht gelungen. Untersuchungsergebnisse belegen zudem, daß Therapeuten intelligentere Patienten bevorzugen. Allerdings ist diese Präferenz verquickt mit Merkmalen wie Bildung, Beruf, Einkommen oder ganz allgemein der sozialen Schicht (Schofield, 1964; Hamburg et al., 1967; Kadushin, 1969; Knapp et al., 1960; zit. n. Garfield, 1982). Trotz dieser eher positiven Zusammenhänge sind die Korrelationen insgesamt sehr niedrig, d. h. daß nur ein geringer Varianzanteil durch die Variable „Intelligenz" aufgeklärt werden kann und ihr damit zumindest keine übermäßige Bedeutung zukommt (Zimmer, 1983).

d) Das Konstrukt der *Therapieerwartung* erscheint Garfield zufolge eher fragwürdig und wenig nutzbringend zur Erklärung des Therapieerfolgs. Präzisiert werden muß dieser Begriff hinsichtlich seiner Definition und Operationalisierung, ebenso hinsichtlich verschiedener Arten von Erwartungshaltungen sowie hinsichtlich deren Wechselwirkungen untereinander (Garfield, 1982). Dennoch wird den Erwartungen des Klienten inzwischen ein großer Einfluß auf den Therapieerfolg zugeschrieben (Frank, 1959; Frank et al., 1959; Rosenthal & Frank, 1956; Lick & Bootzin, 1975; Morgan, 1973; Wilkins, 1971, 1973; zit. n. Garfield, 1982). Die Annahme von Frank (1981), daß sich die Therapieerwartungen auf das Therapieergebnis auswirken und daß eine Verhaltensänderung um so wahrscheinlicher ist, je größer der Leidensdruck bzw. der Wunsch nach Symptomlinderung oder -heilung sei, konnte in zahlreichen Untersuchungen bestätigt werden (Friedman, 1963; Goldstein, 1960; Goldstein & Shipman, 1961; Lennard & Bernstein, 1960 und Lipkin, 1956; Uhlenhuth & Duncan, 1968; zit. n. Garfield, 1982). Gleichsam liegen Studien vor, die diese Annahme nicht stützen (Piper & Wogan, 1970; zit. n. Garfield, 1982). In neuerer Zeit kam es vermehrt zu Einwänden bezüglich der bestätigenden Befunde, welche besagen, daß die Therapieerwartungen nicht direkt gemessen, sondern abgeleitet wurden und Selbsteinschätzungen der Beurteilung der Erwartungen und der Ergebnisse zugrunde lagen. Die Art der Erwartungseinschätzung beeinflußt deren Ergebnisse. Sie erklärt das Resultat, daß zwar signifikante Zusammenhänge zwischen Erwartungen und Selbsteinschätzungen gefunden wurden, nicht jedoch zwischen Erwartungsratings und Verhaltensänderungen (Wilson & Thomas, 1971; zit. n. Garfield, 1982). Die Schlußfolgerungen, die aus diesen Ergebnissen gezogen werden, differieren ebenfalls stark. So ist z. B. Wilkins (1973) der Ansicht, daß aus der momentanen Befundlage die Bedeutung von Klientenerwartungen für den Therapieerfolg nicht gestützt werden kann. Lick & Bootzin (1975) dagegen nehmen trotz der forschungsmethodischen Mängel an, daß die Instruktion und die dadurch induzierte Erwartungshaltung des Patienten für den Erfolg einer systematischen Desensibilisierung entscheidend ist. Nach Perotti & Hopewell (1976) kommt der während der Therapie aufgebauten Erwartungshaltung eine größere Bedeutung zu als der Erwartungshaltung zu Therapiebeginn. Zimmer (1983) berichtet ebenfalls, daß die Erwartungshaltung des Klienten hauptsächlich zu Beginn der Therapie von Bedeutung ist. Patienten erwarten, daß sie selbst am meisten reden müssen und erhoffen sich einen vertrauensvollen Therapeuten (Lennard & Bernstein, 1960; zit. n. Zimmer, 1983). Auch die Ergebnisse von Tinsley et al. (1976) weisen in diese Richtung. Sie fanden, daß Patienten primär einen erfahrenen, echten, kongruenten, vertrauenswürdigen, verständnisvollen und direktiven Therapeuten erwarten. Aus den Daten von Begley et al. (1979) ließen sich zwei Patientengruppen extrahieren, die eine, welche sich hohen persönlichen therapeutischen Einsatz erhoffte und die andere, welche dieses Engagement ablehnte (Zimmer, 1983). Auch Halder (1977) fand verschiedene Gruppen von Erwartungshaltungen. Unter- bis Mittelschicht-Patienten erwarten demnach eher einen aktiven, mehr direktiven und handlungsorientierten Behandlungsstil während Oberschicht-Patienten eher einen non-direktiven und verstehenden therapeutischen Stil erwarten. Erstere bevorzugen primär die verhaltenstherapeutische Vorgehensweise und brechen die Behandlung bei diskrepanten Erfahrungen tendenziell eher ab (Zimmer, 1983).

e) Von Rogers wurde die Variable „*Wahrnehmung des Therapeuten durch den Klienten*" als entscheidende Variable für den Therapieerfolg angesehen. Gurmann (1977) konnte in seiner Literaturübersicht jedoch keinen durchgängigen Zusammenhang zwischen der Beurteilung der therapeutischen Interaktion einerseits und der Wahrnehmung von Therapeut, Klient oder einem unabhängigen Beobachter andererseits aufzeigen. Dies leuchtet insofern ein, als die Wahrnehmung ein aktiver

Prozeß ist, in den vielfältige Faktoren hineinspielen, so z. B. die jeweiligen interaktionellen Bedürfnisse (Zimmer, 1983). Die Bedeutsamkeit der Wahrnehmung des Therapeuten durch den Klienten wurde von Mitchell et al. (1973) für die Gesprächstherapie und für unspezifische Beratungsgespräche nachgewiesen. Seinem Ergebnis zufolge besteht ein eindeutiger Zusammenhang zum Therapieerfolg (zit. n. Zimmer, 1983). Wesentlich erscheint, daß sich der Klient vom Therapeuten positiv bewertet fühlt (Lorr, 1965; Martin & Sterne; 1976, zit. n. Zimmer, 1983). Überdies zählen Orlinsky & Howard (1978) folgende Faktoren auf, die sich essentiell auf das Therapieergebnis auswirken. Es handelt sich um die Wahrnehmung des Therapeuten durch den Klienten als hilfreich, glaubwürdig, wirklich interessiert, aktiv und beteiligt. Derartige Einschätzungen beeinflussen das Therapieergebnis günstig. Ein eher ungünstiger Einfluß geht von der Wahrnehmung des Therapeuten als distanziert, abwertend und unsicher aus (zit. n. Zimmer, 1983). Therapeutische Selbsteröffnung wirkt sich nur bei jenen Patienten prognostisch günstig aus, die diese Haltung des Therapeuten nicht erwarten (Hayward, 1974; zit. n. Orlinsky & Howard, 1978; zit. n. Zimmer, 1983). Eine umfassende Studie von Ford (1978) belegt, daß die Art der Klientenwahrnehmung der therapeutischen Interaktion primär zwischen verschiedenen Therapeuten, weniger jedoch zwischen Therapieformen oder nach dem Geschlecht des Therapeuten differenziert. Ferner veränderten sich die Einschätzungen der Klienten während des Therapieverlaufs. Eine positive Wahrnehmung des Klienten steht je nach Meßzeitpunkt mit anderen Merkmalen des Therapeuten in Verbindung. So ist die Wahrnehmung des Klienten in der dritten Sitzung dann positiv, wenn der Therapeut einen warmen, entspannten, ausdrucksreichen, ermutigenden und respektvollen Eindruck vermittelte. In der sechsten Sitzung stand der positive Eindruck im Zusammenhang mit dem Interesse des Therapeuten für den Klienten als Person und für dessen kognitive Reaktionen hinsichtlich außertherapeutischer Situationen. In der achten und letzten Sitzung wurde die therapeutische Interaktion vom Klienten dann positiv bewertet, wenn der Therapeut seine Bemühungen reduzierte und vermehrt Feedback über Gefühle gab, d. h., wenn er es dem Klienten ermöglichte, die Therapie abzuschließen. Diese Untersuchung belegt, daß die Bedürfnisse des Klienten nach zwischenmenschlichem Kontakt abhängig sind von der jeweiligen Therapiephase, in der sich der Patient gerade befindet (Zimmer, 1983)

f) Ein weiterer Punkt, den es zu klären gilt, ist die Frage, wie wichtig die „Passung" zwischen Klienten- und Therapeutentyp für das Behandlungsergebnis ist. In Anlehnung an Rotters Konzept des Locus of Control konzipierte Abramowitz (1974) seine Untersuchung, bei der er zu dem Resultat gelang, daß external orientierte Patienten in einer direktiven Therapie besser abschneiden, während internal orientierte Patienten bessere Ergebnisse durch eine eher non-direktive Intervention erzielen (Garfield, 1982). Eine Studie von Devine & Fernald (1973) machte deutlich, daß der Klient durch diejenige Therapieform ausgeprägtere Fortschritte erzielt, die er angestrebt hat als durch Behandlungsformen, die er nicht gewünscht oder nur zufällig ausgewählt hat (Garfield, 1982; Zimmer, 1983). Zu einem gegenteiligen Ergebnis kamen Duckro et al. (1979) (Zimmer, 1983). In einer weiteren Studie wurde ein Einfluß der freien Wahl einer Therapierichtung zwar nicht auf die Effektivität der Behandlung nachgewiesen, jedoch auf die Pünktlichkeit des Patienten. So waren Patienten, die sich in derjenigen Behandlung befanden, die ihren Wünschen entsprach, pünktlicher als Patienten, die Behandlungsformen beliebig zugeordnet wurden (Ersner et al., 1979; zit. n. Zimmer, 1983). Gordon (1976) konnte den Zusammenhang zwischen freier Wahl der Therapiemethode und Therapieerfolg nur bei freiwilligen Versuchspersonen nachweisen, nicht jedoch bei Patienten der klinischen Praxis (Zimmer, 1983). Zimmer (1983) zieht daraus den Schluß, daß eine Wunschtherapie den Therapieeinstieg erleichtert. Dieser Effekt wird aber nach kurzer Zeit von anderen Einflußfaktoren überlagert (Zimmer, 1983).

g) Den Einfluß, den *Therapievorbereitungen* auf das Therapieergebnis ausüben, ist bislang nicht geklärt. Beziehen sich die vorbereitenden Maßnahmen auf Rollenerwartungen, zeigte sich kein Einfluß auf das Therapieergebnis. Rosen (1974) fand, daß diejenigen Klienten eine Behandlung erfolgreicher abschlossen, die über die Notwendigkeit einer aktiven Mitarbeit in der Therapie informiert wurden (Zimmer, 1983).

5.3.4 Zusammenfassung

Ausgehend vom derzeitigen Forschungsstand kann resümiert werden, daß sich sowohl die soziale Schichtzugehörigkeit eines Klienten als auch seine Therapieerwartungen auf die Tatsache auswirken, ob er die Therapie vorzeitig beendet oder nicht. Die Aussagen zu Einflüssen von Klientenvariablen auf das Therapieergebnis sind diffuser. Effekte des Bildungsniveaus zeigen sich nicht durchgängig, der Intelligenz nur insofern als ein Mindestmaß erreicht sein muß. Als bedeutsam im Zusammenhang mit dem Therapieergebnis werden die Variablen Therapieerwartung, Therapievorbereitung, das Ausmaß an Angst und Depressivität, die Bedeutung der Störung selbst und die Therapiemotivation erachtet. Keine Auswirkungen zeigten sich in Verbindung mit der sozialen Schichtzugehörigkeit, dem Alter und dem Geschlecht des Patienten.

In diesem Kontext stellt sich die Frage, ob die Klientenvariablen an sich die entscheidenden Einflußfaktoren für die Therapiedauer sind oder aber ob deren Wahrnehmung und Einschätzung durch den Therapeuten und seine entsprechenden Reaktionen darauf die Effekte maßgeblich bestimmen. Laut Garfield (1982) kann man davon ausgehen, daß Klientenvariablen einen entscheidenden Einfluß auf die Fortdauer der Therapie haben, daß die Therapeutenmerkmale und die Art des Therapeuten, mit dem Klienten umzugehen, diesen Prozeß maßgeblich beeinflussen (Garfield, 1982).

Erwähnt werden müssen in diesem Zusammenhang methodische Probleme der Erfassung von Klientenvariablen einerseits, wie ja bereits dargestellt wurde, sowie der Therapieergebnisse andererseits. Wann ist eine Therapie effektiv? Was ist ein Therapieerfolg? Legt man den Schwerpunkt der Bewertung auf die Linderung oder Beseitigung der Symptome oder ist die Lösung der dahinterstehenden Grundkonflikte bedeutsamer? Sind Verbesserungen des Selbstkonzepts entscheidender als Symptomveränderungen? Sind die Auffassungen des Individuums über sein Therapieergebnis ausschlaggbender als die der Umwelt? Wie bewertet man das Therapieergebnis, wenn es in einigen Bereichen zu Verbesserungen kam, in anderen zu einem Gleichstand und wieder in anderen Bereichen zu Verschlechterungen und alle diese Bereiche von gleicher Wichtigkeit sind? Diese und weitere Fragen sind bislang ungelöst. Es differiert von Untersuchung zu Untersuchung, welche Kriterien für die Beschreibung des Therapieerfolgs herangezogen werden. Welche Meßinstrumente kommen zum Einsatz? Beachtet werden muß in diesem Zusammenhang, daß jedes Meßinstrument mit einer theoretischen Position verknüpft ist. Ferner unterscheiden sich die Meßinstrumente hinsichtlich Reliabilität und Validität. Was bedeutet die Einschätzung „sehr gebessert"? Stimmen die Einschätzungen von Therapeut und Klient überein? Ein weiteres Problem besteht in der Kongruenz unterschiedlicher Messungen oder Beurteilungen. Alle diese aufgelisteten Faktoren wirken sich mindernd auf die Zuverlässigkeit von Generalisierungen der Untersuchungsergebnisse aus (Garfield, 1982; Zimmer, 1983).

5.4 Therapeutenvariablen

5.4.1 Begriffsbestimmung

Therapeutenvariablen kennzeichnen die für den Therapeuten typischen Eigenschaften und Verhaltensweisen in der konkreten therapeutischen Situation (Keßler, 1984b). Es handelt sich um einen Sammelbegriff für verschiedene theoretische und empirische Ansätze, die darauf abzielen, solche Eigenschaften des Psychotherapeuten zu isolieren und zu beschreiben, die für die Therapeut-Klient-Interaktion sowie das Therapieergebnis essentiell sind (Tscheulin, 1982). Der Status des Therapeuten kann als soziale Rolle beschrieben werden, mit der die Erwartung verknüpft ist, daß der Therapeut über Möglichkeiten verfügt, dem Klienten zu helfen. Das Ausmaß an Professionalität und Eigenverantwortlichkeit ist variabel. Auch hier liegt wieder eine schier unerschöpfliche Fülle von Veröffentlichungen vor, selbst, wenn man sich ausschließlich auf empirisch-analytische Resultate beschränkt (Tscheulin, 1982).

5.4.2 Klassifikationssysteme

Tscheulin (1982) unterscheidet langwellige Personen- und Persönlichkeitseigenschaften (personale Charkateristika), mittelwellige therapiebezogene Merkmale (stilistische Charakteristika) sowie kurzwellige technologische Verhaltensmuster (instrumentale Charakteristika) des Therapeuten. Eine Untergliederung

wird dabei immer künstlich sein, da sich diese Merkmalscluster in der Realität überlappen (Tscheulin, 1982).
Eine andere Möglichkeit der Klassifikation schlägt Parloff (1978) vor (Keßler, 1984b). Er differenziert nach klientenunabhängigen und klientenabhängigen (Passung, Kongruenz, Matching) Eigenschaften des Therapeuten, wobei die klientenunabhängigen nochmals unterteilt werden können in solche innerhalb (therapeutischer Stil) und solche außerhalb (Geschlecht, Alter, Erfahrungsstand) des therapeutischen Kontextes (Keßler, 1984b).
Schaffer (1982) kritisiert in diesem Zusammenhang die oft eindimensional quantitative Erfassung von Therapeutenvariablen und deren Auswirkungen sowohl auf den Therapieprozeß als auch auf das -ergebnis. Dabei wird vernachlässigt, daß die Güte therapeutischen Handelns und nicht die quantitative Ausprägung auf einer Dimension für den Therapieerfolg ausschlaggegend ist. Nach seinem Dafürhalten sollte therapeutisches Verhalten multivariat bewertet werden (Keßler, 1984b).
Die Aufzählung klassifikatorischer Ansätze ließe sich noch beliebig erweitern, wird aber hier nicht weitergeführt, da die vorliegenden Ordnungsgesichtspunkte für die vorliegende Arbeit ausreichen. Zudem steht in dieser Hinsicht kein allgemeinverbindlicher Konsens in Aussicht.

5.4.3 Empirische Befunde zum Einfluß von Therapeutenvariablen

Untersucht wurden die Variablen Geschlecht, Rasse, Schicht, Wertvorstellungen, Religion, Erfahrung, Eigentherapie, Wärme, Empathie und Kongruenz, Häufigkeit und Art der Interpretation sowie Zugehörigkeit zur A-B Variable (Bozok, 1986). Die folgenden Ausführungen halten sich an das Klassifikationsschema von Tscheulin (1982), der folgende Variablen unterscheidet:
1. personale,
2. stilistische und
3. instrumentelle.

5.4.3.1 Einfluß personaler Therapeutenvariablen

Unter *personalen* Variablen werden Kennzeichen des Therapeuten verstanden wie beispielsweise *demographische*, *biographische* und *personalistische* Eigenschaften. Sie erlangen im Zusammenhang mit Klientenvariablen („Passung" von Therapeut und Klient) und Therapiemodalitäten ihren Stellenwert und schwanken in ihrer Bedeutsamkeit in Abhängigkeit von anderen Variablen. Die Beziehung zu Erfolgskriterien ist nicht durchgängig (Tscheulin, 1982).

5.4.3.1.1 Soziodemographische Variablen

Demographische Variablen wie Alter, Geschlecht, sozioökonomische Schicht, Familienstatus und Zugehörigkeit zu einer ethnischen Gruppe sind relativ einfach zu erheben. Ihr Einfluß wird jedoch durch viele andere Variablen moderiert. Das Geschlecht des Therapeuten wirkt sich nur zu Beginn der Behandlung aus. Gleich- und gegengeschlechtliche „Passung" führen zu einem unterschiedlichen Maß an Einfühlung, das sich aber bis zum Ende der Intervention wieder ausgleicht. Danach ist das gleichgeschlechtliche Einfühlungsvermögen zunächst höher als das gegengeschlechtliche (Berzins, 1977; zit. n. Tscheulin, 1982). Faktoren, die diesen Zusammenhang beeinflussen, sind Beziehungsvariablen und funktionale Prozeßvariablen. Das Merkmal der ethnischen Gruppenzugehörigkeit und das der sozialen Schicht stehen dagegen in direktem positivem Bezug zum Therapieerfolg (vgl. Kap. 4.4.2) (Tscheulin, 1982).

5.4.3.1.2 Biographische Variablen

Zu *biographischen* Merkmalen werden beruflicher *Status*, psychotherapeutische *Ausbildung*, *Erfahrung* und *Eigentherapie* gerechnet. Sie sind nur schwer voneinander zu unterscheiden. Die Vermutung liegt nahe, daß kompetent und erfahren beurteilte Therapeuten größere Einflußmöglichkeiten auf den Klienten haben als Therapeuten, die weniger kompetent und erfahren eingeschätzt werden (Tscheulin, 1982).

a) Der *berufliche Status* (Expertentum) als Laie, Psychologe oder Arzt wurde einerseits durch die Variation des jeweiligen therapeutischen Titels und andererseits durch systematische Veränderung des therapeutischen Auftretens operationalisiert. Sozialpsychologische Forschungsresultate belegen, daß kompetent eingeschätzte Personen attraktiver erlebt werden. Die Attraktivität wirkt sich jedoch nur bei niedriger Glaubwürdigkeit und niedrigem Status signifikant auf die Therapie

aus (Strong, 1978, zit. n. Zimmer, 1983). Sabalis (1968) fand, daß Patienten diejenigen Therapeuten als anstrengender empfanden, deren Verhalten oder Titel auf einen niedrigen Status hinwies. Ferner bevorzugen Probanden mit stärker ausgeprägter Autoritätseinstellung eher statusbetonende Interaktionen, während weniger autoritätsbezogene Personen sich bei weniger statusbetonendem Umgang wohler fühlen (Zimmer, 1983). Nach Schmidt & Strong (1970) wird der Status des Experten dann am höchsten beurteilt, wenn positive Erwartungen in bezug auf den Therapeuten geweckt wurden und dieser sich gleichzeitig kompetent verhält. Dabei kommt dem realen Verhalten eine bedeutsamere Funktion zu als der Vorinformation über den Expertenstatus. Den Autoren zufolge wird ein Therapeut dann als kompetent eingeschätzt, wenn er die Sitzungen strukturiert, Aufgaben erklärt, die Kommunikation fördert und planvoll vorgeht. Wichtig ist zudem, daß er in seinem Ausdrucksverhalten mit dem Klienten mitgeht und aufmerksam, interessiert und selbstsicher wirkt. Als weniger kompetent wird ein Therapeut dann beurteilt, wenn er planlos und unstrukturiert vorgeht sowie einen eher nervösen, unaufmerksamen und steifen Eindruck vermittelt. Ein geringes Angebot an Unterstützung und Hilfe verstärkt diese Wahrnehmung (Schmidt & Strong, 1970, zit. n. Zimmer, 1983). Nonverbale Botschaften sind in diesem Zusammenhang ebenso bedeutsam wie verbale Botschaften (Strong et al., 1971; Peoples & Dell, 1975; zit. n. Zimmer, 1983).
Welchen Effekt hat nun eine hohe Experten-Beurteilung? In Abhängigkeit der Klientenpopulation erhöht sich die Attraktivität des Therapeuten durch eine hohe Expertenbeurteilung (Goldstein, 1971) und beeinflußt nach Beutler (1962) die spezifischen Einstellungsänderungen günstig (zit. n. Zimmer, 1983). Stark von den Einstellungen des Klienten abweichende Standpunkte des Therapeuten werden dann eher akzeptiert, wenn der Status des Therapeuten hoch eingeschätzt wird (Browning, 1966, zit. n. Strong, 1978, zit. n. Zimmer, 1983). Offen ist bislang, inwieweit verschiedene Klientenpopulationen unterschiedliche Bedürfnisse nach Therapeuten mit hohem Experten-Status haben.
Insgesamt gelangt man aufgrund der Forschungsergebnisse zu dem Schluß, daß ein als kompetent, glaubwürdig und sicher beurteilter Therapeut größere Einflußmöglichkeiten

auf den Klienten hat, insbesondere dann, wenn sich sein Experten-Status im Verhalten manifestiert und nicht nur durch den Titel signalisiert wird (Zimmer, 1983). Untersuchungsergebnisse belegen, daß das aktuelle Therapeutenverhalten entscheidender ist als Prestige und Expertentum (Gurman, 1977; Zimmer, 1983).

b) Der Erfassung der Therapeutenvariablen *Ausbildung* und *Erfahrung* liegt bislang keine einheitliche Vorstellung zugrunde. Auswirkungen zeigen sich auf Stil- und Beziehungsfaktoren. Hinsichtlich des Arbeitsstils konnte aufgezeigt werden, daß erfahrene Therapeuten aktiver und konfrontierender arbeiten als unerfahrene Therapeuten und weniger direktiv vorgehen. Sie sind zudem eher in der Lage, zu unterschiedlichen Klienten eine gute Beziehung aufzubauen, denn sie verfügen über einen größeren Erlebens- und Verhaltensspielraum (Auerbach & Johnson, 1977, zit. n. Tscheulin, 1982). Unter Berücksichtigung der vielfältigen methodischen Mängel von Auerbach & Johnsons Übersichtsarbeit verbleiben nach Parloffs Selektion der qualitativ guten Arbeiten lediglich zehn Studien, die den Kriterien (eindeutige Definition von „Erfahrung", gleich verteilter Schweregrad der Störungen auf die Gruppen, signifikante Erfolgsmaße etc.) genügen. Von diesen weist nur eine einzige einen positiven Zusammenhang zwischen der Erfahrung des Therapeuten und dem Therapieerfolg auf (Zimmer, 1983). Parloff folgert daraus, daß trotz der unüberschaubaren Datenbasis keine eindeutigen Aussagen über den Zusammenhang zwischen der Therapierfahrung des Therapeuten und dem Therapieerfolg gemacht werden können (Parloff et al., 1978, zit. n. Zimmer, 1983).

c) Bezüglich der Notwendigkeit einer *Eigentherapie* sind die Standpunkte von Psychotherapeuten kontrovers, ebenso die empirischen Befunde dazu. Begründet wird die Forderung nach Eigentherapie durch das Argument, daß der Therapeut die therapeutischen Prozesse selbst durchlebt, sich selbst auf diese Weise besser kennenlernt und sich zudem besser in die Rolle des Patienten versetzen kann. Eine Eigentherapie soll sich positiv auf sein Einfühlungsvermögen und sein Verständnis sowie seine Objektivität und Urteilsfähigkeit auswirken (Garfield, 1982). Bandura et al. (1960) wie auch Russel & Snyder (1963) konnten zeigen, daß Klientenreaktionen den Therapeuten verwirren können. Die Studie von Russel &

Snyder (1963) erbrachte diesbezüglich, daß die von ihnen untersuchten Berater auf aggressiv-feindliches Verhalten des Klienten eher ängstlich reagierten. Bandura et al. (1960) belegten mit ihrer Studie, daß hauptsächlich solche Therapeuten, die selbst Ärger ausdrücken konnten, mit ärgerlichem Verhalten des Klienten umgehen konnten. Auch Parloff et al. (1978) gelangen nach der Durchsicht einer Reihe von empirischen Untersuchungen zu dem Schluß, daß sich psychische Probleme des Therapeuten eher hinderlich auf den therapeutischen Prozeß auswirken (Zimmer, 1983). Ganz anders dagegen lautet das Fazit in Bezug auf die Bedeutung einer Eigen- oder Lehrtherapie (Zimmer, 1983). Untersuchungsergebnisse haben ergeben, daß die Mehrzahl der Psychotherapeuten eine eigene Therapie durchlaufen hat; bei Lubin (1962) handelte es sich um 57% der befragten Therapeuten, bei Goldschmid, Stein, Weissman & Sorrels (1969) um 64%, bei Garfield & Kurtz (1975) um 63% der Stichprobe (Garfield, 1982). Die Beurteilung der Wichtigkeit einer Eigentherapie ist abhängig von der jeweiligen Schulenzugehörigkeit sowie von der Tatsache, ob sich der Therapeut selbst einer Therapie unterzogen hat. So sind Therapeuten mit Eigentherapie und Therapeuten, die psychoanalytisch ausgerichtet sind, mehr von der Erforderlichkeit einer Eigentherapie überzeugt als Therapeuten anderer schulischer Orientierungen und ohne Eigentherapie (Garfield & Kurtz, 1975; zit. n. Garfield, 1982). Untersuchungen von Derner (1960) oder Lorr & Rubinstein (1958) konnten nicht nachweisen, daß Therapeuten mit Lehranalyse effektiver arbeiten als ohne. Eine Studie von Garfield & Bergin (1971) erbrachte, daß durch Interventionen von Therapeuten ohne Eigentherapie bessere Effekte erzielt wurden (Garfield, 1982; Zimmer, 1983).

Die Frage, ob eine Eigentherapie für das erfolgreiche Durchführen von therapeutischen Behandlungen notwendig ist, kann folglich, trotz der eher dürftigen Datenbasis, eher verneint werden. Selbsterfahrung steht eher in Bezug zu anderen personalen Merkmalen (Garfield, 1982; Tscheulin, 1982).

5.4.3.1.3 Personalistische Variablen

Unter *personalistischen* Kennzeichen eines Therapeuten werden Verhaltens-, Einstellungs- und Persönlichkeitscharakteristika subsumiert, die den Helfer auch außerhalb seiner Arbeit charakterisieren und sich gleichsam in seiner therapeutischen Arbeit auswirken (Tscheulin, 1982).

a) Untersucht wurde in diesem Zusammenhang die *Attraktivität* des Therapeuten für den Klienten, die von verschiedenen Variablen abhängig ist. Johnson et al. (1977) fassen den sozialpsychologischen Forschungsstand zur interpersonellen Attraktivität wie folgt zusammen: Die interpersonelle Attraktivität ist abhängig von:

1. *Kooperation:* Jene Menschen werden als attraktiver wahrgenommen, die kooperieren und dazu beitragen, eigene Ziele zu realisieren (Johnson & Johnson, 1975);
2. *äußerer Erscheinung:* Menschen mit einer sympathischen äußeren Erscheinung werden eher gemocht (Berscheid & Walster, 1974);
3. *Reziprozität der Sympathie:* Menschen, von denen man Zuneigung entgegengebracht bekommt, mag man eher (Byrne, 1969);
4. *Ähnlichkeit und Bekanntheit:* Die interpersonale Attraktivität ist zwischen Menschen, die sich in wichtigen Lebensfragen als ähnlich und bekannt erleben, höher (Byrne, 1969; Berscheid & Walster, 1974);
5. *Kompetenz:* Personen, die in wichtigen Lebensbereichen kompetent sind, werden eher gemocht (Blanchard et al., 1976, zit. n. Johnson, Matros, 1977);
6. *Wärme:* Als warm empfundene Menschen werden attraktiver eingeschätzt (Johnson, 1971, zit. n. Zimmer, 1982).

Untersuchungsbefunde haben erbracht, daß Ähnlichkeiten zwischen Therapeut und Klient hinsichtlich wichtiger Lebenseinstellungen die *Attraktivität* des Therapeuten für den Klienten erhöht (Hoffmann-Graff, 1975, zit. n. Zimmer, 1983) sowie die Durchhaltefähigkeit des Klienten in der Therapie positiv beeinflußt (Overall & Aronson, 1963, zit. n. Zimmer, 1983), Landfield (1971) und Schonfield et al. (1969) fanden eine positive Korrelation zwischen der Übereinstimmung bezüglich wichtiger Einstellungen und dem Therapieerfolg (Zimmer, 1983). Wie bereits im Abschnitt über Klientenvariablen erläutert, belegen therapeutische Erfahrungen, daß Sympathie für den Klienten den Aufbau einer positiven Beziehung erleichtert (Zimmer, 1983; Garfield, 1982). Beeinflußt wird die Zuneigung beider Interaktionspartner

häufig durch die jeweilige Schichtzugehörigkeit, wobei gleiche Schichtzugehörigkeit die Entwicklung von Sympathie fördert. Noch immer dominiert unter den Therapeuten die Ansicht, daß Unterschichtpatienten nicht die „richtige" Einstellung und ausreichende Motivation für eine therapeutische Behandlung haben (Pope, 1977, zit. n. Zimmer). Diese Hürde gilt für die Psychoanalyse in stärkerem Maß als für die Verhaltenstherapie. Sie scheint jedoch im Verlauf des therapeutischen Prozesses überbrückbar zu sein (Sloane et al., 1975; zit. n. Zimmer, 1983). Es liegt nahe, diese Ergebnisse zur interpersonalen Attraktivität für die therapeutische Situation praktisch zu nutzen. Zur Variation der Attraktivitäts-Bedingungen wurden zweierlei Wege mit dem Ziel beschritten, deren Auswirkungen auf den therapeutischen Prozeß zu eruieren. Zum einen wurden dem Klienten Vorinformationen über den Therapeuten vermittelt, um auf diese Weise eine positive Erwartungshaltung aufzubauen. Zum anderen wurde das therapeutische Verhalten in analogen Gesprächssituationen systematisch verändert. Die Fragestellung der Untersuchungen lautete wie folgt: Tragen bestimmte Faktoren zur Attraktivitätssteigerung bei? Fördern diese den therapeutischen Prozeß? Erleichtern diese Variablen Verhaltens- und Einstellungsänderungen des Klienten?
Cash et al. (1975) fanden, daß äußerlich sympathische und attraktive Berater als freundlicher, intelligenter und kompetenter eingeschätzt wurden (Zimmer, 1983). Eine Studie von Greenberg (1969) erbrachte einen günstigen Einfluß der induzierten positiven Erwartung beim Klienten hinsichtlich des therapeutischen Verhaltens auf die Einschätzung der Attraktivität des Therapeuten. Dieser Zusammenhang ließ sich jedoch nur bei der Beurteilung von Tonbandaufzeichnungen nachweisen, nicht bei der Einschätzung realer Erstinterviews (Goldstein, 1971, zit. n. Zimmer, 1983). Murphy & Strong (1975) konnten belegen, daß der Therapeut dann attraktiver erschien, wenn er ähnliche Einstellungen zu bedeutsamen Lebensbereichen äußerte (zit. n. Zimmer, 1983). Welche Auswirkungen ein als attraktiv empfundenes Therapeutenverhalten hat, konnte Goldstein (1971) aufzeigen. Dem Autor zufolge verhält sich der Klient weniger verdeckt und abwehrend, spricht mehr, beschreibt sich als kranker und hat optimistische Erwartungen. Wenn der Therapeut dem Klienten Sympathie entgegenbringt, bedingt diese Haltung, daß der Klient mehr und offener spricht und sich weniger abwehrend verhält (Goldstein & Simonson, 1971, zit.

n. Zimmer, 1983). Relativiert werden müssen diese Ergebnisse dahingehend, daß die Auswirkungen wahrgenommener Attraktivität von der wahrgenommenen Kompetenz des Therapeuten überlagert werden können (Strong & Dixon, 1971, zit. n. Zimmer, 1983). Zu diesem Resultat gelangten auch Beutler et al. (1976), die einen Einfluß der Attraktivität nur bei weniger überzeugenden Therapeuten feststellen konnten (Zimmer, 1983). Wichtige Aufschlüsse liefern die Daten von Goldstein (1971), welche den Nachweis erbringen, daß die Attraktivitätsbeurteilung des Therapeuten abhängig ist von der jeweils untersuchten Stichprobe. So schätzten Studenten jene Therapeuten als sympathisch ein, die eine guten Ruf haben und von anderen Klienten empfohlen wurden. Im Gegensatz dazu ist für stationäre Psychiatriepatienten, die in der Regel der Unterschicht angehören, primär freundliches und annehmendes Verhalten des Therapeuten für die Einschätzung seiner Attraktivität bedeutsam (Zimmer, 1983). Weiterhin sei das Ergebnis von Schofield (1964) erwähnt. Der Autor fand, daß Therapeuten besser mit Patienten aus der gleichen Schicht umgehen können. Sie bevorzugen den sogenannten YAVIS-Patienten, mit den Eigenschaften jung, attraktiv, verbal geschickt, intelligent und erfolgreich. Diese Charakterisierung trifft im Regelfall nicht auf den durchschnittlichen Psychiatriepatienten zu, was als Erklärungsmöglichkeit für deren höhere Hospitalisierungsrate erwogen wird. Goldstein (1971) untersuchte nun in Anlehnung an diese Befunde, ob sich eine gezielte Therapeut-Klient-Zuordnung förderlich auf die Attraktivitätsbeurteilung des Therapeuten durch den Klienten auswirkt. Mit den gewonnenen Daten konnte er seine Hypothese, daß ein Einfluß besteht, untermauern. Zu klären bleibt in diesem Zusammenhang, inwieweit sich die Variation der therapeutischen Attraktivität ausschließlich auf die subjektive Bewertung auswirkt oder auch Konsequenzen für den therapeutischen Prozeß und das Ergbnis der Therapie hat. Goldstein (1971) konnte keine Verhaltensänderungen bei stationären Psychiatriepatienten nachweisen. Aufgrund der widersprüchlichen Befundlage kann die Frage, inwieweit die Attraktivität eines Therapeuten den Veränderungsprozeß des Klienten fördert, jedoch nicht endgültig beantwortet werden. Der Zusammenhang scheint durch die Beurteilung der Kompetenz des Therapeuten moderiert zu werden (Zimmer, 1983).

b) Zu den personalistischen Kennzeichen des Therapeuten zählen auch die *Erwartungen* des Therapeuten, d. h. seine Vermutungen und Hoffnungen in bezug auf den Therapieprozeß und das -ergebnis. Es liegt nahe, den von Rosenthal an Schülern nachgewiesenen Effekt der „Self-fulfilling-prophecy" auf die therapeutische Situation zu übertragen. Demnach müßte die Erwartung des Therapeuten hinsichtlich eines erfolgreichen Abschlusses der Therapie das Ergebnis des Klienten positiv beeinflussen (Rosenthal & Jacobson, 1968, zit. n. Zimmer, 1983). Die Gültigkeit dieses Effekts für das therapeutische Setting wurde jedoch angezweifelt. Nach Wilkins (1977) gibt es nur sehr wenig empirische Beweise eines deterministischen Zusammenhangs. Man kann vielmehr davon ausgehen, daß Erwartungen indirekt wirksam sind, z. B. in Form der Klientenselektion, der Zielsetzung, der Auswahl therapeutischer Interventionsstrategien usw. Als bedeutsam hat sich hingegen die Übereinstimmung von Therapeuten und Klientenerwartungen erwiesen, wobei sich eine geringe Diskrepanz eher günstig auswirkt (Keßler, 1984b; Zimmer, 1983).

Erfolgserwartungen des Therapeuten stehen in enger Verbindung zu seiner empfundenen Zuneigung für sein Gegenüber, zu dessen emotionaler Reife und Einsichtsfähigkeit sowie seiner sozialen Anpassung und Motivation. Ein negativer Zusammenhang läßt sich hinsichtlich einer Abwehrhaltung des Klienten feststellen. Moderiert wird der Einfluß jedoch in hohem Maß durch interaktionelle Erfahrungen zwischen Therapeut und Klient. Dieses Resultat legt nahe, daß das therapeutische Verhalten stärker durch die Therapeut-Klient-Interaktion als durch die Erwartungen des Therapeuten gesteuert wird (Kumar & Pepinsky, 1965, zit. n. Wilkins, 1977, zit. n. Zimmer, 1983).
Zu den meisten Untersuchungen läßt sich kritisch einwenden, daß zwar Erwartungen induziert wurden, jedoch ohne diese unabhängig von anderen Einflüssen zu überprüfen. Ferner ist ungeklärt, wie sich Erwartungen im Verhalten des Therapeuten spiegeln (Zimmer, 1983). Erschwerend kommt hinzu, daß Erfolgserwartungen vermutlich relativ leicht verändert werden (Wilkins, 1977, zit. n. Zimmer, 1983).

5.4.3.2 *Einfluß stilistischer Therapeutenvariablen*

Stilistische Therapeutenvariablen beziehen sich auf die individuellen therapeutischen Mittel, die von der schulischen Ausrichtung des Therapeuten, seinem Menschenbild sowie seinen Persönlichkeitscharakteristika abhängig sind (Keßler, 1984b). Sie kennzeichnen beobachtbare Verhaltensmerkmale auf verbaler und nonverbaler Ebene (Zimmer, 1983). Ausgangspunkt bei der Beschreibung therapeutischer Stile ist deren Konsistenz innerhalb der Therapie. Diese Annahme kann jedoch begründetermaßen angezweifelt werden. Studien u. a. von Mintz & Luborski (1971), Parker (1967), Houts et al. (1969) oder Heller et al. (1963) belegen, daß das Verhalten des Therapeuten beispielsweise sein Ausmaß an Empathie und seine Direktivität vs. Non-Direktivität von Klientenmerkmalen wie Geschlecht, Dominanz vs. Abhängigkeit, Freundlichkeit vs. Aggressivität etc. beeinflußt werden (Zimmer, 1983). Es zeigt sich, daß der Einfluß therapeutischer Stile auf den Therapieprozeß bedeutsamer ist als auf das Therapieergebnis.

Die Möglichkeiten der Klassifikation therapeutischer Stile sind mannigfaltig. So extrahierte z. B. Strupp (1958) einen dynamischen Beziehungsfaktor, dem er folgende Variablen zuordnete: Mitgehen (mit den Gedanken und den Gefühlen des Klienten), Schweigen, passives Akzeptieren, Gefühlsreflexion, nondirektives Fragen und Themenwechsel. Des weiteren fand er die Dimensionen „Direktheit", „Initiative" und „Klima der Beziehung". Lorr (1965) sowie Lorr & McNair (1966) kamen auf der Grundlage von Klientenwahrnehmungen zu folgenden Dimensionen: Verständnis zeigen, Akzeptieren, Autorität zeigen, Unabhängigkeit unterstützen und kritisch abwerten (Zimmer, 1983).

In der vorliegenden Arbeit wird die mittels faktorenanalytischer Auswertung gewonnene Klassifikation von Tscheulin (1984) zugrundegelegt, die sich weitgehend mit der von Zimmer (1983) deckt. Es werden folgende therapeutische Stile unterschieden: der analytische vs. erlebnismäßige, der direktive vs. nondirektive, der initiierende vs. folgende, der mehrdeutige vs. klare Stil, das Aktivitätsniveau sowie das Ausdrucksverhalten des Therapeuten. Zimmer (1983) nennt zudem die Dimensionen „Wärme vs. Kälte" sowie das Ausmaß der Selbsteröffnung des Therapeuten, Begriffe, die bei Tscheulin (1982) unter den therapeutischen Basisvariablen subsumiert werden. Gewählt wurde dieses Ordnungsschema, da zu diesen Kategorien die meisten und bedeutsamsten empirischen Befunde vorliegen.

5.4.3.2.1 Analytischer vs. erlebnismäßiger Stil

Nach Sundland & Baker handelt es sich hierbei um die einzige und bedeutsamste kontiniuerliche Dimension, auf der Therapeuten miteinander vergleichbar sind. Analytisch arbeitende Therapeuten legen den Schwerpunkt primär auf ihre theoretischen Konzepte, auf Training, Therapieplanung sowie unbewußte Prozesse des Patienten. Spontanes Verhalten wird so gering wie möglich gehalten. Dagegen legen erlebnismäßig orientierte Therapeuten mehr Gewicht auf die Einbringung der eigenen Persönlichkeit und den gefühlsmäßigen, ungeplanten und spontanen Zugang zum Patienten (Tscheulin, 1982). Nach dieser Definition sind Psychoanalytiker und Verhaltenstherapeuten dem analytischen Therapeutenstil zuzuordnen, Gesprächstherapeuten dem erlebnismäßigen.

5.4.3.2.2 Direktiver vs. non-direktiver Stil

Unter dieser Dimension wird das Ausmaß, mit dem der Therapeut in den Therapieverlauf eingreift, angesprochen, d. h. das Ausmaß in dem er plant, strukturiert und die Themenwahl beeinflußt (Zimmer, 1983). Es handelt sich also um zwei Pole, die einerseits durch strukturiertes bzw. führendes Vorgehen des Therapeuten charakterisiert sind sowie andererseits durch wenig initiatives Verhalten des Therapeuten, wobei die Hauptinitiative beim Klienten liegen soll (Tscheulin, 1982).
Während Verhaltenstherapeuten ein eher strukturiertes Vorgehen präferieren, empfinden Gesprächstherapeuten dieses Vorgehen als eine die Veränderung behindernde Entmündigung des Klienten und bevorzugen deshalb den non-direktiven Stil. Psychoanalytiker sind von ihrer schulischen Orientierung her ebenfalls nicht führend und strukturierend. Ein wesentliches veränderungsrelevantes Element dieser Interventionsform ist das freie und nicht vom Therapeuten gelenkte Assoziieren des Patienten (Zimmer, 1983).
Die Dimension „Direktivität vs. Non-Direktivität" wirkt sich entscheidend auf Klientenvariablen aus. So wurde gefunden, daß internal orientierte Klienten mehr von einem non-direktiven Stil profitieren, während external kontrollierte Patienten direktive Therapien erfolgreicher abschließen (Abramowitz et al., 1974; Friedmann & Dies, 1974, zit. nach Zimmer, 1983; Tscheulin, 1982). Studien von Rabavilas (1979) und Alexander et al. (1976) belegen für die Verhaltenstherapie, daß die Fähigkeit des Thera-

peuten, die Sitzungen zu Therapiebeginn deutlich zu strukturieren in engem Zusammenhang mit dem Therapieergebnis steht (Zimmer, 1983). Brunink & Schroeder (1979) verglichen die Handlungsweisen von Therapeuten unterschiedlicher schulischer Orientierungen (Psychoanalyse, Gestalttherapie und Verhaltenstherapie) hinsichtlich deren therapeutischer Aktivitäten, deren zeitlicher Orientierung, den Gesprächsinhalten, ihrem Ausmaß an Initiative, ihrem Kommunikationsstil und hinsichtlich des therapeutischen Klimas. Übereinstimmung zwischen allen drei Therapeuten herrschte hinsichtlich der zeitlichen Orientierung der therapeutischen Arbeit, d. h. sie bezogen sich in ihrer therapeutischen Arbeit ausschließlich auf die Gegenwart. Gestalttherapeuten führten eindeutig direkter, öffneten sich ihren Klienten gegenüber in höherem Ausmaß persönlich, ergriffen häufiger und intensiver die Initiative und unterstützten den Klienten weniger emotional (Garfield, 1982). Die Unterschiede zwischen Psychoanalyse und Verhaltenstherapie waren überraschenderweise nur geringfügig. Beide ließen sich mehr von Klienten lenken und tendierten dazu, die Interaktion zu fördern. Diskrepanzen zeigten sich hinsichtlich der Direktivität und der emotionalen Unterstützung (Zimmer, 1983). Auch die Untersuchungen von Greenwald (1981) und Sloane et al. (1975) belegen, daß Verhaltenstherapeuten ihre Therapien direktiver und strukturierter gestalten als Psychoanalytiker (Zimmer, 1983). Verhaltenstherapeuten führten stärker und unterstützten die Klienten mehr emotional (Garfield, 1982). Sie zeigen zudem die größere Flexibilität im Umgang mit den Klienten (Zimmer, 1983). Dieses Ergebnis belegt eindeutig, daß die schulische Ausrichtung des Therapeuten sein Handeln maßgeblich bestimmt. Keine Unterschiede wurden in bezug auf die Mitteilung von Empathie gefunden (Keßler, 1984b; Zimmer, 1983). Strupp (1958) stellt analytische und gesprächstherapeutische Sitzungen einander gegenüber. Er konnte belegen, daß der Analytiker in höherem Maß explorierte, mehr interpretierte und stärker aktiv wurde als der Gesprächstherapeut. Dieser konnte dem Klienten dagegen eine eindeutig positivere Haltung übermitteln und strahlte selbst größere Zuversicht aus (Zimmer, 1983).

5.4.3.2.3 Initiierender vs. folgender Stil

Dieses Kontinuum bezieht sich ebenfalls auf strukturierende bzw. wenig strukturierende Verhaltensmuster des Therapeuten.

Ein Unterschied besteht dahingehend, daß dynamische Faktoren stärker einbezogen werden und eine enge Verbindung zum instrumentellen Vorgehen besteht. Nach Mitchel, Bozarth & Krauft (1977) haben diese unterschiedlichen Stile in verschiedenen Stadien des therapeutischen Prozesses ihre Bedeutung (Tscheulin, 1982). Greenwald (1981) fand in seiner Studie u. a., daß Verhaltenstherapeuten mehr Initiative zeigen als Psychoanalytiker (Zimmer, 1983).

5.4.3.2.4 Ambiguität vs. Spezifität

Diese Dimension bezieht sich auf verschiedene Aspekte der Therapie, einerseits auf die inhaltlichen Informationen des Therapeuten an den Patienten, dann auf die Merkmale des Therapeuten selbst, wie beispielsweise seine Einstellung zum Klienten, seine Ziele, Pläne und Werthaltungen sowie die therapeutische Situation (Tscheulin, 1982; Zimmer, 1983).
Auch hier stehen sich verschiedene Standpunkte gegenüber. So folgert Tscheulin (1984), daß mehrdeutiges Verhalten des Therapeuten auf der inhaltichen Informationsebene eine stärkere Produktivität des Klienten zur Folge haben kann. Beziehungsambiguität dagegen kann dazu führen, daß sich der Klient zurückzieht und weniger gut mitarbeitet (Tscheulin, 1982). Diese Annahme entspricht der Haltung von Vertretern der Psychoanalyse. Auch Frank sieht eine Verbindung zwischen der Ambiguität des Therapeuten und der Beeinflußbarkeit des Klienten. Doppeldeutigkeit bedingt eine erhöhte Unsicherheit und Abhängigkeit des Klienten und steigert damit seine Beeinflußbarkeit (Frank, 1981). Gesprächstherapeuten vertreten vehement die Gegenposition. Sie sind der Auffassung, daß sich Vertrauen nur in einer Situation entwickeln kann, in der auf Informations- und Beziehungsebene zwischen Therapeut und Klient Klarheit herrscht. Dies ist wiederum die Voraussetzung für die Aktualisierung der Selbstentfaltungstendenz des Klienten (Minsel & Bente, 1980; Schwab, 1984; Bommert, 1984; Kriz, 1985). Die Verhaltenstherapie nimmt diesbezüglich eine Zwischenposition ein. Ein Ziel besteht zwar in der zunehmenden Transparenz des therapeutischen Prozesses, es wird aber nicht als ein entscheidendes Merkmal einer jeden Therapiephase beurteilt (Zimmer, 1983).
Die empirischen Befunde zur Dimension „Ambiguität vs. Spezifität" sind widersprüchlich. Manche Untersuchungen haben er-

bracht, daß Ambiguität des Therapeuten die verbale Aktivität des Klienten fördert. Dipner (1953) und Pope et al. (1971) fanden dagegen eine Erhöhung des Angstniveaus durch Ambiguität. Dieses Ergebnis wurde wiederum von anderen Autoren (McCarron & Appel, 1971) gerade bei klaren verbalen Botschaften des Therapeuten festgestellt (Zimmer, 1983). Siegman & Pope (1972) spezifizieren die Befunde dahingehend, daß Ambiguität nur auf der Beziehungsebene angststeigernd wirkt. Mehrdeutiges therapeutisches Verhalten sowohl auf inhaltlicher als auch auf Beziehungsebene ist mit kognitiver Unsicherheit gekoppelt. Ambiguität ist nur hinsichtlich der Beziehung mit Angst verknüpft (Zimmer, 1983).

5.4.3.2.5 Aktivitätsniveau

Diese Dimension bezieht sich auf das Ausmaß verbaler Äußerungen des Therapeuten und ist in hohem Maß abhängig von der schulischen Orientierung, des Therapeuten (Tscheulin, 1982). Verhaltenstherapeuten nehmen auf diesem Kontinuum die aktivste Rolle ein. Sie erklären, erläutern, leiten Übungen an und verstärken (Keßler, 1984a; Kriz, 1985). Eine Mittelstellung nehmen Gesprächstherapeuten ein. Sie spiegeln das vom Klienten Gesagte in ihren eigenen Worten und enthalten sich dabei, soweit dies möglich ist, interpretativen Äußerungen (Minsel & Bente, 1980; Schwab, 1984). Die Rolle des Psychoanalytikers auf verbaler Ebene ist die passivste. Er ist primär Zuhörer, läßt den Patienten reden, greifen selten ein und wenn, dann um Träume oder Assoziationen zu deuten (Wolpe, 1980; Graupe, 1984; Kriz, 1985).
Studien von Lennard & Bernstein (1960) und Matarazzo (1965) sprechen dafür, daß sich die Gesamt-Sprechaktivität von Therapeut und Klient auf ein stabiles Verhältnis einpendelt (Zimmer, 1983). Des weiteren wurde gefunden, daß Klienten mehr therapeutische als eigene Aktivität erwarten und den Therapeuten, der die Erwartungen erfüllt, dann wärmer empfinden als Therapeuten, die diesen Erwartungen nicht entsprechen (Pope et al., 1974). Seine Passivität oder sein Schweigen wird dagegen eher als Belastung erlebt (Heller et al., 1966, zit. n. Zimmer, 1983). Interpretationen können nach Fisher (1956) um so schwerer vom Klienten angenommen werden, je distanzierter die Beziehung zum Therapeuten ist (Zimmer, 1983). Zusammenhänge bestehen auch zu anderen stilistischen Variablen wie Direktivität vs.

Non-Direktivität oder initiierender vs. folgender Stil (Tscheulin, 1982).

5.4.3.2.6 Ausdrucksverhalten

Auf dieser Dimension wird die sowohl verbale als auch nonverbale Art und Weise beschrieben, mit der der Therapeut Inhalte ausdrückt. Dieser sogenannte emotionale Ausdruck des Therapeuten beinhaltet paralinguistische Aspekte wie Sprechtempo oder Stimmfarbe. Sie sind für die Art, mit der der Klient die Äußerungen vom Therapeuten aufnimmt, bedeutsam (Tscheulin, 1982). Die Übermittlung des emotionalen Gehalts einer Äußerung ist eine entscheidende änderungsrelevante Bedingung in allen bekannten Therapieverfahren, wenn es um die Bearbeitung belastender emotionaler Inhalte geht (Zimmer, 1983). Arbeiten von Lennard & Bernstein (1960) oder Isaacs & Haggard (1966) sprechen dafür, daß sich die Emotionalität des Therapeuten direkt auf die Gefühlsorientierung und die Affektgeladenheit der Sprache des Klienten auswirkt. Werden spezifische Emotionen verbalisiert, ist das Zusammenwirken mit Klientenvariablen entscheidend für deren Auswirkungen (Tscheulin, 1982).

Gesprächstherapeutische Basisvariablen

Die in Kap. 3.2 dargestellten, aus der Gesprächstherapie stammenden Basisvariablen Empathie, Echtheit und Wärme gelten nach Tscheulin (1982) insgesamt als schulenübergreifende Wirkfaktoren, über die der Klient zu Beginn der Therapie in geringem, der Therapeut dagegen idealerweise in hohem Ausmaß verfügt. Ziel einer jeden Therapie ist es, diese Eigenschaften beim Patienten zu fördern. Es handelt sich um die Merkmale Realitätsoffenheit (Selbstkongruenz, Echtheit), Personenbezogenheit (Empathie) und Akzeptationsbreite (Akzeptanz, Wertschätzung des Gegenübers) (Tscheulin, 1982; Garfield, 1982). Zimmer (1983) bezeichnet diese Dimensionen therapeutischen Verhaltens als „Wärme vs. Kälte" und „Selbsteröffnung des Therapeuten" (Zimmer, 1983).
Auf eine wiederholte Beschreibung dieser Variablen soll hier verzichtet werden. Untersuchungsbefunde von Sloane et al. (1975) veranschaulichen, daß Verhaltenstherapeuten und Psychoanalytiker ihren Patienten ungefähr gleich viel Zuwendung und Wärme entgegenbringen (Zimmer, 1983).

Empirische Überprüfungen dieser drei Merkmale hinsichtlich ihres Einflusses auf das Therapieergebnis erbrachten widersprüchliche Befunde. Truax & Carkhuff (1967) fanden, daß in mehreren Studien immer eines der drei Kennzeichen, und zwar jedesmal ein anderes, negativ oder nicht mit dem Therapieergebnis korreliert (Garfield, 1982). Zu dem übereinstimmenden Ergebnis, daß eines der maßgeblichen Charakteristika keinen oder einen negativen Zusammenhang zum Therapieresultat aufweist, kamen Garfield & Bergin (1971), Beutler et al. (1973), Kurtz & Grummon (1972), Mullen & Abeles (1971), Sloane et al. (1975) (Garfield, 1982). Mitchell et al. (1977) ziehen daraus den Schluß, daß die Relevanz der beschriebenen Basisvariablen für den therapeutischen Prozeß bislang sich bewiesen werden konnte. Ein Zusammenhang zu den psychischen Veränderungen des Klienten besteht wahrscheinlich, jedoch nicht in dem Ausmaß wie ursprünglich angenommen (Garfield, 1982). Parloff (1978) folgert, daß die Annahme, nach der die drei Basisvariablen notwendige und hinreichende Bedingungen für eine erfolgreiche Therapie seien, nicht beibehalten werden kann.

5.4.3.2.7 Wärme vs. Kälte

Dem theoretischen Konzept der Gesprächstherapie zufolge ist die Vermittlung einer warmen Atmosphäre durch den Therapeuten eine entscheidende Bedingung für das Gelingen einer Therapie. Es ist vermutlich für jeden nachvollziehbar, daß der Klient in einer warmen Atmosphäre, in der er sich wohl fühlt, eher Vertrauen zu dem Therapeuten, der zunächst noch eine fremde Person ist, entwickelt und den Mut faßt, sich zu öffnen. Das bedeutet, daß ein eher von Wärme und Akzeptanz des Therapeuten geprägtes Klima die Anfangsschwierigkeiten einer jeden Psychotherapie überbrücken hilft (Zimmer, 1983).
Welchen Stand zeigt die Psychotherapieforschung zu diesem Punkt auf? Die Ergebnisse sind auch hier nicht eindeutig. Sie sprechen jedoch insgesamt dafür, daß der warmen Atmosphäre in der Therapie primär eine den therapeutischen Prozeß fördernde Rolle zukommt. Sie erlangt dagegen nicht die Bedeutung einer notwendigen und hinreichenden Bedingung (Garfield, 1982; Bommert, 1978). Als direkte Auswirkung eines warmen therapeutischen Stils fand Dittes (1957) eine Abnahme der Angst der Klienten. Indikator dafür war die Veränderung des Hautwiderstands. Pope & Siegman (1972) berichten von einer Zu-

nahme der Kommunikationsmenge und der Sprachflüssigkeit des Klienten. Dieses Resultat wurde von Pope (1974) insofern präzisiert, als dieser fand, daß der beschriebene Zusammenhang nur für therapeutische Anfänger Gültigkeit besitzt und hauptsächlich zu Beginn einer Gesprächssequenz von Bedeutung ist. Pope & Siegman (1972) fanden zudem, daß Anzeichen von Angst bei kaltem Gesprächsstil zunahmen. Dem widersprachen Ganzer & Sarason (1964) sowie Sarason & Winkel (1966). Sie konnten zeigen, daß gerade bei kühler Atmosphäre die Patienten mehr negative Informationen von sich preisgaben. Heller (1972) vertritt die Ansicht, daß ein mittleres Streßniveau eine günstige Grundlage für eine hohe Offenheit des Klienten ist. Obwohl die Klienten seiner Studie (1966) die eher aktiven und freundlichen Therapeuten deutlich präferierten, konnte Heller den Einfluß des therapeutischen Stils auf die Offenheit des Klienten jedoch nicht belegen. In einer späteren Untersuchung (1972) gelang ihm der Nachweis, daß wenig außenabhängige Klienten bei einem freundlichen Gesprächsstil mehr von sich erzählten, während stärker außenabhängige Klienten bei einem freundlichen Klima verschlossener waren. Sie öffneten sich dagegen mehr bei einem unfreundlichen Gesprächsstil (Zimmer, 1983).
Die langfristigen Auswirkungen eines warmen therapeutischen Stils sind umstritten. So fanden Mitchell et al. (1977) und Ford (1978) keinen Zusammenhang zwischen einem warmen Therapeutenverhalten und dem Therapieerfolg. Morris & Suckermann (1974) und Alexander et al. (1976) gelangten in bezug auf die Verhaltenstherapie zum gegenteiligen Resultat. Allerdings waren die Studien hinsichtlich Klienten und Therapien nicht vergleichbar (Zimmer, 1983).

5.4.3.2.8 Selbsteröffnung

Diese Variable geht einher mit der in der Gesprächstherapie unabdingbaren therapeutischen Eigenschaft der Echtheit oder Selbstkongruenz (Kriz, 1985; Minsel & Bente, 1981; Schwab, 1984). Von Psychoanalytikern wird diese Verhaltensweise grundsätzlich abgelehnt. Sie halten sich eher bedeckt, um als „Projektionsfläche" für Übertragungsvorgänge des Patienten zu fungieren (Graupe, 1981; Wolpe, 1984; Kriz, 1985). Verhaltenstherapeuten nehmen diesbezüglich eine Mittelstellung ein (Keßler, 1984a).

Mann & Murphy (1975) und Murphy & Strong (1972) konnten zeigen, daß ein mittleres Maß an Selbsteröffnung die Offenheit des Klienten am meisten fördert. Auswirkungen zeigen sich nach Dell (1973) allerdings nicht hinsichtlich der Zusammenarbeit bei Verhaltensanweisungen. Die Selbsteröffnung des Therapeuten im Sinne von Einbringen persönlicher Erfahrungen und von Ähnlichkeiten zum Klienten erleichtern den therapeutischen Prozeß (Zimmer, 1983). Ergebnisse zum Einfluß der Selbsteröffnung auf das Therapieergebnis sind uneinheitlich. Hayward (1974) und Dickenson (1978) fanden keine signifikanten Korrelationen. Orlinsky & Howard beschreiben in ihrer Übersichtsarbeit sechs Studien, die gegen den Zusammenhang zwischen therapeutischer Kongruenz und Effektivität der Behandlung sprechen, dagegen vierzehn Studien, die diesen Zusammenhang zu belegen scheinen. Die Art der Klienten, Behandlungsverfahren und Therapiephasen, in denen sich der Therapeut persönlich eingebracht hat, werden jedoch nicht näher spezifiziert. Nach Zimmer (1983) werden durch Selbsteinbringung Vergleichsprozesse ausgelöst. Je nach dem, wie das Ergebnis des Vergleichs ausfällt, können sie Resignation oder Ermutigung nach sich ziehen (Zimmer, 1983).

5.4.3.3 Instrumentelle Therapeutenvariablen

Eine weitere Kategorie zur Kennzeichnung eines Therapeuten sind seine *instrumentellen* Fähigkeiten. Diese betreffen einerseits seine Fähigkeit, therapeutische Techniken umzusetzen sowie andererseits die Frage, inwieweit er in der Lage ist, eine gute Beziehung zum Klienten herzustellen. Instrumentelle Therapeutenvariablen haben einen signifikanten Einfluß auf den Therapieprozeß und das -ergebnis (Tscheulin, 1982).

5.4.3.3.1 Fachliche Kompetenz

Zur Untersuchung der Variable „fachliche Kompetenz" wird von der Annahme ausgegangen, daß diese mit der Erfahrung und dem Erfolg des Therapeuten identisch sei, was bislang jedoch nicht nachgewiesen ist. Damit werden Erfahrung und Kompetenz bzw. Qualifikation gleichgesetzt (Herschbach et al., 1980) (vgl. dazu Kap. 5.4.3.1.2).

In diesem Zusammenhang wird deutlich, daß keine Untersuchungsbefunde über das tatsächliche Verhalten des Therapeuten vorliegen. Stattdessen werden entweder Einstellungen von Therapeuten zu ihren Techniken überprüft oder Reaktionen von Therapeuten auf Klientenverhalten in Filmen bzw. Tonbandaufnahmen erhoben (Herschbach et al., 1980).

5.4.3.3.2 Motivierungsfähigkeit

Zu den instrumentellen Fähigkeiten zählt auch, inwieweit der Therapeut von seinem Klienten Anstrengungen und Bemühungen einplant und fordert (Zimmer, 1983). Ausgangspunkt von Fragestellungen in diesem Zusammenhang ist die Annahme, daß hohes Engagement bzw. starke Anstrengungen und die Attraktivität der Behandlung nicht miteinander vereinbar sind. Es entsteht kognitive Dissonanz. Die daraus resultierenden Spannungen können reduziert werden, indem die Attraktivität der Therapie subjektiv erhöht wird. Goldstein (1971), der dieser Frage nachgegangen ist, variierte die Belastungen zwischen dem ersten und zweiten Kontakt, (z. B. in Form häufiger Termine, des Abhörens von Tonbandaufzeichnungen der Sitzung). Es zeigte sich, daß Personen, von denen mittlere bis hohe Anstrengungen gefordert wurden, die Therapeut-Klient-Beziehung signifikant positiver einstuften. In einer weiteren Studie ergab sich, daß jene Anstrengungen einen größeren Effekt aufweisen, die in direktem Zusammenhang zum therapeutischen Geschehen stehen, verglichen mit Bemühungen ohne Bezug zur Therapie (Goldfried, 1971; zit. n. Zimmer, 1983).
Insgesamt legen die Ergebnisse nahe, daß eine aktive Arbeitshaltung den therapeutischen Prozeß fördert und daß es sinnvoll ist, dem Klienten relativ frühzeitig innerhalb des therapeutischen Geschehens Aufgaben zu stellen, die auf den Einzelfall, insbesondere auf das Krankheitsbild, abgestimmt sein müssen. Die Befunde belegen also, daß die Attraktivität des Therapeuten nicht ausschließlich von der dem Klienten entgegengebrachten Wärme und Zuneigung abhängig ist, sondern zudem von Anforderungen, die im Zusammenhang mit der Therapie an den Klienten gestellt werden (Zimmer, 1983).

5.4.3.3.3 Psychosoziale Kompetenz

Zu den instrumentellen Fähigkeiten des Therapeuten zählt ferner inwieweit er in der Lage ist, eine stabile Beziehung zum Klienten herzustellen und Vertrauen in die Tragfähigkeit der Beziehung zu wecken. Zimmer (1983) definiert Vertrauen als „die Bereitschaft, über Themen zu sprechen, die potentielle Abwertung und Zurückweisung hervorrufen können, für den Klienten also ein Risiko bedeuten" (Zimmer, 1983, S. 37). Literaturübersichten z. B. von Johnson et al. (1977) weisen darauf hin, daß Vertrauen die Offenheit der Kommunikation und die Bereitschaft zur Problembearbeitung und Einstellungsänderung günstig beeinflußt. Prägend für die Vertrauensbildung ist die Anfangsphase der Therapie sowie der jeweilige Erfahrungshintergrund des Patienten. Zu den Entstehungsbedingungen von Vertrauen liegen bislang kaum empirische Arbeiten vor (Zimmer, 1983). Biermann (1969) zieht in seiner Literaturübersicht den Schluß, daß die Wechselseitigkeit der Selbsteröffnung auch für die therapeutische Beziehung günstig ist. Besonders die von Gesprächstherapeuten realisierten Basisvariablen, insbesondere in der Anfangsphase, erleichtern die Vertrauensbildung (Goldstein, 1971, zit. n. Zimmer, 1983). Zimmer (1983) hält die vom Klienten wahrgenommene Kompetenz des Therapeuten für gleichermaßen essentiell für die Vertrauensbildung, denn sie vermittelt dem Klienten das Gefühl, daß der Therapeut mit den angebotenen Inhalten umgehen kann (Zimmer, 1983).

Schließlich soll noch auf die ethische und professionelle Verpflichtung des Psychologen hingewiesen werden, seine eigenen Bedürfnisse zugunsten des Klienten zurückzustellen, sich weiterzubilden sowie seine Arbeit kritisch zu beleuchten und gegebenenfalls seine Strategie zu revidieren (Garfield, 1982).

5.4.4 Zusammenfassung

Zur Bedeutung von Therapeuten-Variablen, unabhängig von denen des Klienten, kann folgendes Fazit gezogen werden:
— Emotionale Schwierigkeiten des Therapeuten behindern die Therapie eher.
— Der Nachweis des Einflusses einer Eigentherapie auf die Effektivität einer therapeutischen Behandlung konnte bislang nicht erbracht werden.
— Die Auswirkungen des Geschlechts des Therapeuten sind noch unklar.
— Forschungsarbeiten über den Einfluß therapeutischer Erfahrung auf die Effektivität einer Psychotherapie sind ungenü-

gend. Die vorliegenden Ergebnisse sprechen eher für einen geringen Zusammenhang.
- Die Untersuchung der Korrelation zwischen stilistischen Therapeutenvariablen und Effektivität steht erst am Anfang. Die Resultate sind schwer interpretierbar.
- Die Bedeutung der Therapeutenvariablen „Empathie, Wärme und Echtheit" als hinreichende Bedingung des therapeutischen Prozesses sind fraglich.

Die Befunde zum Einfluß von Therapeutenvariablen auf das Therapieergebnis des Klienten sind wenig stichhaltig. Zum derzeitigen Forschungsstand muß jedoch davon ausgegangen werden, daß ein eher geringer Zusammenhang zwischen Therapeutenvariablen und Therapieergebnis besteht.

5.5 Die Therapeut-Klient-Interaktion

5.5.1 Begriffsbestimmung

Eingangs wurde Psychotherapie definiert als spezifischer Interaktionsprozeß zwischen Klient und Therapeut. Der Begriff „Interaktion" kennzeichnet dabei die wechselseitige Beeinflussung zweier oder mehrerer Einheiten (Dorsch, 1982; Keßler, 1984b). Die Begriffe „Therapeut-Klient-Beziehung" oder „Therapeut-Klient-Interaktion" beziehen sich sowohl auf eine professionelle Arbeitsbeziehung als auch auf eine unmittelbare menschliche Begegnung (Zimmer, 1983). Von einer Alltagsbeziehung läßt sich die therapeutische Interaktion durch spezifische Rollenerwartungen abgrenzen. Der Therapeut gilt als gesellschaftlich legitimierter Helfer, der dem Klienten vor dem Hintergrund einer Ausbildung und bestimmter Erfahrungen ein Hilfsangebot unterbreitet. Der Klient dagegen leidet unter psychischen Beschwerden und sucht diesbezüglich Hilfe. In jeder Behandlungsform werden bereits zu Beginn bestimmte, zumeist explizite Beziehungsregeln zwischen Therapeut und Klient eingeführt. Durch diese werden für beide Interaktionspartner bestimmte Rollenerwartungen und -verhaltensweisen festgelegt, beispielsweise in bezug auf Abgrenzung und Distanz oder Offenheit und Vertrauen. Es handelt sich hierbei um Aspekte die das sogenannte therapeutische „Arbeitsbündnis" charakterisieren. Wie die Darlegungen in Kap. 3 veranschaulicht haben,

existieren von Therapieschule zu Therapieschule unterschiedliche Vorstellung der Beziehungsgestaltung (Linsenhoff, Bastine & Kommer, 1982).
Beschreibt man den therapeutischen Prozeß unter dem Beziehungsaspekt, werden Therapeut und Klient als Subsysteme eines übergeordneten Gesamtsystems interpretiert. Diese systemische Betrachtungsweise impliziert, daß die Veränderung des einen Systems zwangsläufig eine Veränderung des anderen bewirkt (Bergold, 1982).
Die Therapeut-Klient-Beziehung läßt sich durch folgende Merkmale beschreiben:
— als zeitlich begrenzte Beziehung auf freiwilliger Basis,
— die auf unterschiedlichen Bedürfnissen aufbaut und bei der Rollen-Definitionen darüber vorliegen, wer als Hilfesuchender auftritt und wer als Helfer bzw. Experte fungiert. Durch diesen Sachverhalt unterscheiden sich therapeutische und Alltagsbeziehungen voneinander.
— Das Ziel der Interaktion besteht in der Veränderung umschriebener Einstellungen, Verhaltensmuster und somatischer Reaktionen in der Weise, daß eine erhöhte Selbst-Steuerung ohne Fremdhilfe möglich ist.
— Therapie ist in der Regel ein kooperativer und, soweit möglich, transparenter Problemlöse-Prozeß auf der Basis einer vertrauensvollen Beziehung.
— In der Regel kommen spezifische Interventionsverfahren zum Einsatz.
— Die therapeutische Interaktion ändert sich mit der zunehmenden Fähigkeit des Klienten, wieder für das eigene Handeln Verantwortung zu übernehmen.
— Obwohl das Ziel der Arbeitsbeziehung in der Modifikation von Einstellungen und Verhaltensweisen des Klienten besteht, läßt sich die Interaktion durch wechselseitige Einflußnahme kennzeichnen: Der Klient sucht den Therapeuten auf und bittet um Hilfe, d. h. darum, beeinflußt zu werden. Der Therapeut versucht, durch seine Hilfe Einfluß zu nehmen. Klienten widerum beeinflussen die Art, wie der Therapeut ihnen hilft"" (Johnson et al., 1977, zit. n. Zimmer, 1983).

Zur Spezifizierung der Bezeichnung „Therapeut-Klient-Beziehung" werden in der Literatur vielfältige Begriffe verwendet, so beispielsweise Übertragung-Gegenübertragung, reziproker Af-

fekt, Transaktion, Interaktion, generalisierte Verstärker, Gegenseitigkeit von Zielen, symmetrische und komplementäre Kommunikation, um nur einige zu nennen (Bergold, 1982).
Der Person des Therapeuten kommen in der Beziehung unterschiedliche Funktionen zu. Seine Persönlichkeit und sein Verhalten wirken sich in dreifacher Weise aus: Erstens ist der Therapeut idealerweise in der Lage, seine Beziehung zum Klienten zu fördern. Er bereitet damit den Boden für therapeutische Maßnahmen. Zweitens spürt er an seinen eigenen Reaktionen und Wahrnehmungen, wie der Patient soziale Beziehungen eingeht und gestaltet. Ausgangspunkt ist dabei die Annahme, daß sich in der Therapeut-Klient-Beziehung typische Interaktionsmuster des Klienten manifestieren. Die therapeutische Beziehung liefert daher Anhaltspunkte zur Verhaltensänderung. Drittens verändert der Therapeut durch seine eigene, modellhaft wirkende Art des Umgangs die sozialen Verhaltensweisen des Patienten. Durch die Therapeut-Klient-Beziehung werden also sowohl die Voraussetzungen für therapeutische Interventionen geschaffen als auch das Medium zur Übermittlung von Veränderungen hergestellt (Bergold, 1982; Garfield, 1982). Wie bereits dargestellt (s. Kap. 3.4.2), wird die Therapeut-Klient-Beziehung in den verschiedenen theoretischen Schulen sehr unterschiedlich gesehen.
Bei der „Therapeut-Klient-Beziehung" handelt es sich um ein komplexes Bedingungsgefüge, das durch vielfältige Mechanismen geprägt und beeinflußt wird, die im folgenden beschrieben werden. Dabei wird unter Schema die Vorstellung über die Struktur von Sachverhalten verstanden. Therapeut und Klient werden in der gemeinsamen Interaktion sowohl von vergangenen als auch von gegenwärtigen Erfahrungen beeinflußt.

1. *Vergangene* Erfahrungen wirken sich aus über:
   a) *gesellschaftliche* Schemata (geprägt durch Schicht, Subkultur usw.);
   b) *institutionelle* Schemata (geprägt durch Schule, Krankenwesen, Arbeitsplatz usw.); Hierbei handelt es sich beim Patienten z. B. um frühere Erfahrungen mit Psychotherapie oder mit Therapeuten.
   c) *professionelle Schemata*
      1. von seiten des Therapeuten (geprägt durch berufliche Sozialisation, Rollenanforderungen usw.),
      2. von seiten des Klienten durch Helferschemata (geprägt durch individuelle Lehrer, Ärzte usw.). Beispielsweise

unterscheiden sich Klienten danach, ob sie intern ein medizinisches Krankheitsmodell vertreten und sich passiv in Behandlung begeben oder ob sie aktiv mitarbeiten und sich Hilfe zur Selbsthilfe holen;
d) *persönlichkeitsspezifische* Schemata (geprägt durch Sozialisation, z. B. Werthaltungen, Einstellungen, Sympathie-Antipathie, Alter, Geschlecht, Kompetenz, gemeinsamer soziokultureller Hintergrund) (Bergold, 1982).
2. Auf die therapeutische Situation wirken sich zudem gegenwärtige Einflüsse aus. Diese gehen aus von:
a) *gesellschaftlichen* Faktoren (Arbeitsbedingungen, Arbeitslosigkeit usw.),
b) dem jeweiligen *Versorgungssystem* (Privathonorar, Krankenkasse),
c) *Institutionen* (Klinik, Privatpraxis usw.),
d) dem *Setting* (Behandlungsraum, Wohnung etc.),
e) der *verbalen* und *nonverbalen Kommunikation* auf inhaltlicher und Beziehungsebene (inhaltlich: Ziele, Beschreibungen der Lebenswelt etc.; Beziehungsebene: Interaktionsmuster, emotionale Reaktionen, z. B. bestimmte Machtstrukturen, gegenseitige Belohnung, symmetrische-asymmetrische Kommunikation, therapeutische Doppelbindung etc.) sowie
f) *körperlichen Charakteristika* (Bergold, 1982).

Die Schwierigkeit, ein Konzept der Therapeut-Klient-Interaktion zu entwickeln, liegt darin begründet, daß theoretische Ansätze häufig sehr ungenau formuliert und operationalisiert sind, so daß empirische Untersuchungen nicht miteinander vergleichbar sind. Ferner weisen viele zumeist schwerwiegende methodische Mängel auf (Bergold, 1982).
Die unterschiedliche Bewertung der Therapeut-Klient-Beziehung durch die Psychoanalyse, die Verhaltenstherapie und die Gesprächstherapie wurde bereits in Kap. 3.4.2 behandelt.

5.5.2 Empirische Befunde zum Einfluß der Therapeut-Klient-Interaktion

Die übergeordneten Fragen, die die Darstellung der Untersuchungsergebnisse strukturieren, sind folgende: Gibt es eine ideale Form der Beziehungsgestaltung? Oder benötigen Patienten mit unterschiedlichen Störungen und unterschiedlichen interktionellen Vorerfahrungen auch verschiedene therapeutische Beziehungsformen? Ist das gleiche therapeutische Beziehungsangebot sowohl zu Therapiebeginn als auch zu Therapieende nötig oder muß der Therapeut seinen Umgangsstil ändern, genau so wie er seine Verfahren anpassen muß? Bedeutung erlangen in diesem Zusammenhang die Art der Störung und die interaktionellen Vorerfahrungen (Zimmer, 1983).

5.5.2.1 Die Zuordnung von Klient und Therapeut („matching")

Wahrscheinlich hat jeder Psychotherapeut die Erfahrung gemacht, daß es bestimmte Klienten oder bestimmte Störungsbilder gibt, mit denen er weniger zurecht kommt. Die Gründe dafür sind unterschiedlicher Natur. Sie können beispielsweise in unterschiedlichen Werthaltungen begründet sein, durch eigene Schwierigkeiten in bestimmten Bereichen, durch fehlende Erfahrung oder „blinde Flecken". Hilfestellung kann man sich in diesem Fall durch Supervision oder Weiterbildungen holen. Eine andere Möglichkeit besteht in der Überweisung des Patienten an einen Kollegen (Zimmer, 1983). Günstige Voraussetzung dafür ist ein funktionierendes, d. h. gut zusammenarbeitendes System sozialer Versorgung. Eine andere Lösung wäre nach Lazarus die Zusammenarbeit eines größeren Teams, das sich aus Mitarbeitern unterschiedlicher Erfahrungen zusammensetzt (vgl. hierzu Kap. 6). Wie bereits angeklungen, wird dabei von idealen Bedingungen ausgegangen, die in den seltensten Fällen realisierbar sind. So kommt es, daß Therapeuten trotz begrenzter Erfahrungsbreite und spezialisierten Wissens den Anspruch haben, für alle Klienten gleichermaßen qualifiziert zu sein. Hinzu kommt, daß viele Therapeuten die Einstellung vertreten, die von ihnen vertretene therapeutische Orientierung sei die universell wirksame (Universalitäts-Mythos). Das Erkennen der Notwendigkeit einer systematischen und gezielten Zuordnung von Therapeut zu Klient (selektive Indikation) „setzt das Bewußtsein voraus, daß nicht jeder mit seiner Methode allen helfen kann" (Zimmer, 1983, S. 13).

Zur Frage der optimalen Zuordnung von Therapeut und Klient wurden Variablen wie die Ähnlichkeit von Therapeut und Klient hinsichtlich demographischer Variablen, kognitiver Stile und Werthaltungen sowie spezifischer Einstellungen oder Persönlichkeitsmerkmale untersucht. Differenzierungen in bezug auf die

Art der Störung wurden jedoch nicht vorgenommen. Ebenso ungeklärt ist bislang die Frage, ob eine passende Zuordnung hauptsächlich den Einstieg in die Therapie erleichtert oder ob sie die Gesamteffektivität der Behandlung beeinflußt (Zimmer 1983).

Der Interaktionsprozeß zwischen Therapeut und Klient wird durch ihre Ähnlichkeit hinsichtlich *Schicht* und *Herkunft* erleichtert. Da die meisten Therapeuten jedoch aus der Mittelschicht stammen, ist es erforderlich, trotz ungünstiger Konstellationen eine tragfähige Beziehung aufzubauen. Ein anderes Ergebnis von Baum et al. (1966) zeigt auf, daß Unterschichtpatienten bei erfahrenen Therapeuten die Behandlung weniger häufig vorzeitig beenden. Sloane et al. (1975) fanden nur für die Psychoanalyse einen Einfluß der Herkunft auf die Effektivität der Psychotherapie, nicht jedoch bei Verhaltenstherapie (Zimmer, 1983).

In der Literatur werden widersprüchliche Ergebnisse zu den Auswirkungen des *Geschlechts* auf das Therapieergebnis geschildert. Berzin (1977) stellt zum einen zwei Arbeiten dar, in denen keine bedeutsamen Unterschiede gefunden wurden und auf der anderen Seite vier Studien, die aufzeigen, daß eine gegengeschlechtliche Konstellation auf die Therapeut-Klient-Interaktion eher förderlich wirkt. Berzin gelangt in seiner Übersichtsarbeit zu dem Schluß, daß demographische Variablen wie Alter, Geschlecht, Familienstand per se nicht prognostisch aussagekräftig sind, daß sie jedoch insgesamt bestimmte Lebensstadien repräsentieren, die sich bei gegebener Ähnlichkeit zwischen Therapeut und Klient eher förderlich auf Vertrauen und Verständnis auswirken (Zimmer, 1983).

5.5.2.2 Sozialpsychologische Modelle zur Therapeut-Klient-Interaktion

Im folgenden werden jene sozialpsychologischen Modelle über zwischenmenschliche Beziehungen ausgeführt, welche sich auf den speziellen Fall der Therapeut-Klient-Interaktion übertragen lassen.

a) Das Konzept der A-B-Variable von Whitehorn & Betz

In dem Ansatz von Whitehorn und Betz (1954) werden Therapeuten nach A- und B-Typen kategorisiert. A-Therapeuten sind in höherem Ausmaß emotional warm und stärker personenorientiert, während bei B-Therapeuten mehr die Symptomorientierung im Vordergrund steht. Hypothesen, daß A-Therapeuten in der Behandlung von Schizophrenen erfolgreicher seien und B-Therapeuten bei Neurotikern, konnten nicht aufrechterhalten werden. Vielmehr kann man heute davon ausgehen, daß A-Typen bei Neurotikern genauso erfolgreich sein können wie B-Typen und zusätzlich für die Behandlung schizophrener Patienten geeignet sind (Tscheulin, 1982; Bozok, 1986; Zimmer, 1983).

b) Ansatz des therapeutischen Selbsterlebens von Tscheulin

Innerhalb des Konzepts von Tscheulin (1980) wird der Therapeut anhand dreier Merkmale beschrieben. Es handelt sich um:
1. seine Offenheit und Änderungsbereitschaft,
2. das Erkennen der eigenen Bedürfnisbefriedigung sowie die relative Unabhängigkeit von ihr und schließlich
3. sein Störungserleben bei relativer Störungsfreiheit.

Mit Hilfe dieser drei Dimensionen wird die psychische Funktionsfähigkeit des Therapeuten beschrieben, welche sich maßgeblich auf sein Verhalten in der therapeutischen Situation auswirkt (Tscheulin, 1982).

c) Die Position im „interpersonalen Kreisquadranten" von Leary

Die Grundlage des Ansatzes von Leary (1957) bilden die beiden Dimensionen „Affekt" und „Status". Als Gegensatzpaare sind sie beschreibbar als „Freundlichkeit vs. Feindseligkeit" und „Dominanz vs. Unterwerfung". Auf diesen Dimensionen werden die Persönlichkeitszüge des Therapeuten und des Klienten eingeschätzt (Tscheulin, 1982). Berücksichtigt man die jeweils möglichen Ausprägungsgrade, ergeben sich 16 Verhaltensklassen. Diese wurden von De Voge & Beck (1978) unter den Kategorien „freundlich-dominant", „freundlich-submissiv", „feindlich-dominant" und „feindlich-submissiv" zusammengefaßt. Folgt man Learys Ausführungen, dann bedingt eine Verhaltensklasse jeweils eine passende Verhaltensweise des Interaktionspartners. Diese Annahme konnte von Kelly & Stahelsky (1970) bestätigt werden. Die Autoren fanden, daß freundlich-kooperative Perso-

nen ihr Verhalten in Richtung Dominanz und Feindseligkeit verändern, wenn sie mit dominant-feindlichen Personen zusammentreffen (Zimmer, 1983). Diese Ergebnisse legen nahe, daß eher rigide und feindselig reagierende Menschen die Reaktionen ihres jeweiligen Gegenübers selektiv wahrnehmen und die Wahrscheinlichkeit positiver Reaktionen unterschätzen.
Dieses Klassifikationsschema hat sich als brauchbares und reliables empirisches Beobachtungsschema erwiesen (De Voge & Beck, 1978, zit. n. Zimmer, 1983). Für die therapeutische Praxis ergibt sich daraus, daß die optimale Zuordnung von Therapeut und Klient in der Kombination eines freundlich-dominanten Therapeuten und einem freundlich-submissiven Klienten besteht. Bei einem dominant-aggressiven Stil des Klienten schlagen De Voge & Beck (1978) vor, sich als Therapeut zunächst submissiv-freundlich zu verhalten, um dann verstärkt Regeln zu setzen.
Trotz der Brauchbarkeit dieses Schemas ist anzuzweifeln, ob sich die vielfältigen Interaktionsstile auf diese zwei Grunddimensionen reduzieren lassen. Empirische Untersuchungen dazu stehen noch aus (Zimmer, 1983).

d) Die Austauschtheorie von Thibaut & Kelly

Aufschluß über die Bedingungen der Aufrechterhaltung und Beendigung therapeutischer Beziehungen erhält man durch die Austauschtheorie von Thibaut & Kelly (1959) oder Jones & Gerard (1967). Diesem Konzept zufolge werden Beziehungen durch Kosten-Nutzen-Überlegungen reguliert. Sie kommen zustande, um den gemeinsamen Nutzen der Beteiligten zu steigern und gleichzeitig den Aufwand möglichst gering zu halten. Bei den Verrechnungen werden ferner Erwägungen bezüglich der zukünftigen Relationen berücksichtigt. Der Nutzen des Klienten von einer Psychotherapie besteht in der Verschaffung von Erleichterung, in der Angstreduktion, der Entlastung von Verantwortung, in der Möglichkeit, neue und positive Erfahrungen zu machen sowie Bestätigung und Aufwertung durch den Therapeuten zu erfahren. Investieren muß er dagegen Anstrengungen in bezug auf die Konfrontation mit Ängsten und belastenden Themen, in die Aufgabe alter Verstärkerquellen, in das Aufwenden von Zeit und Mühe sowie in bezug auf das in-Kauf-nehmen von Mißerfolgen und hinsichtlich der Bezahlung des Honorars (Zimmer, 1983).

Der Therapeut profitiert durch Psychotherapie, indem er berufliche Erfolge erlebt, Befriedigung erfährt, auf Anerkennung und Dankbarkeit stößt, eine karitative Einstellung umsetzen kann und nicht zuletzt dadurch, daß er durch Psychotherapie sein Honorar verdient. Kosten, die er diesem Nutzen entgegensetzt, bestehen in der Anstrengung, der Zeit und Mühe, die er für die Behandlung aufwendet, im Zurückstellen persönlicher Interessen, im Aufbringen emotionalen Engagements und in der Inanspruchnahme seines Durchhaltevermögens (Zimmer, 1983).
Die Motivation des Klienten ist also neben den aufzubringenden Anstrengungen abhängig von seiner Erwartung bzw. Hoffnung auf Linderung seiner Symptome, wenn er professionelle Hilfe in Anspruch nimmt. Gleichzeitig ist es unabdingbar, daß er diesen Effekt nicht an anderer Stelle auf einfacherem Wege erhalten kann. Der Einsatz, den der Klient erbringen muß, ist zunächst hoch, da sich der Gewinn in der Regel erst langfristig einstellt. Zu Therapieabbrüchen kommt es dann, wenn die Kosten für die Beibehaltung des augenblicklichen Zustandes nicht sehr hoch sind oder wenn die Hoffnung auf positive Veränderung nicht groß genug ist. Mit zunehmenden Erfolg wird die Beziehung positiver bewertet. Des weiteren verringert sich der zu erwartende Gewinn bei fortschreitender Therapiedauer im Verhältnis zum aufzubringenden Aufwand. Trotz der Plausibilität und Brauchbarkeit dieses Modells für post-hoc Erklärungen ist das Problem der Operationalisierung bislang nicht befriedigend gelöst. Unklar ist zudem, wie Kosten und Nutzen unterschiedlicher Herkunft miteinander verglichen werden können. Zudem ist dieses Konzept prognostisch nicht einsetzbar (Zimmer, 1983).
Ziel des vierjährigen sogenannten Indiana-Zuordnungsprojekts war die Untersuchung der optimalen Zuweisung von Therapeuten und Klienten. Die Typenaufteilung bei Klienten (z. B. nach Sozialvermeidung, Beziehungsabhängigkeit etc.) und Therapeuten (Akzeptanz vs. Abwertung, Dominanz, Vorsicht etc.) fand anhand von Fragebogenergebnissen statt. Es zeigten sich folgende Resultate: Die Behandlungen abwertender Therapeuten waren durchweg weniger erfolgreich. Hinsichtlich der Dimension „Dominanz vs. Submission" wirkte sich bei Männern eine konträre Zuteilung und bei Frauen eine kongruente Zuteilung prognostisch günstiger aus. Die Gültigkeit eines daraus entwickelten Zuordnungsalgorithmus konnte in einer Wiederholungsuntersuchung untermauert werden. Nichtsdestotrotz

wurde die Forschung in dieser Richtung nicht weiterbetrieben. Zimmer (1983) kritisiert in diesem Zusammenhang die Einteilung in Typologien, die nicht auf Verhaltensbeobachtungen basiert. Zudem ist sie durch ein dahinterstehendes theoretisches Konzept begründet, das nur in geringem Maß auf Störungsbilder bezogen ist. Weitere Mängel sind die fehlende oder unzureichende Spezifizierung der Therapien und unbefriedigende Definition der Problembereiche. Als Effektmaße wurden Selbst- und Therapeuten-Ratings verwendet, die jedoch für weitreichende Schlußfolgerungen nicht angemessenen sind (Zimmer, 1983).

Schulte und Künzel (1989) verglichen klienten- bzw. verlaufsbezogene und methodenbezogene Therapien miteinander. Es handelt sich hierbei nicht um sich ausschließende Behandlungsalternativen, sondern um zwei durch Therapeuten unterschiedlich und unabhängig voneinander einsetzbare Strategien. Die Autoren fanden, daß zu Beginn einer Verhaltenstherapie das klientenorientierte Vorgehen überwiegt, während im weiteren Verlauf die Methodenorientierung dominiert. Klienten. bzw. verlaufsorientiertes Vorgehen ermöglicht dem Therapeuten, Einsicht in die Problematik des Klienten zu gewinnen und eine Beziehung zu ihm aufzubauen. Methodenorientierte Strategien zeichnen sich durch eine hohe Kontrolle des Therapeuten über den therapeutischen Prozeß aus. Die Ergebnisse der Untersuchung sprechen gegen allgemein verbindliche Regeln darüber, wann welche Strategie am erfolgversprechendsten einsetzbar ist. Es lassen sich nur Aussagen derart machen, daß die ersten therapeutischen Sitzungen entscheidend sind, um eine vertrauensvolle Beziehung zum Klienten aufzubauen, ein konstruktives Arbeitsbündnis zu schaffen und zu festigen, um im weiteren Therapieverlauf darauf aufbauend methodenzentriert zu arbeiten (Schulte & Künzel, 1989).

Kaimer et al. (1989) stellten die Interaktionsmuster von Therapeut und Klient zweier unterschiedlich erfolgreich behandelter Fälle einander gegenüber. Die Therapien waren hinsichtlich behandelter Problematiken (depressive Symptome) und Interventionsstrategien vergleichbar. Bei dem erfolgreichen Therapieverlauf zeigte der Therapeut mehr Unterstützung und gab häufiger Erklärungen über die Bedingungen der Symptomatik. Der Klient war aktiver, zeigte mehr veränderungsrelevantes Verhalten, beschrieb seine Problematik in höherem Maß und berichtete häufiger über Veränderungen. Bei dem weniger erfolgreichen Therapieverlauf explorierte der Therapeut mehr und zeigte mehr Empathie. Der Klient war passiver und gab kürzere Antworten. Er öffnete sich also weniger als der erfolgreiche Klient. Die sequentielle Analyse der Beobachtungsdaten erbrachte bereits zu Behandlungsbeginn grundlegende Unterschiede zwischen den beiden Behandlungsverläufen, die für die Etablierung der Therapeut-Klient-Beziehung bedeutsam sind. Die Autoren ziehen aus den Ergebnissen folgende Schlußfolgerungen: Typische Interaktionsmuster zwischen Therapeut und Kient etablieren sich bereits ab der ersten Sitzung. Sie sind im weiteren Therapieverlauf nur schwer modifizierbar und verstärken sich eher. Gerade bei zurückhaltenden und problembezogenen Klienten ist es wichtig, auf änderungsrelevante Aspekte einzugehen, das Gespräch zu strukturieren, die für die Symptomreduktion wichtigen Verhaltensweisen des Klienten anzusprechen usw., d. h. ihn zu aktiver Mitarbeit zu motivieren. Dieses Fazit wurde aus der Sicht der Klienten bestätigt. Nach einer Befragung über die wichtigsten veränderungswirksamen Komponenten der Therapie, nannten sie Aspekte wie der Rückhalt durch den Therapeuten und seine Ermutigungen. Kaimer et al. erklären dieses Resultat mit der Self-efficacy-Theorie von Bandura (1977) (vgl. Kap. 5.5.2). Demnach ist es für die Veränderung des Klienten wichtig, daß der Therapeut Verhaltensstrukturen des Klienten aufzeigt, die ihm eine Verhaltensänderung grundsätzlich ermöglichen. Der Klient bekommt auf diese Weise Zutrauen in seine eigene Wirkungskraft (Kaimer et al., 1989).

5.5.3 Zusammenfassung

Aus den Darlegungen ist unschwer zu erkennen, wie komplex der Gegenstand der Erforschung der Psychotherapie, insbesondere der Erforschung der Therapeut-Klient-Beziehung ist. Viele Befunde sind widersprüchlich oder muten aufgrund ihrer Einfachheit eher trivial an. Häufig sind generelle Aussagen aufgrund methodischer Mängel der Untersuchungen oder aufgrund der mangelnden Vergleichbarkeit der Studien nicht zu treffen. So kommt es, daß die meisten der gestellten Fragen unbeantwortet bleiben.
Betrachtet man die Wechselwirkung zwischen Therapeuten- und Klientenvariablen, ergibt sich folgender Forschungsstand:

- Die Übereinstimmung zwischen beiden Interaktionspartnern hinsichtlich Erfolgserwartung senkt zwar die Rate der Therapieabbrüche, hat aber offensichtlich keine Auswirkungen auf das tatsächliche Therapieergebnis.
- Relativ sicher kann man davon ausgehen, daß eine Vorbereitung auf die therapeutische Intervention deren Effektivität steigert.
- Der Einfluß der Merkmale „Herkunft" und „Einstellungen" sowohl des Therapeuten als auch des Klienten sowie deren Wechselwirkungen wurden bisher lediglich ungenügend untersucht.
- Die Bedeutung von demographischen Variablen und Einstellungen des Therapeuten wurde nur für langfristige psychoanalytische Interventionsformen aufgezeigt, nicht jedoch für Verhaltenstherapie oder kurzfristige Kriseninterventionen.
- Zur Sinnhaftigkeit bestimmter Therapeut-Klient-Kombinationen auf der Grundlage von Persönlichkeitsmerkmalen liegen nur Vermutungen vor. Über die relevanten Dimensionen herrscht Uneinigkeit.
- Die A-B-Typologie wird hinsichtlich ihrer Gültiglcit immer mehr angezweifelt.
- Die Bedeutsamkeit der Ähnlichkeit zwischen Therapeut und Klient bezüglich der Wertsysteme wurden bis dato nur unzureichend erfaßt. Post-hoc-Untersuchungen legen jedoch nahe, daß ähnliche Wertorientierungen der Interaktionspartner in einem positiven Zusammenhang zu therapeutischen Fortschritten des Klienten stehen (Parloff et al. 1978).

Trotz des großen Forschungsaufwandes ist der Ertrag an Ergebnissen eher dürftig. Erkenntnisse zur Modifikation von Interventionsstrategien konnten nicht gewonnen werden. Lediglich manche Vorurteile gegenüber der Verhaltenstherapie konnten revidiert werden. Zimmer (1983) legt nahe, die Fragestellungen der Untersuchungen zu spezifizieren. So beispielsweise bei welchen Störungen und bei welchen Therapieansätzen förderliche oder hinreichende Beziehungsformen zum Tragen kommen (Zimmer, 1983).
Auch wenn die Aussagen, die aufgrund von Untersuchungen zu Klientenvariablen gemacht werden können, noch sehr vage sind, gilt es als relativ sicher, daß primär Klientenvariablen den

Therapieerfolg bedingen, verglichen mit dem Stellenwert von Therapeutenmerkmalen (Marziali et al., 1981; zit. n. Bozok, 1986). Arbeiten von Lambert & Asay (1984) erbrachten, daß Klientenvariablen wie Geschlecht, Alter, Rasse, Schicht, Familienstand und die Erwartungshaltung des Patienten ohne Bedeutung für den Therapieerfolg sind und daß Intelligenz nur insoweit Einfluß auf das Therapieergebnis hat, als ein gewisses Minimum gewährleistet sein muß. Von maßgeblicher Wichtigkeit für den Therapieerfolg aber waren die Qualität und die Quantität der Partizipation der Patienten am therapeutischen Geschehen, ebenso die damit verbundenen Merkmale (Strupp & Hadley 1979; Gomes-Schwartz, 1978; Gomes-Schwartz & Schwartz, 1978; Strupp, 1980, zit. n. Bozok, 1986). Unter Partizipation verstehen die Autoren dabei das Einbeziehen des Patienten in den therapeutischen Prozeß und seine Beteiligung an der Qualität der Therapeut-Patient-Interaktion durch bereitwillige Exploration von Gefühlen und Problemen sowie Bekundungen zur Verhaltensänderung. Diejenigen Patienten, welche sich dem Prozeß durch Abwehrstrategien oder Feindseligkeiten entziehen, profitieren weniger vom therapeutischen Angebot (Lambert & 1984; zit. n. Bozok, 1986). Strupp zieht folgendes Fazit. Der Beitrag der Therapeuten im Verlauf des therapeutischen Prozesses bleibt relativ stabil. Die Differenzen in den therapeutischen Ergebnissen kommen demnach durch Klientenvariablen wie Ego-Stärke, Organisationsstruktur, Reife, Motivation und der Fähigkeit zum produktiven Sich-Einlassen in die Therapie zustande. Diese Befunde reflektieren zwar den klinischen Kenntnisstand, sind aber nicht vereinbar mit der Annahme, daß die vom Therapeuten angebotenen Faktoren ausschlaggebend sind für therapeutische Veränderungen (Bozok, 1986). Diese Ergebnisse legen den Schluß nahe, daß viele Situationen therapeutisch wirken können, wenn nur der Patient die Motivation zur Verhaltenänderung mitbringt und zudem in der Lage ist, das vorgegebene Setting für sich problemlösend zu nutzen (Bozok, 1986).
Die im folgenden dargestellten Modelle von Frank (Torrey und Garfield), Bandura und Karasu haben integrierende Funktion. Sie fassen die therapeutisch wirkungsvollen Elemente aller Therapieformen in einem einheitlichen Konzept zusammen. Darüber hinaus stimmen sie in manchen Punkten inhaltlich durchaus miteinander überein (Bozok, 1986).

5.6 Theoretische Modellvorstellungen zum Einfluß unspezifischer Wirkfaktoren

5.6.1 Das Modell von Frank

Frank (1981) ist ein Pionier auf dem Gebiet der Erforschung unspezifischer Wirkfaktoren der Psychotherapie. Er war der erste, der auf die Gemeinsamkeiten und deren Bedeutung für den therapeutischen Prozeß hingewiesen hat. Er vertritt die Position, daß psychotherapeutische Veränderung durch die Wirksamkeit unspezifischer Variablen bedingt ist und weniger durch den spezifischen, jeweils variierenden Inhalt therapeutischer Interventionsstrategien. Zu seinen Schlußfolgerungen kommt er durch den systematischen Vergleich verschiedener Formen des wissenschaftlichen und unwissenschaftlichen Heilens. So stellt er Behandlungsverfahren von religiösen Heilern, Schamanen und Ärzten aus früheren Jahrhunderten einander gegenüber und analysiert deren Parallelen (Frank, 1981). Die Grundpfeiler einer positiven therapeutischen Einflußnahme stellen demnach folgende Faktoren dar:
1. eine intensive emotionale, vertrauensvolle Beziehung zu einer hilfreichen Person;
2. ein Glaubenssystem oder Gedankengebäude, das eine ursächliche Erklärung für das Leiden des Patienten liefert und gleichzeitig die Kompetenz des Helfers reflektiert (Orientierungsvermittlung);
3. Informationen über die Natur und den Ursprung der Probleme des Patienten einerseits und über die daraus ableitbaren Wege und Möglichkeiten der Problembewältigung (Problemlösung);
4. die Vermittlung von Hoffnung und Aufrichten der Moral des Patienten und gleichzeitig die Verminderung seiner Demoralisation (Sinnstiftung);
5. die Vermittlung von Erfolgserlebnissen, die die Hoffnung des Klienten weiter fördern und ihm das Vertrauen in die Lösung seiner Probleme geben.

Der zentrale Aspekt dieses Modells ist die Annahme, daß der Patient, der eine Psychotherapie aufsucht, in erster Linie durch das Gefühl der *Demoralisation* geprägt ist. Das Hauptanliegen der Behandlung muß folglich in der Reduktion der Demoralisa-

tion bestehen (Frank, 1981). Dieses Befinden wird von Dohrenwend et al. (1979) als Zustand geringer Selbstachtung, Hoffnungs- und Hilflosigkeit, Furcht, als Zustand verworrenen Denkens, Traurigkeit, Beklemmung und psychopathologischer Symptome bis hin zu körperlichen Erkrankungen beschrieben. Die Autoren kommen in ihrer Untersuchung zu dem Ergebnis, daß 30% der untersuchten Patienten, die anhand dieser Kriterien nicht als demoralisiert eingeschätzt wurden, sondern an einer Zwangs-, Sucht- oder psychotischen Symptomatik litten, weder von einer Therapie noch von einer Placebo-Kontrolle profitierten. 60% der Population war in der einen oder anderen Weise durch Anzeichen von Demoralisation gekennzeichnet und konnte entweder von der Psychotherapie oder der Placebo-Bedingung profitieren. Diese Resultate stützen somit die Gültigkeit von Franks Modell und wurden zudem in anderen Studien wiederholt gefunden (Bozok, 1986).
Auch Torrey (1972) hat psychotherapeutische Interventionsstrategien mit Verhaltensweisen von Medizinmännern, Schamanen und Gurus in sogenannten primitiven Kulturen verglichen. Wie auch Frank konnte er eine Reihe von Parallelen aufzeigen, aus denen er folgende gemeinsame Elemente extrahierte, die mit Franks Faktoren übereinstimmen:
1. Das Vorhandensein eines gemeinsamen Weltbildes zwischen Therapeut und Klient, z. B. die Annahme, daß psychische Probleme ihren Ursprung in der Kindheit haben. Die Herstellung eines solchen Erklärungs- und Lösungsmodells für die jeweilige Störung, orientiert an den Eigenschaften und Fähigkeiten des Patienten, scheint dabei maßgeblich zu sein.
2. Bestimmte Eigenschaften des Therapeuten, beispielsweise die Überzeugung, helfen zu können.
3. Die Erwartung des Patienten bzw. die Steigerung positiver Erwartungen.
4. Die Anwendung bestimmter Techniken (Torrey, 1972).

5.6.2 Das Modell von Bandura

Bandura (1977) setzt in seinem Ansatz den Schwerpunkt auf verhaltensorientierte Aspekte psychischer Störungen. Zu Verhaltensänderungen kommt es seiner Ansicht zufolge durch kognitive Einflüsse. Psychologische Prozesse wirken sich auf das Konstrukt der *„self-efficacy"* aus. Dieses läßt sich charak-

terisieren als das Gefühl der eigenen Wirkungskraft, Selbstvertrauen oder Wirkmächtigkeit. Bandura geht davon aus, daß die Annahmen des Patienten über seine eigenen Möglichkeiten der Einflußnahme bestimmen, ob angemessenes Problemlöseverhalten gezeigt wird, wieviel Energie dafür eingesetzt wird und wie lange diese Haltung angesichts von Fehlschlägen und Widerständen aufrechterhalten wird. Veränderbar ist die Self-efficacy-Einschätzung des Patienten durch Informationen aus nachempfundenen, ermahnenden, verordneten und/oder gefühlserregenden Strategien. Dies bedingt eine erhöhte Problemlösefähigkeit. Die Erfahrung, das Problem bewältigt zu haben, bezeichnet Bandura als „Wirkmächtigkeit". Psychotherapie bietet dem Patienten die Möglichkeit, eine bestimmte Art von Informationen und Erfahrungen zu sammeln, die sich wie folgt aufgliedern lassen:
1. Nachempfindung (d. h. stellvertretend gemachte Erfahrung),
2. Verordnung (Erfahrung, die mit dem Therapeuten eingeübt wird),
3. Ermahnung (der Patient wird explizit dazu aufgefordert, Erfahrungen zu sammeln),
4. Gefühlserregung (Erfahrungen werden durch Erregen von Gefühlen gemacht).

In einer erfolgreich verlaufenden Therapie bewirken diese Informationen eine Verbesserung der Einschätzung der eigenen Wirkmächtigkeit, was sich wiederum förderlich auf die Problemlösefähigkeit auswirkt (Bandura, 1977).
Bandura und Frank beschreiben im Grunde das gleiche Phänomen aus einer jeweils anderen Perspektive. Ausgangspunkt von Bandura war die Erhöhung der eigenen Wirkungskraft durch Psychotherapie. Diese Annahme setzt voraus, daß ein Gefühl geringer Wirkmächtigkeit vorlag, also mangelndes Zutrauen in die eigenen Einflußmöglichkeiten, ein Befinden, das von Frank als Demoralisierung beschrieben wird.

5.6.3 Das Modell von Garfield

In Anlehnung an das Modell von Frank (1961) vertritt Garfield (1982) ebenfalls den Standpunkt, daß unspezifische Wirkvariablen die entscheidenden Einflußgrößen des therapeutischen Prozesses und Ergebnisses sind (Garfield, 1982). Die Beziehung zwischen Therapeut und Klient ist dabei insgesamt gekennzeichnet von Interesse, Aufmerksamkeit, Respekt, Verständnis sowie auf seiten des Klienten durch die Hoffnung und Erwartung, Hilfe zu erhalten. Dem gegenüber steht die Überzeugung des Therapeuten, helfen zu können. Auf dieser Grundlage entfalten unspezifische Wirkfaktoren wie Beruhigung und Unterstützung, Informationsvermittlung, Einsicht in die Zusammenhänge usw. ihre Wirksamkeit. Am Beispiel der Einsicht und des Verstehens zeigt Garfield auf, daß nicht die schulenspezifische Erklärung der Symptomatik maßgeblich ist, sondern die Tatsache, daß überhaupt eine Erklärung für die Entstehung, Aufrechterhaltung und Behandlung der Problematik verfügbar ist. Weitere allgemeine Therapiefaktoren sind die Vermittlung von Einsicht in die Zusammenhänge der Störung sowie das Verstehen des Klienten. Ein angebotenes Glaubenssystem ermöglicht dem Patienten, seine Erfahrungen einzuordnen und zu erklären. Auf diese Weise werden Unsicherheit und Angst reduziert. Zukünftige Ereignisse werden vorhersehbarer. Erklärungen dienen dem Patienten als Bewältigungsmechanismen (Garfield, 1982). Durch die wiederholte Erörterung der Problemstellung auf seiten des Klienten, kommt es zu einer Freisetzung von Emotionen, zu einem kathartischen Effekt und einer Desensibilisierung. Auf bestimmte Verhaltensweisen des Klienten reagieren alle Therapeuten in der gleichen Weise, z. B. wenn der Patient häufig zu spät zu den Sitzungen erscheint, das Therapeutenhonorar nicht oder nicht pünktlich bezahlt wird, wenn er den Therapeuten sarkastisch kommentiert usw. Generell kann die Auseinandersetzung mit dem aktuellen Verhalten des Klienten sehr aufschlußreich sein (Garfield, 1982). Auf unterschiedlichem Wege kann der Therapeut den Klienten dazu ermutigen, neue Verhaltensweisen, die er zuvor nicht gewagt hat, zu erproben (Garfield, 1982). Eine weitere Parallele zwischen den unterschiedlichen schulischen Orientierungen ist die Veränderung der Wahrnehmung von sich selbst und seiner Umwelt.

5.6.4 Das Modell von Karasu

Karasus Ansatz (1986) bestätigt die von Frank, Garfield und Bandura aufgestellten Thesen und fügt ihnen weitere Elemente hinzu. Zu seinem Konzept kam er durch die Analyse einer Vielzahl von Psychotherapieverfahren inklusive all jener von

größerem Bekanntheitsgrad. Er extrahierte drei Wirkfaktoren („change agents"), die allen Formen der Psychotherapie gemeinsam sind. Karasu bezeichnet diese als:
1. affektives Erleben,
2. kognitive Beherrschung (kognitive Meisterschaft) und
3. Verhaltensregulation.

Hinter jeder dieser Variablen steht ein Wirkungskonzept. In seinen Ausführungen beschreibt Karasu sowohl die oben aufgeführten als auch die komplementären Faktoren sowie deren Bedeutung für den psychotherapeutischen Prozeß (Karasu, 1986).

ad (1) Affektives Erleben

Durch emotionales Aufgewühltsein, Aufregung und darauffolgende Erschöpfung ist die Empfänglichkeit des Patienten für Suggestion erhöht. Infolge dieses Zustandes kommt es leichter zum Ausdruck von Gefühlen. Auf diese Weise erhöht sich die Veränderungsbereitschaft und reduzieren sich Widerstände und Abwehrmechanismen, wodurch der Zugang zum Patienten erleichtert wird. In den verschiedenen Psychotherapieformen werden zu diesem Zweck verschiedene Techniken des affektiven Erlebens eingesetzt. In der Psychoanalyse handelt es sich um die freie Assoziation, in der Verhaltenstherapie um die Methode der Reizüberflutung, in der Gesprächstherapie um das Verbalisieren emotionaler Erlebnisinhalte, in der Gestalttherapie um die Methode des „heißen Stuhls", in der Ur-Schrei-Therapie um die Isolation usw. Es lassen sich also bei allen Interventionsformen Methoden eruieren, durch die der Patient emotional aufgewühlt und durch die seine Veränderungsbereitschaft gesteigert wird.

ad (2) Kognitives Beherrschen, kognitive Meisterschaft

Als weitere übergeordnete Strategie gilt die Bewältigung von Situationen durch kognitive Vorgänge. Durch in diesem Sinne angewendete therapeutische Verfahren kann der Patient neue Denkweisen und Einsichten gewinnen und diese in seine alten Konzepte einfügen. Auf diese Weise werden Selbstwahrnehmung sowie sein Selbstverständnis positiv beeinflußt. Das Vorgehen des Therapeuten ist dabei bewußt und durchdacht. Verhaltensmodifikationen werden rational mit dem Ziel begründet, emotionales Gleichgewicht und Selbst-Kontrolle wiederherzustellen. Gleichzeitig erhält der Patient Zugang zu intellektuellen Coping-Strategien und bekommt Gelegenheit, seine Überzeugungen kritisch zu überdenken. Methoden, durch die problematische Situationen mit Hilfe kognitiver Prozesse bewältigt werden, sind in der Psychoanalyse und in der Gestalttherapie die Interpretationen, in der Verhaltenstherapie die paradoxe Intention und in der Gesprächstherapie das empathische Verständnis usw.

ad (3) Verhaltensregulation

Verhaltensregulierende Maßnahmen sind zwar hauptsächlich aus der Verhaltenstherapie bekannt, werden aber in anderen Therapieformen ebenso eingesetzt. Sie verändern — wie der Name schon sagt — das Verhalten, die Handlungskontrolle sowie bestimmte Gewohnheiten. Durch positive Erfahrungen werden Veränderungen verstärkt und durch weitere Übung gefestigt. Der Lernprozeß erfolgt also unter Anleitung des Therapeuten, durch Wiederholung und beständiges Ausführen des erlernten Verhaltens. Als Techniken sind hier das selektiv wirkende „hmm" des Therapeuten z. B. in der Gesprächstherapie oder die Identifikation in der Psychoanalyse zu nennen. In der Verhaltenstherapie erfolgt das Lernen beispielsweise am Modell.

Es bleibt die Frage offen, ob die maximale Anwendung dieser drei „change agents" die Effektivität der Psychotherapie erhöht. Die Beantwortung dieser Frage ist insbesondere angesichts des Ergebnisses von Interesse, daß die Interventionen des Therapeuten keinen entscheidenden Einfluß auf den Ausgang der Therapie haben (Karasu, 1986).

5.7 Zusammenfassung

Die Modelle von Frank, Karasu und Bandura sowie die darauf aufbauenden empirischen Untersuchungen weisen darauf hin, daß die Effekte der Psychotherapie u. a. von unspezifischen Wirkfaktoren abhängig sind. Die Wirkung unspezifischer Faktoren entfaltet sich nach Karasu (1986) beispielsweise durch Methoden, die affektives Erleben, kognitives Beherrschen und/

oder die Verhaltensregulation fördern. Sie erfüllen die gemeinsame Funktion, vor allem sogenannten „demoralisierten" Patienten zu helfen. Hierbei handelt es sich um Personen mit zu geringer Selbstachtung, die unter Hoffnungs- und Hilflosigkeit, Furcht, Traurigkeit und Beklemmung leiden. Therapien, die die Demoralisierung beheben, sind in der Regel unabhängig von der Technik, die zu diesem Zweck angewendet wird, erfolgreich. Weitere Forschungsarbeiten sind erforderlich, um den Zusammenhang zwischen spezifischen und unspezifischen Aspekten zu konkretisieren. Bozoks Literaturanalyse (1986) liefert dazu erste Anhaltspunkte. Er gelangt zu dem Schluß, daß Psychotherapie insgesamt wirkungsvoller ist als keine psychotherapeutische Behandlung. Die Existenz spezifischer Faktoren, die aus theoretischen Ansätzen abgeleitet werden, schließt er aufgrund des fehlenden Nachweises von Effektivitätsunterschieden zwischen verschiedenen Therapieschulen aus. Spezifische Faktoren lassen sich ausschließlich durch ihre unterschiedliche Wirksamkeit rechtfertigen, nicht jedoch durch theoretische Ansätze. Erst für einige wenige Methoden ist es gelungen, deren differentielle Wirksamkeit bei einer umschriebenen Symptomatik nachzuweisen. Zu nennen sind hier die Systematische Desensibilisierung bei monosymptomatischen Phobien, die Reizüberflutung bei Agoraphobie, die Interpersonale oder Kognitive Therapie bei Depressionen sowie manche sexualtherapeutischen Techniken nach Masters & Johnson (Bozok, 1986). Nichtsdestotrotz lassen sich die Erfolge nicht auf die Gültigkeit theoretischer Konzepte zurückführen, sondern sind primär von Patientenvariablen abhängig. Zu diesen Bedingungen zählen, daß die Technik für den Patienten einleuchtend ist, daß die Störung des Patienten sehr ausgeprägt ist und er unter einem hohen Leidensdruck steht. Unter diesen Umständen überwiegen die spezifischen gegenüber den unspezifischen Wirkparametern, allerdings nur insofern als die geeigneten Methoden die Symptome zunächst schneller und gründlicher lindern und dieser Effekt relativ unabhängig von zusätzlichen Patienten- und Therapeutenvariablen auftritt. Dieser Vorteil wird jedoch im Laufe der Zeit durch andere Techniken ausgeglichen. Die Symptomreduktion gelingt nicht, wenn die Patienten die genannten Voraussetzungen nicht erfüllen. Bozok vertritt die Position, daß unspezifische Variablen für psychische Veränderungen verantwortlich gemacht werden müssen. Laut seinen Darlegungen ist die Bezeichnung „unspezifische Wirkfaktoren" eine Art Notlösung, da über deren Existenz und Be-

lingungen wenig bekannt ist. Je mehr Wissen über die Zusammenhänge und Wirkungsweisen unspezifischer Faktoren vorhanden ist, desto mehr werden sie in spezifische Bedingungen umgewandelt. So sind die von Frank, Bandura oder Karasu isolierten Faktoren als spezifische Parameter zu verstehen; ebenso jene Variablen, welche für die differentielle Wirksamkeit bestimmter Techniken (Systematische Desensibilisierung, Reizüberflutung, Kognitive oder die Interpersonale Therapie und bestimmte sexualtherapeutische Therapieelemente) verantwortlich gemacht werden (Bozok, 1986).
Die Autorin der vorliegenden Arbeit gelangt diesbezüglich zu einer abweichenden Folgerung. Unter Berücksichtigung neuerer Forschungsarbeiten (z. B. Grawe, Caspar & Ambühl, 1990) scheint es erforderlich, differentielle Fragestellungen heranzuziehen, um die Wirksamkeit psychotherapeutischer Techniken zu beleuchten. Die Berner Therapievergleichsstudie (1990) belegt, daß sich bei differenzierter Analyse des Veränderungsprozesses qualitative Unterschiede zwischen Gesprächstherapie, Interaktioneller Einzel- und Gruppentherapie sowie verhaltenstherapeutischer Breitspektrumstherapie ergeben. Diese bestehen hinsichtlich der Bereiche, in denen Veränderungen erzielt werden, hinsichtlich der Patientenpopulationen, die von den Verfahren profitieren sowie in bezug auf den Veränderungsverlauf. Betrachtet man diese Untersuchung unter dem Aspekt der Beziehung, dann schneidet die Gesprächstherapie, die ausschließlich den Beziehungsaspekt in den Vordergrund der Veränderungsbemühungen rückt, zwar gut ab. Ihre Wirksamkeit wird jedoch von der Interaktionellen Einzel- und Gruppentherapie übertroffen, welche sowohl den technischen, nämlich verhaltenstherapeutischen Gesichtspunkt einbezieht als auch den Beziehungsfaktor integriert, und zwar in Form eines flexiblen Eingehens des Therapeuten auf die Bedürfnisse des Klienten. Durch das herkömmliche verhaltenstherapeutische Vorgehen werden demgegenüber zwar bessere Resultate erzielt als durch die Gesprächstherapie, dennoch liegen diese unter denen der Interaktionellen Interventionsformen (Grawe, Caspar & Ambühl, 1990). Dieses Ergebnis legt den Schluß nahe, daß weder ausschließlich Beziehungsvariablen noch ausschließlich technische Variablen für den Veränderungsprozeß verantwortlich sind. Erst durch Zusammenwirken beider Bedingungen können therapeutische Effekte maximiert werden. Wie die Ausführungen zu Klienten-, Therapeuten und Interaktionsvariablen verdeutli-

chen, kommt es trotz gleichbleibendem Therapeutenverhalten zu ganz unterschiedlichen Therapieeffekten (Bozok, 1986). Auch dieses Resultat spricht dafür, daß therapeutische Techniken genau auf die Erfordernisse des Klienten abgestimmt werden müssen, was nur auf der Grundlage einer tragfähigen Interaktion möglich ist. Der Therapeut muß in der Lage sein, einen Zugang zum Klienten zu finden; und zwar mittels einer Methode, durch die er einerseits selbst glaubwürdig wirkt und auf die andererseits der Klient anspricht. Dazu ist es unabdingbar, daß der Therapeut über ein breites Repertoire an Möglichkeiten verfügt. Dieses ist durch schulenimmanentes Vorgehen zwangsläufig begrenzt. In welcher Form können nun die dargestellten Ergebnisse für die therapeutische Praxis genutzt werden? Zur Beantwortung dieser Frage sollen in den folgenden Darlegungen integrative Ansätze veranschaulicht werden.

6. Integrative Ansätze

Aus den dargestellten Ergebnissen wurde abgeleitet, daß die Effektivität der Psychotherapie in hohem Maß von Faktoren abhängig ist, die allen Therapieschulen gemeinsam sind. Über das Verhältnis der Wirksamkeit spezifischer und unspezifischer Einflüsse liegen bislang lediglich Spekulationen vor (vgl. dazu Bozok, 1986). Es liegt daher nahe anzunehmen, daß Therapieelemente aus unterschiedlichen Schulen miteinander kombinierbar sein müssen, um zwei Ziele zu realisieren:
a) Zum einen das Ziel, denjenigen Zugang zum Klienten zu finden, der für ihn und für seine angestrebten Veränderungen der beste ist, der seinem Weltbild und seinem Wertesystem entspricht und
b) zum anderen das Ziel, diejenigen Therapieelemente auszuwählen, die dem Therapeuten am besten „liegen", denn wie sich gezeigt hat, ist die Überzeugungskraft und Glaubwürdigkeit des Psychotherapeuten eine entscheidende Bedingung für die Effektivität einer Therapie.

Ein Weg zur Realisierung dieser zwei Ziele, losgelöst von der Bindung an eine theoretische Schule, ist das eklektische Vorgehen.

6.1 Eklektizismus

6.1.1 Begriffsbestimmung

Die Bezeichnung „Eklektizismus" entstammt dem Griechischen und bedeutet in seiner Übersetzung „Auslesen" oder „Auswählen" (Gemoll, 1979). Geprägt wurde diese Bezeichnung durch Philosophen und Theologen der Antike, die Teile verschiedener Theorien unterschiedlicher philosophischer Schulen integrierter (Kommer, 1982; Plaum, 1988). Im Zusammenhang mit psychotherapeutischen Verfahrensweisen steht der Begriff „Eklektizismus" für die selektive Anwendung grundlegender wissenschaftlicher Interventionsstrategien, auf der Basis systematischer Untersuchungen über Ursachen psychischer Störungen und über Wirkungsweisen von Strategien zur Verhaltensmodifikation (Thorne, 1982).

In der heutigen Zeit ist der Begriff „Eklektizismus" mit einer eher negativen Konnotation verbunden und beschreibt die „unoriginelle, unschöpferische geistige Arbeitsweise, bei der Ideen anderer übernommen oder zu einem System zusammengetragen werden" (Drosdowski u. a., 1982, S. 208). Auch die Wissenschaft nimmt eine eher ambivalente Haltung gegenüber eklektischen Denkansätzen ein, da sie häufig theoretische Widersprüche aufweisen und die Kriterien der systematischen Theorienentwicklung verletzen (Kommer, 1982; Plaum, 1988). Dem psychotherapeutischen Eklektiker begegnet der Widerstand von seiten der Krankenkasse, die nach einer eindeutigen Zuordnung von Klienten zu Behandlungsmethoden verlangen. Problematisch gestaltet sich zudem die Aus- und Fortbildung bezüglich der Vermittlung eklektischer Strategien, die oft ausgesprochen komplex sind und sich in einem Prozeß jahrelanger persönlicher und professioneller Erfahrungsbildung entwickeln. Ein Eklektiker stellt sein Handeln ständig in Frage, überprüft, verändert und experimentiert, um sich nicht vorschnell auf Standpunkte festzulegen und dabei wesentliche Aspekte zu vernachlässigen. Er akzeptiert Widersprüche und läßt mehrere Erklärungsversuche nebeneinander gelten (Schadwinkel, 1988).

Gegenwärtig erfährt der Eklektizismus inzwischen jedoch eine Aufwertung (Plaum, 1988). Eklektische Modelle gewinnen dann an Bedeutung, wenn überkommene Theorien fragwürdig geworden sind, alternative Vorstellungen aber noch nicht zufriedenstellend entwickelt wurden, um alte Konzepte abzulösen. Sie kennzeichnen ein Übergangsstadium zwischen alten, teilweise überholten Standpunkten und neuen, noch zu spezifizierenden Theorieentwürfen (Kommer, 1982).

6.1.2 Entwicklung des Eklektizismus in der Psychotherapie

Nachdem die Vormachtstellung der Psychoanalyse durch die Entwicklung neuer Therapieansätze gebrochen wurde, entstand zunächst eine gewisse Euphorie; die Möglichkeiten therapeutischer Interventionen wurden weit überschätzt (Plaum, 1988). Nachdem zahlreiche Therapievergleichsstudien keine grundlegenden Wirkungsunterschiede zwischen den einzelnen Richtungen aufzeigen konnten, breitete sich eine zunehmende Unzufriedenheit unter den Psychotherapeuten bezüglich des bestehenden schuleninternen Methodenspektrums aus, die zu einer Suche nach effektiveren Behandlungsverfahren führte (Plaum, 1988; Schadwinkel, 1988). Es entwickelten sich Bestrebungen, eklektisch-integrierende Ansätze zu entwickeln. Gemeinsamer Ausgangspunkt dieser Ansätze ist die Einigkeit darüber, daß es für den Therapeuten nützlich ist, über ein breit gefächertes Wissen sowie über vielfältige therapeutische Techniken und Strategien zu verfügen und diese auch umzusetzen. In der therapeutischen Praxis ist eklektisches Vorgehen inzwischen weit verbreitet. Untersuchungsbefunde belegen, daß mehr als die Hälfte der Therapeuten schulenübergreifend und methodenintegrierend arbeitet (vgl. Garfield & Kurtz, 1977; Dvorak, Fichter & Wittchen, 1978; Schadwinkel, 1988; Linsenhoff, Bastine & Kommer, 1982).

Die Entwicklung eklektisch-integrierender Ansätze spiegelt einen bewußten Versuch der Krisenbewältigung wider. Sie reflektieren ein Innehalten der systemimmanenten Theorieentwicklung, um stattdessen den aktuellen Forschungsstand mit dem Ziel zu sichten, brauchbare und unbrauchbare Resultate voneinander zu trennen, das Verbleibende neu zu ordnen und das Fazit schließlich in einer Theorie zu rekonstruieren. Eine integrative Theorie bietet dem handelnden Praktiker einen metatheoretischen Rahmen (Dieterich, 1988). Nach Plaum (1988) ist der Eklektizismus eine Reaktion auf den Verlust der Ganzheitsidee psychologischer Theorien über die Psyche des Menschen, denn Teilaspekte der Persönlichkeit werden ungerechtfertigterweise stärker gewichtet als andere ebenso bedeutsame. Auch nach Thorne (1982) kam es durch die Aufspaltung in Schulen zu einem Verlust der funktionalen Einheit des gesamten integrativen Prozesses von Psychotherapie, deren Wiederherstellung durch den Eklektizismus angestrebt wird (Thorne, 1982). Der unzufriedene Praktiker sucht einen neuen, individuellen Weg, der in der Synthese bewährter Therapieelemente besteht. Dabei toleriert er Lückenhaftigkeit und gibt sich nicht der Illusion einer allumfassenden Theorie hin (Schadwinkel, 1988).

Je nach Gewichtung lassen sich zwei Formen des Eklektizismus unterscheiden: Der theoretische und der interventions- bzw. methodenbezogene (technische) Eklektizismus. Anliegen der Vertreter *theoretisch*-eklektischer Ansätze ist die Entwicklung einer klinisch-psychologischen Rahmentheorie, durch die relevante Konzepte integriert werden können. Verteter des *technischen* Eklektizismus wie Lazarus oder Garfield sind der Auffassung, daß der Erfolg einer angewandten Therapiemethode entscheidender ist als ihre theoretische Begründung. Eklektisch vorgehende Therapeuten wählen im Einzelfall Techniken unterschiedlicher schulischer Richtungen aus und wenden sie in individueller Zusammenstellung an. Dies ist z. B. dann der Fall, wenn Psychoanalytiker übende Verfahren aus der Verhaltenstherapie einsetzen. Die Entscheidungsgrundlage für die eine oder andere Methode bildet ein empirischer oder klinischer Effektivitätsnachweis. Die weitere Wahl wird durch persönliche Vorlieben gesteuert (Kommer, 1982; Linsenhoff, Bastine & Kommer, 1982).

Den Ausgangspunkt beider eklektischer Auffassungen bildet die Hypothese, daß sich Therapiemethoden unterschiedlicher therapeutischer Schulen wechselseitig ergänzen (Kommer, 1982). Aus wissenschaftstheoretischer Sicht lasse sich dieser Standpunkt jedoch nicht vertreten. Zu groß seien die Diskrepanzen bezüglich der erkenntnistheoretischen Positionen, des Explikationsgrades, des empirischen Gehalts und des Bestätigungsgrades der integrierten Ansätze (Linsenhoff, Bastine & Kommer, 1982).

Plaum (1988) unterscheidet einen *uniformen* von einem *differentiellen* Ansatz des Eklektizismus. Vertreter der uniformen Position gehen davon aus, daß die entscheidenden veränderungsrelevanten Bedingungen nicht einzelne Therapieelemente sind, sondern durch die Therapeut-Klient-Beziehung begründet werden. Vor diesem Hintergrund sucht man nach schulenübergreifenden Therapeutenmerkmalen und strebt eine optimale Zuordnung von Therapeuten und Klienten an. Anhänger der differentiellen Anschauung suchen dagegen nach der optimalen Kombination von Therapiemethoden und Klienten bzw. Problemsituationen. Diese Auffassung entspricht noch am ehesten wissenschaftlichen Vorstellungen der Theorieentwicklung (Plaum, 1988; Stiksrud, 1988).

Von diesen Eklektizismuspositionen soll der orientierungslose Eklektizismus (Synkretismus) und der theoretische Reduktionismus abgegrenzt werden. Krause (1976) beschreibt den orientierungslosen Eklektizismus als den Wechsel theoretischer Positionen und Vorgehensweisen, ohne daß dem Therapeuten die Gründe für die vorhandene Unzufriedenheit bewußt sind bzw. ohne daß er diese überprüft. Dieser Sachverhalt liegt beispielsweise dann vor, wenn der Therapeut ein unbestimmtes Gefühl der Wirkungslosigkeit seines psychoanalytisch orientierten, deutenden Vorgehens hat und statt dessen eine eher verhaltenstherapeutische Strategie einschlägt, indem er beispielsweise die Therapiesituation in hohem Maß strukturiert (Krause, 1976; Thorne, 1982). Als theoretischen Reduktionismus definiert Krause (1976) die Anwendung therapeutischer Methoden aus anderen als der eigenen theoretischen Richtung, wobei aber deren Wirksamkeit auf der Grundlage des eigenen theoretischen Rahmenkonzepts erklärt wird. Als Beispiel hierfür gilt die Beschreibung der Effektivität gesprächstherapeutischer Behandlungsweisen mit Hilfe des Effekts der unsystematischen Desensibilisierung, eines verhaltenstherapeutischen Kontrukts (Krause, 1976).

In der vorliegenden Arbeit wird Eklektizismus als systematische, in sich konsistente, widerspruchsfreie und nach wissenschaftlichen Gesichtspunkten befriedigende Integration verschiedener Ansätze verstanden, nicht als unzulässige Vermengung heterogener Ansätze (Dieterich, 1981).

Aus philosophischer bzw. erkenntnistheoretischer Sicht lassen sich eklektische Positionen folgendermaßen einordnen. Die drei Eckpfeiler bilden der kritische Realismus, ein eingeschränkter Relativismus und ein holistisches Menschenbild (Dieterich, 1981). Ein eklektischer Standpunkt ist unabdingbar verknüpft mit einem permanenten kritischen Überdenken der Gegebenheiten und einer Relativierung von Forschungsideen durch Erfahrungen mit der Realität (kritischer Realismus). Einseitige nominalistische Auffassungen werden dabei zwangsläufig ausgeschlossen (eingeschränkter Relativismus). Holistische Vorstellungen beinhalten die Annahme, daß jede therapeutische Schule Teile der Wahrheit enthält. Das theoretische Bezugssystem ist von einer ganzheitlichen Vorstellung geprägt, wobei der Ganzheitsbegriff in einem wenig konkreten, eher vorwissenschaftlichen Sinn verwendet wird. Ein integrierendes holistisches Schema ist bislang noch unpräzise und umfaßt viele Leerstellen, die es in einem sukzessiven Forschungsprozeß zu erhellen gilt. Ein ganzheitlicher Bezugsrahmen hebt die Relativierung der einzelnen Ideen und Theorien teilweise wieder auf, da ihnen ein fester Platz in dem vorgegebenen System zugeordnet wird. Insofern bildet das holistische Konzept ein Gegengewicht zum Relativismus, weshalb dieser als „eingeschränkter Relativismus" bezeichnet wird. Auch bei der expliziten Bezugnahme auf die Ganzheit des Menschen müssen die verschiedenen, nebeneinander existierenden holistischen Theorien des Menschen Berücksichtigung finden. Auf dieser Ebene muß ebenso eine Auswahl getroffen werden wie auf methodischer Ebene (Plaum, 1988). Die Art und die Qualität der Integration ist der kritischste Punkt des Eklektizismus. In dem Maß, in dem Eklektikern die Integration verschiedener Theorien und Techniken gelingt, kann sich ihr theoretischer Standpunkt wissenschaftlich behaupten. Mit der Entscheidungsschwierigkeit für die eine oder andere Theorie sieht sich allerdings nicht nur der Eklektiker konfrontiert. Vertreter anderer wissenschaftlicher Positionen sind davon gleichermaßen betroffen mit dem Unterschied, daß diese Problematik in bezug auf den Eklektizismus explizit formuliert wird und man sich damit ausdrücklich auseinandersetzt (Plaum, 1988).

6.1.3 Der eklektische Prozeß

Das Ziel eklektischer Bestrebungen besteht in der Entwicklung einer allgemein verbindlichen Grundkonzeption therapeutischen Handelns, die in Abhängigkeit von dem vorherrschenden Zeitgeist unterschiedliche Ansätze über die Entstehung und Behandlung psychischer Störungen integriert. Langfristig soll ein immer wieder hinterfragtes und modifiziertes holistisches Rahmenkonzept allgemein verbindliche Zusammenhänge zwischen therapeutischen Interventionen und Verhaltensänderungen aufzeigen. Diese Aussage impliziert, daß das holistische Schema zwar einer ständigen Veränderung unterworfen ist, das Ziel aber darin besteht, Konstanzen über verschiedene Bedingungen und Zeitpunkte hinweg zu identifizieren (Plaum, 1988). Der eklektische Prozeß nähert sich idealerweise asymptotisch an einen Endzustand an und ist damit nie beendet. Er setzt sich aus den Schritten des Konstatierens, Analysierens und Synthetisierens zusammen, die in Querverbindungen ganzheitlich miteinander

vernetzt sind. Zunächst werden Sachverhalte konstatiert; und zwar unter gleichberechtigter Berücksichtigung sowohl von Alltagserfahrungen als auch von empirischen und theoretischen Forschungsresultaten. Es geht um eine unvoreingenommene Bestandsaufnahme, welche die Ausgangsbasis für eklektisches Vorgehen darstellt (Plaum, 1988). In der Phase des *Analysierens* werden Schlußfolgerungen auf der Grundlage von Untersuchungsresultaten in bezug auf ihre Objektivität, Reliabilität und Validität überprüft. Dabei ist es erforderlich, die jeweils bestehenden Rahmenbedingungen einzubeziehen, die in bezug auf die Interpretation der Forschungsergebnisse maßgeblich sind. Unerläßlich ist darüber hinaus die Rückintegration der Bewertung in die Alltagsrealität. Der Eklektizismus ist damit sowohl dem wissenschaftsanalytischen als auch dem phänomenologischen Vorgehen verhaftet (Plaum, 1988). Im Stadium der Synthese erfolgt die eigentliche Leistung des Eklektizismus. Zum Teil heterogene Befunde sowohl empirischer Natur als auch aufgrund von Alltagserfahrungen müssen *integriert* werden. Es stellt sich die Frage, wann und warum welche Sicht- oder Erklärungsweise der Gegebenheiten herangezogen wird (Schadwinkel, 1988). Diese Leistung gestaltet sich dann relativ einfach, wenn sich die Resultate ohne weiteres zusammenfügen lassen oder wenn sich Widersprüche als Folge unterschiedlich zugrundegelegter Begriffe bzw. ungenauer Definitionen aufklären lassen. Schwierig wird es jedoch bei jeweils gut gesicherten, aber konträren Forschungsresultaten. Hier müssen adäquate mehrdimensionale und hierarchisch strukturierte Konzepte gefunden werden (Plaum, 1988). Die Entwicklung einer integrativen Rahmentheorie leistet einerseits einen Beitrag zur Überwindung des Schulenstreits (Kommer, 1982), zum anderen stellt sie eine Verbindung zwischen Grundlagenforschung und praktisch-therapeutischem Vorgehen her (Stiksrud, 1988).
Durch die Entwicklung unterschiedlicher therapeutischer Schulen wurde das zunächst schulenunabhängige diagnostische Vorgehen abgelöst vom Einsatz schulenspezifischer Methoden der Informationsgewinnung. Im Kontext der Zunahme eklektischer Interventionsstrategien gewinnt die schulenunabhängige Datensammlung erneut größere Bedeutung. Nur durch schulenunabhängige Diagnostik ist eine sinnvolle Interventionsplanung möglich. Sie bildet sowohl die Voraussetzung als auch die Konsequenz eklektischen Vorgehens (Hermanutz & Plaum, 1988).

6.1.4 Kritik

Kritisch ist zu Positionen des Eklektizismus anzuführen, daß die Basisannahmen der Komplementarität und Auswahl therapeutischer Techniken problematisch und bislang nicht empirisch überprüft sind. Als wissenschaftlich begründeter Erklärungszusammenhang für therapeutisches Handeln ist die Methodenauswahl nach Effektivitätskriterien und persönlichen Präferenzen z. B. bei gleichen Effektivitätskennwerten allein nicht ausreichend (Kommer, 1982).

Der explizite Verzicht auf eine theoretische Untermauerung eklektischen Vorgehens, wie dies bei Vertretern des technischen Eklektizismus der Fall ist, führt nach Kommer (1982) langfristig in eine „vorwissenschaftliche Sackgasse" (S. 51). Sinnvoll und erfolgversprechend sei dem Autor zufolge dagegen die Analyse des praktisch-eklektischen Problemlöseprozesses.

Thorne, einer der Begründer und frühen Vertreter des Eklektizismus, hat die gängigen Kritikpunkte an eklektischen Konzepten zusammengetragen und diese gemäß seiner Position zurückgewiesen. Dieser Dialog soll im folgenden zusammenfassend dargestellt werden.

1. *Contra:* Der Eklektizismus beinhaltet eine Menge unzusammenhängender Methoden.
Pro: Der erste Schritt jeder Entwicklung ist eine Art Bestandsaufnahme. Sie bildet die Voraussetzung für weitere Analysen und Vergleiche.
2. *Contra:* Es existieren keine anerkannten Kriterien für die Art der individuellen Methodenintegration, die Indikation und Kontraindikation einer spezifischen Technik.
Pro: Die Kritik bezieht sich lediglich auf einen wenig ausgereiften Forschungsstand und nicht auf eklektisches Vorgehen per se. Neue Erkenntnisse werden von Eklektikern systematisch verwertet.
3. *Contra:* Ein Eklektiker sammelt alle Methoden, um sie dann blindlings anzuwenden; und zwar so lange, bis sie funktionieren („Schrotflinten"-Ansatz).
Pro: Dieser Einwand gilt nicht zwangsläufig für den Eklektizismus, insbesondere dann nicht, wenn dieser richtig angewendet wird. Erfahrene Therapeuten wählen die eingesetzten Verfahren sinnvoll aus. Diese Kritik greift unter Umständen für naive Anfänger oder in Extremfällen, wenn andere Methoden nicht effektiv waren.

4. *Contra:* Dem Eklektizismus fehlt eine fundierte Theorie, durch die einzelne Handlungsschritte rational begründet werden.
Pro: Theoretische Grundlagen sind logisch nicht erforderlich, da die Dynamik des Verhaltens organismisch bestimmt ist. Diese natürlichen Einflußfaktoren müssen durch induktive Verfahren neu erfaßt werden. Ferner hat Thorne ein Rationale für eklektische Standpunkte entwickelt.
5. *Contra:* Die zunehmende Verbreitung des Eklektizismus reflektiert, daß es bislang keiner Theorie gelungen ist, sich aus sich selbst heraus zu begründen.
Pro: Das gegenteilige Argument greift genauso. Die Tatsache, daß keine Therapieschule einer anderen eindeutig überlegen ist, kann bedeuten, daß keine Richtung ausreichend valide ist, um die Gegebenheiten der Praxis angemessen abzubilden.
6. *Contra:* Ein Eklektiker beherrscht von allem etwas, aber nichts richtig.
Pro: In jeder Ausbildung erwirbt man zuerst allgemeines Wissen, bevor man sich auf bestimmte Bereiche festlegt und spezialisiert. Diese Tatsache impliziert, daß ein Eklektiker durchaus in allen relevanten Bereichen kompetent sein kann.
7. *Contra:* Der Eklektiker befindet sich in der Gefahr, Methoden rein mechanisch anzuwenden, ohne diese individuell abzustimmen und ohne über detailliertes Wissen zu verfügen.
Pro: Die Kenntnis vieler Techniken bedingt nicht zwangsläufig deren irrationale und/oder mechanische Anwendung. Ausschlaggebend sind vielmehr Kenntnisse über Indikation und Kontraindikation.
8. *Contra:* Exaktes Wissen zur Art, Indikation und Kontraindikation therapeutischer Verfahren liegt nicht vor. Eklektische Methoden sind nur locker verbunden. Auf der Grundlage dieser Position kann man nicht eindeutig erkennen, welche Methode wann anzuwenden ist.
Pro: Dieser Vorwurf gilt nicht ausschließlich für den Eklektizismus, sondern bezieht sich insgesamt auf den Wissensstand der Klinischen Psychologie. Kein Therapeut kann besser sein kann als der allgemeine Kenntnisstand.
9. *Contra:* Therapeuten können und sollten nicht für alle Patienten die besten Behandlungsmöglichkeiten bieten. Sie sollten sich darüber bewußt sein, was sie können, was nicht, mit welchen Patienten sie zurecht kommen und mit welchen nicht.
Pro: Es ist unbestritten, daß ein breites Wissen die Kompetenz eines Klinikers erhöht. Die Gefahr sieht Thorne vielmehr darin,

daß ein überspezialisierter Therapeut eine eingeschränkte Sichtweise hat und das breite Spektrum an Möglichkeiten nicht wahrnimmt.
10. *Contra:* Ein Therapeut kann nur in einer Schulrichtung gründlich ausgebildet sein und sollte sich nicht deshalb unsicher fühlen, daß man nicht alle Methoden beherrscht.
Pro: Es ist möglich, daß Kliniker in vielen therapeutischen Verfahren sorgfältig ausgebildet sind. Sie sind zwangsläufig fähiger als Therapeuten, die nur zur Anwendung von Methoden aus einer Richtung fähig sind (Thorne, 1982).

6.2 Theoretische Modellvorstellungen zum eklektischen Vorgehen

Betrachtet man den Stand der Literatur, so wird deutlich, daß eklektisches Arbeiten zwar weit verbreitet ist; jedoch läßt die theoretische Auseinandersetzung mit diesem kontroversen Gegenstand zu wünschen übrig. Durch die stetige Vergrößerung der Diskrepanz zwischen Theorie und Praxis wird eine Verbindung theoretischer und praktischer Integrationsperspektiven zunehmend dringlicher. Interaktionistische Konzepte in der Klinischen Psychologie lassen erste Anzeichen einer theoretischen Integrationsperspektive erkennen. Es werden die Kausalmodelle des Behaviorismus einerseits und der psychoanalytischen und humanistischen Richtungen andererseits miteinander verknüpft. Behavioristische Konzepte gehen dabei von der situativen Bedingtheit von Verhalten und damit auch von psychischen Störungen aus. Psychoanalytische und humanistische Strömungen begründen ihre Ansätze mit einer ausschließlich intrapersonalen Steuerung menschlichen Verhaltens. Interaktionistische Konzepte integrieren beide Perspektiven. Demnach wirken sich Umwelteinflüsse über Wahrnehmungs- und Informationsverarbeitungsprozesse steuernd auf das Individuum aus, welches wiederum die Umwelt durch gezielte Aktivitäten beeinflußt. Es werden sowohl interne, nicht beobachtbare Prozesse als auch beobachtbares Verhalten einbezogen, ebenso unbewußte Steuerungsmechanismen menschlicher Handlungen, automatisierte Gedanken und Handlungsskripts (Linsenhoff, Bastine & Kommer, 1982).
Neben der Entwicklung solcher Theorien ist die empirische Aufarbeitung praktischer Integrationsansätze erforderlich. Dazu

sind deskriptive Analysen psychotherapeutischer Prozeßverläufe mit vergleichbarer Ausgangsfragestellung in Form einer Festlegung gemeinsamer Störungsbereiche notwendig. Sowohl die Therapeuten- als auch die Klientenperspektive sollten dabei einbezogen werden (Linsenhoff, Bastine & Kommer, 1982). Im folgenden werden verschiedene eklektische Ansätze dargestellt. Die Auswahl vermittelt einen Eindruck über die unterschiedlichen Herangehensweisen an diese Thematik und verdeutlicht den derzeitigen Forschungsstand.

6.2.1 Das Modell von Garfield

Garfield (1982) gehört zu den Vertretern des technischen Eklektizismus. Seiner Auffassung zufolge ist die erfolgreiche Anwendung einer bestimmten Maßnahme wesentlicher als ihre theoretische Begründung. Die Entscheidung für ein bestimmtes Vorgehen fußt auf Effektivitätskriterien sowie auf der persönlichen Präferenz des Therapeuten für ein bestimmtes Vorgehen. Garfield plädiert für ein schulenübergreifendes Vorgehen, bei dem insbesondere allgemein therapeutisch wirksame Variablen Berücksichtigung finden sollten (Garfield, 1982).
Die Darstellung seiner Position gleicht einem Plädoyer für eklektisches Vorgehen. Garfield argumentiert wie folgt: Unterschiede zwischen traditionellen (psychoanalytischen, verhaltenstherapeutischen und gesprächstherapeutischen) und eklektischen Ansätzen sind seiner Meinung nach darin zu sehen, daß bei den herkömmlichen Konzepten der Schwerpunkt auf der Bearbeitung des zentralen Konflikts liegt. Man geht davon aus, daß sich die Linderung der Symptome auch in anderen Bereichen auswirkt. Der eklektische Ansatz dagegen erfordert einen abwechslungsreichen Einsatz eines umfangreichen Methodeninventars, der von den jeweiligen Problemklassen abhängig ist. Psychoanalytiker, Verhaltens- oder Gesprächstherapeuten dagegen greifen immer auf das gleiche Methodeninventar zurück und müssen daher nicht über eine solche Vielfalt verfügen. Psychoanalytiker legen den Schwerpunkt auf Deutungen und Assoziationen, Gesprächstherapeuten auf die Realisierung der Basisvariablen Empathie, Wärme und Echtheit. Der eklektisch arbeitende Therapeut muß je nach Problemlage eine spezifisch angemessene Methode auswählen. Er selektiert aktiv aus einem großen Repertoire und geht daher direktiver und struktu-

rierender vor. Er muß eine klare Vorstellung von den Therapiezielen haben, um Entscheidungen bezüglich indizierter Techniken zu fällen. Seine Arbeit entspricht daher am ehesten der des Verhaltenstherapeuten, der sich zuerst Klarheit über Problembereiche und Therapieziele verschafft, um schließlich einen Therapieplan zu erstellen. Ein Eklektiker beschränkt sich dabei allerdings nicht auf verhaltensorientierte Verfahren. Zudem mißt er dem Aspekt der Beziehung zwischen Therapeut und Klient sowie allgemeinen Therapiefaktoren eine größere Bedeutung als schulenspezifischen Variablen bei (Garfield, 1982).
Nach Garfield werden mit den drei großen Therapieströmungen jeweils auch unterschiedliche Akzente gesetzt. Die Psychoanalyse setzt den Schwerpunkt auf kognitive Aspekte des Veränderungsprozesses. Das Verstehen der Konflikte führt zu ihrer Aufarbeitung. Durch das Wiedererinnern der konflikthaften Situationen erhält man den Zugang zu der therapierelevanten Problematik. Auf verbalem und kognitivem Weg über Assoziationen und Deutungen entsteht eine Verbindung zu den Erinnerungen. Auch wenn emotionalen Faktoren in bezug auf den Therapeuten und die Therapie eine gewisse Bedeutung zugesprochen wird, so erfolgt die Problemlösung doch auf kognitivem Weg. Auch die kognitive Verhaltenstherapie (vgl. Ansätze von Beck, Mahoney, Goldfried, Meichenbaum etc. Kap. 3.3) legt das Hauptgewicht auf die Veränderung von Kognitionen. Anders bei den traditionellen verhaltenstherapeutischen Ansätzen; sie betonen Modifikationen auf Verhaltensebene. Hauptanliegen der Gesprächstherapie sind dagegen die Freisetzung von Emotionen und die Initiierung der Selbstaktualisierungstendenz. Da der Mensch aber ein kognitiver, emotionaler und handelnder Organismus ist, bedeutet jede Akzentuierung eine Vernachlässigung anderer wichtiger Persönlichkeitskomponenten (Garfield, 1982).
Nach dieser umfassenden Herleitung stellt Garfield nun folgende Hypothesen auf:
1. Verschiedene Grundformen der Psychotherapie machen sich in der Praxis Therapievariablen zunutze, denen theoretisch keine große Bedeutung zugeschrieben wird. Als Beispiel führt Garfield die Herstellung einer guten Therapeut-Patient-Beziehung in der Verhaltenstherapie an, der theoretisch keine große Beachtung geschenkt wurde. Empirische Untersuchungen konnten jedoch belegen, daß diese Variable während der verhaltenstherapeutischen Behandlung ebenso realisiert wird wie in der Psychoanalyse (Garfield, 1982).

2. Je nach Art der Störung profitieren Patienten eher von kognitiv orientierten, verhaltensorientierten oder emotionsbezogenen Behandlungsverfahren. Hinzu kommt, daß sich die Patienten eher zufällig auf die einzelnen Therapieformen verteilen. Die Effektivität einer einzelnen Therapieform ist geringer als die mögliche Maximaleffektivität, da jede Therapierichtung lediglich einen oder maximal zwei Aspekte der Persönlichkeit betont. Würden dem Therapeuten Verfahren aus unterschiedlichen Therapierichtungen zur Verfügung stehen, könnte er die spezifischen Persönlichkeitskomponenten systematisch berücksichtigen und für jede Form der Störung bzw. für jeden Klienten den angemessenen Schwerpunkt auswählen, um den bestmöglichen Zugang zu erreichen (Garfield, 1982).

Nach Garfields Ansicht stimmt das tatsächliche Therapiegeschehen ohnehin nicht notwendigerweise mit den formellen Beschreibungen der Theorien und der Verfahren überein. Er fordert, daß therapeutische Verfahren der Gesamtheit der menschlichen Persönlichkeit mit ihren emotionalen, kognitiven und verhaltensmäßigen Anteilen gebührende Aufmerksamkeit schenken und daß die wesentlichen unspezifischen Wirkfaktoren einbezogen werden (vgl. dazu auch Kap. 5.5.3) (Garfield, 1982).

Das konkrete Vorgehen sollte nach Garfield wie folgt aussehen: Nach einer umfassenden Diagnostik sollte auf der Grundlage der gewonnenen Datenbasis ein Therapieplan entworfen werden. Dieser sollte die Festlegung der Therapieziele, deren Spezifikation, Gewichtung und Reihenfolge beinhalten. Ebenso sollte über die anzuwendenden Verfahren entschieden werden. Bis dahin entspricht das Vorgehen also demjenigen eines Verhaltenstherapeuten. Der Unterschied besteht darin, daß ein eklektisch arbeitender Therapeut allgemeine, affektive und kognitive Wirkfaktoren in höherem Maß in die Behandlung einbezieht als der Verhaltenstherapeut. Außerdem werden über das verhaltenstherapeutische Methodeninventar hinaus weitere Verfahren erwogen. Wichtig ist in diesem Kontext die Bereitschaft des Therapeuten, seine Vorgehensweise immer wieder zu hinterfragen, zu überprüfen und auf die Erfordernisse des Klienten abzustimmen (Garfield, 1982).

Einerseits bringt ein eklektischer Standpunkt eine höhere Flexibilität und Handlungsfreiheit mit sich sowie die Möglichkeit, seine

Interventionsstrategie noch individueller an den Klienten anzupassen. Andererseits bringt eine eklektische Position mit sich, daß die Sicherheit, die ein Theoriengebäude liefert, entfällt. Ein Eklektiker muß sich bei seiner Arbeit also stärker auf empirische Befunde und Hypothesen stützen als auf theoretische Konzeptionen. Er muß einer kontinuierlichen Evaluation eigener und anderer Therapieergebnisse offen gegenüberstehen, denn nur auf diese Weise kann er sein Wissen erweitern (Garfield, 1982).
Garfields Beschreibungen seiner eklektischen Position bleiben also in recht allgemeinen Formulierungen stecken und geben keine konkreten Handlungsanweisungen. Als schulenübergreifende Wirkfaktoren nennt er die Therapeut-Klient-Beziehung und die Deutung und Einordnung des Krankheitsgeschehens durch den Therapeuten, was die Einsicht und das Verstehen von seiten des Klienten fördert. Die wiederholte Thematisierung des Problems stellt eine Art Problemkonfrontation dar, durch die starke Emotionen freigesetzt werden, welche schließlich zu einer Desensibilisierung führen. Neben der Problemkonfrontation, der emotionalen Freisetzung und der Desensibilisierung führt Garfield Verstärkung, Entspannung, Informationsvermittlung, Beruhigung und Unterstützung, Erwartungsbildung, Modell-Lernen, Problemkonfrontation sowie den Zeitfaktor als unspezifische Wirkfaktoren auf. Es fällt auf, daß sich seine Argumentation und die Beschreibung der unspezifischen Wirkvariablen eng an Franks Darstellungen (1981) anlehnen. Nähere Angaben zur Art und Weise der Kombination verschiedener Methoden bzw. des Vorgehens bei der Integration spezifischer und unspezifischer Wirkmechanismen werden nicht gemacht. Die Bedeutung seines Ansatzes ist vielmehr in der Formulierung seines Standpunktes zu sehen, da das Thema „Eklektizismus" lange Zeit tabuisiert war.

6.2.2 Das Modell von Lazarus

Lazarus (1978) entwickelte das Konzept der *Multimodalen Verhaltenstherapie*, ein Ordnungsschema, das dem Klinischen Psychologen Anhaltspunkte zur Beantwortung der Frage liefert, durch welche Funktionsbereiche der Mensch erfaßbar ist. Sie sollten sowohl bei der Diagnosestellung (Eingangs-, Verlaufs- und Abschlußdiagnose) als auch bei der therapeutischen Intervention berücksichtigt werden. Den Ausgangspunkt der Über-

…egungen bildet — wie der Name schon sagt — die Verhaltenstherapie. Die Beschreibung der Therapieform als multimodal bezieht sich auf die Funktionsklassen, welche den Menschen ausmachen. Im einzelnen handelt es sich um folgende Bereiche, zwischen denen z. T. fließende Übergänge bestehen:

B (Behavior): Diese Kategorie kennzeichnet insgesamt die Verhaltensebene, insbesondere aber Verhaltensüberschüsse und -defizite.

A (Affect): Durch diese Gruppe wird der Mensch in bezug auf seine Emotionalität wie Angst, Wut, Liebe, Haß, Verzweiflung, Schuldgefühle usw. dargestellt.

S (Sensation): Sinnesempfindungen sind in dieser Klasse der Schwerpunkt der Beschreibung des Menschen. Neben den fünf Sinnen Sehen, Riechen, Hören, Schmecken und Tasten werden auch andere Empfindungen angesprochen wie z. B. das flaue Gefühl im Magen, wenn man Angst vor einer Prüfung hat.

I (Imagery): Diese Beschreibungsmodalität repräsentiert alle bildhaften Vorstellungen eines Individuums, z. B. die Vorstellungen darüber, wie man gerne aussehen möchte oder die bildhafte Erinnerung an einen Menschen usw.

C (Cognition): Kognitionen wie Werte, Einstellungen, Vorurteile, Kausal- und Eigenschaftsattribuierungen, explizit formulierte Aspekte von Selbst- und Fremdkonzepten, Irrtümer, unlogische Privatphilosophien usw. werden unter diesem Funktionsbereich subsumiert. Ein Beispiel wäre: „Ich bin zu alt, um mich zu ändern." oder „Ich habe keinen Einfluß auf die Bedingungen".

I (Interpersonal Relationship): Innerhalb dieser Gruppe wird der Mensch vor dem Hintergrund seiner zwischenmenschlichen Beziehungen dargestellt. Dazu gehören Verhalten in Gruppen, Merkmale der Therapeut-Klient-Interaktion, Bedeutung sozialer Verstärker, Vorstellungen über bedeutsame Bezugspersonen etc.

Diese sechs Merkmalsbereiche sind rein psychologischer Natur. Bei der nächsten Kategorie, Drugs, handelt es sich um ein Gebiet, das zwischen Medizin und Psychosomatik bzw. Biopsychologie einzuordnen ist.

D (Drugs): Beschrieben werden in diesem Zusammenhang die Physiologie und Morphologie eines Menschen, wie physische Erscheinung und Ausstattung, physische Beschwerden, z. B. Magenkrämpfe und deren Medikation oder die sportliche Betätigung eines Menschen und die damit verknüpfte Über- oder Unterforderung, Drogenabhängigkeit usw.

Faßt man die Anfangsbuchstaben der einzelnen Kategorien formelhaft zusammen, ergibt sich die Bezeichnung „*BASIC-ID*" wie Lazarus' Modell auch genannt wird (Lazarus, 1978; Stiksrud, 1988; Davison & Neale, 1980).
Entstanden ist dieses Konzept aus einem Vorwurf, den Lazarus gegen Therapeuten als Vertreter bestimmter Schulen formuliert hat, die sich jeweils nur auf ein oder zwei Modalitäten zur Beschreibung und Behandlung eines Menschen berufen und andere wesentliche Gesichtspunkte dabei außer acht lassen. Er argumentiert dabei ebenso wie Garfield. Die Psychoanalyse befasse sich primär mit kognitiv-affektiven Interaktionen und vernachlässige dabei die Verhaltensebene, insbesondere nicht oder nur ungenügend gelernte Reaktionsweisen. Das Vorgehen der Gesprächstherapie und damit die Realisierung der drei therapeutischen Basisvariablen bezeichnet Lazarus als die Minimalvoraussetzung einer jeden Therapie (Stiksrud, 1988). Er vertritt den Standpunkt, daß Beziehungsvariablen oft entscheidend, aber nicht hinreichend sind, um langfristig stabile und positive Therapieergebnisse zu erreichen (Zimmer, 1983). Der orthodoxen Verhaltenstherapie liegt ein eher mechanistisches Menschenbild zugrunde, das das Individuum unnötig vereinfachend darstellt. Diese Sichtweise wirkt sich dann nachteilig aus, wenn der Therapeut den Klienten dort zu Verhaltensänderungen bewegen will, wo tief verwurzelte Wert- und Normensysteme zugrundeliegen.
Lazarus vertritt dagegen eine holistische Sicht des Menschen. Bei der Multimodalen Verhaltenstherapie handelt es sich um eine Abwandlung und Ausweitung verhaltenstherapeutischer Konzepte, wobei Verhaltensänderungen sowohl durch klassische als auch durch operante und soziale Lernprozesse einbezogen werden. Der erzielte Therapieerfolg ist abhängig von der Anzahl der Modalitäten, die in die Behandlung einbezogen werden. Ein qualifizierter Therapeut sollte aus diesem Grund über ein breites Repertoire an therapeutischen Techniken verfügen, die er je nach Funktionsbereich anwenden kann (Lazarus, 1978; Stiksrud, 1988).
Lazarus ist insofern als Vertreter des technischen Eklektizismus zu betrachten, als sein Hauptanliegen in der praktischen Effektivität therapeutischer Interventionen besteht. Die wissenschaftliche Begründung eines bestimmten therapeutischen Vorgehens ist nach seinem Dafürhalten eher zweitrangig. In erster Linie wählt der Therapeut problemadäquate empirisch oder klinisch bewährte Therapieelemente aus, in deren Rahmen dann persönli-

he Präferenzen entscheiden. Lazarus kombiniert Interventionsstrategien unterschiedlicher theoretischer Positionen miteinander, z. B. der Verhaltenstherapie, der Gestalttherapie oder der Gesprächstherapie, voraussetzend, daß diese sich ergänzen. Sein Ziel ist es, dem Klienten abwechslungsreiche und erfolgversprechende Lernmöglichkeiten zu vermitteln (Lazarus, 1978; Kommer, 1982; Stiksrud, 1988). Dabei muß er beständig abwägen zwischen den verhaltenstherapeutischen Methoden als Grundlage seines Konzepts einerseits und den Erfordernissen des betreffenden Klienten, die unter Umständen eine theoretische Loslösung erfordern (Stiksrud, 1988). Durch dieses Vorgehen widerspricht er wissenschaftlichen Vorstellungen, deren Ziel in der Konstanthaltung von Bedingungen und in der Isolation potentiell wirksamer Faktoren besteht. Ein Wissenschaftler kann nach Stiksrud (1988) schon aufgrund seiner Aufgabenstellung nicht eklektisch arbeiten. Die von Lazarus angewendeten Verfahren sollten sich empirisch oder klinisch bewährt haben. Ferner wird eine umfassende Diagnostik vorgenommen, die man zum einen in Form einer ausführlichen Anamnese oder in Form der Kontrollierten Praxis mit Hilfe der Methode der Verhaltensanalyse realisieren kann. Die intersubjektive Vergleichbarkeit ist dann gewährleistet, wenn der Therapieprozeß fortlaufend dokumentiert wird oder wenn klinische Kollegen die Behandlung extern beispielsweise durch eine Einweg-Scheibe kontrollieren (Stiksrud, 1988). Die Besonderheit an dem von Lazarus vorgeschlagenen diagnostischen Vorgehen ist die retrospektiv orientierte Anamnese sowie die Verlaufsdiagnostik des therapeutischen Prozesses (Stiksrud, 1988).

6.2.3 Das Modell von Bastine

Bastine (1976) gilt eher als Vertreter des theoretischen Eklektizismus, wobei die Übergänge zwischen theoretischem und technischen Eklektizismus fließend sind. Er unterbreitet ein theoretisches Ordnungsschema, anhand dessen einzelne therapeutische Techniken gemeinsamen, schulenübergreifenden Behandlungselementen zugeordnet werden können. Je nach erforderlichem Handlungsschritt kann demnach eine Technik ausgewählt werden.
Ausgangspunkt von Bastines Modell ist die Annahme, daß die meisten Therapeuten trotz ihrer Zugehörigkeit zu unterschied-

lichen theoretischen Schulen recht ähnliche Behandlungsstrategien verfolgen. Nach Bastine mangelt es jedoch an Beschreibungen solcher allgemeinen, übergeordneten Kategorien. Die Charakterisierung von Behandlungseinheiten ist eng mit der Festlegung von Zielen verbunden, die mit Hilfe der jeweiligen therapeutischen Strategie realisiert werden sollen. Wie Kap. 2 gezeigt hat, liegt keine allgemein verbindliche Therapiezieltaxonomie vor und wird auch aufgrund der Vielfalt an Problemkonstellationen kaum realisierbar sein. Nach Bastine (1976) ähneln sich therapeutische Teilziele innerhalb des psychotherapeutischen Prozesses schulenübergreifend in überraschender Weise.

Die Abgrenzung therapeutischer Schulen voneinander ist nach Bastine nur dann sinnvoll, wenn eine Zuordnung des Patienten nach theoretisch und empirisch fundierten Kriterien erfolgt. Die jeweiligen Ansätze lassen konkrete und zufriedenstellende Angaben zur Indikation jedoch in der Regel vermissen (vgl. Kap. 3.1.3, 3.2.3 und 3.3.3). Zudem fehlen übergeordnete Konzeptionen, die eine Zuweisung von Patienten und Behandlungsverfahren steuern. Aus diesem Grund vertritt Bastine die Ansicht, daß eine Festlegung des Therapeuten hinsichtlich einer theoretischen Richtung in erster Linie eine Einschränkung seines Handlungsrepertoires bedeutet. Bastine (1976) erarbeitete in diesem Zusammenhang neun Kategorien, welche die Gemeinsamkeiten unterschiedlich theoretisch fundierter therapeutischer Vorgehensweisen widerspiegeln. Sie repräsentieren gleichzeitig die immer wieder aufzufindenden Teilziele psychotherapeutischer Prozesse. Abgeleitet wurden sie aus therapeutischen und Ausbildungsverfahren sowie aus therapieschulenvergleichenden Diskussionen. Ihr Stellenwert ist der hypothetischer und vorläufiger Kategorien, deren Relevanz und Gültigkeitsbereich noch einer empirischen Überprüfung bedürfen (Bastine, 1976).

Es handelt sich um die Einheiten
a) Amplifizieren,
b) Unterbrechen von Handlungsketten,
c) Vereinfachen,
d) Konfrontieren,
e) Selbstaktivieren,
f) Modellieren,
g) Attribuieren,
h) Rückmelden und
i) Akzentuieren, die im folgenden näher erläutert werden.

a) Unter *Amplifizieren* subsumiert Bastine verschiedene Formen der Erweiterung der Bewußtheit des Problems, dessen Definition und dessen Bewältigungsmöglichkeiten. Der Therapeut kann zu diesem Zweck beispielsweise die Problemstellung des Patienten in Frage stellen, kann ihn zu neuen Sichtweisen oder Probehandlungen ermuntern, kann Informationen oder Alternativen vermitteln, Rollenspiele oder Rollentausch anbieten usw.

b) Das *Unterbrechen von Handlungsketten* als weiteres Teilziel therapeutischer Prozesse kennzeichnet, einen Einschnitt in das gewohnte Verhalten des Patienten, um die Möglichkeit zu schaffen, Handlungs- und Gedankenmuster neu zu strukturieren. Methoden, durch die dieses Ziel erreicht wird, sind z. B. das Stoppen von Gedanken, die Kontrolle auslösender oder aufrechterhaltender Reize, das Vereinbaren von Orientierungssignalen und/oder detailliertes Nachfragen durch den Therapeuten, so daß der Patient seine Gedanken und Handlungen genau und anschaulich darstellt.

c) Mit Hilfe der Methode des *Vereinfachens* werden komplexe Situationen und Erlebnisse strukturiert und erscheinen dem Klienten dadurch deutlicher und lösbarer. Der Therapeut kann zu diesem Zweck beispielsweise Problembereiche benennen und voneinander abgrenzen, bestimmte Problemstellungen auswählen, Teilziele vereinbaren, Zielhierarchien erstellen oder mit der Behandlung leichter Probleme beginnen und sich sukzessive an die schwierigeren Bereiche annähern.

d) Durch *konfrontierendes Vorgehen* in der Psychotherapie werden dem Klienten seine Schwierigkeiten so verdeutlicht, daß ein Ausweichen nicht mehr möglich ist. Um dieses Teilziel zu erreichen, kann der Therapeut Vermeidungsverhalten direkt ansprechen, kann pessimistische Problemdarstellungen überpointieren, Diskrepanzen aufzeigen z. B. zwischen verbalen und nonverbalen Äußerungen oder zwischen realem Verhalten und Verhaltensnormen. Des weiteren können Meinungen anderer zum gleichen Problem eingeholt werden. Darüber hinaus besteht die Möglichkeit der massierten Darbietung problematischer Reize oder der Aufstellung von Hierarchien problematischer Stimuli und der anschließenden sukzessiven Auseinandersetzung mit ihnen.

e) Bei der *Selbstaktivierung* strebt der Therapeut eine Steigerung der Eigenbeteiligung und Übernahme von Eigenverantwortung bei der Entstehung und Lösung der Probleme an.

Realisierbar ist dieses Ziel z. B. durch die Vermittlung therapeutischen Wissens, durch Selbstbeobachtung des Patienten, durch selbstverantwortliches Mitwirken bei der Zieldefinition sowie der Problemanalyse und -lösung, durch Selbstbewertung, Selbstverstärkung, durch Verbalisierung von Zielen und Problemen, durch Übernehmen von Aufgaben innerhalb der Therapie und durch Minimierung von Strukturierung und Interpretationen von seiten des Therapeuten.

f) Das Ziel der externen Aktivierung des Patienten durch andere Menschen, durch Normen oder Vorbilder bezeichnet Bastine als *Modellieren*. Hierzu können Einführungsbögen in die Therapie verwendet werden. Therapeutische Situationen können beispielhaft dargestellt werden, Vorbilder können beschrieben, weitere Beispiele dargestellt, richtige Verhaltensweisen belohnt oder soziale Übungssituationen hergestellt werden.

g) Auch das Ziel des *Attribuierens*, d. h. der Zuordnung von Erklärungen über die Entstehung, die Aufrechterhaltung, den Verlauf der Störung und den Veränderungsprozeß beinhaltet, läßt sich auf verschiedenen Wegen erreichen. Zu nennen sind in diesem Zusammenhang die Erläuterung von Verhalten als selbst- oder fremdbestimmt, als bewußt oder zufällig, die Ursachenzuschreibung nach körperlichen, psychischen und situativen Bedingungen, die Zuweisung von Schuld und Verantwortung oder die Vergangenheits- bzw. Gegenwartsorientierung.

h) Durch *Rückmelden* erhält der Patient bewertende Hinweise auf sein Verhalten. Dies geschieht in Form der Reflektion verbaler Äußerungen, der Einführung bewertender Stellungnahmen anderer Personen, durch Zustimmen oder Ablehnen, Erfahrungssammlung innerhalb von Rollenspielen z. B. durch Rollentausch, ebenso durch Biofeedback oder Token-Economy-Systeme.

i) Ein letztes Ziel besteht im *Akzentuieren* spezifischer Verhaltens- oder Erlebnisaspekte zur Problemanalyse und -bewältigung. Schwerpunktsetzungen werden erreicht beispielsweise durch geschickte Lenkung der Gesprächsinhalte auf bestimmte Gefühls- oder Verhaltensmomente oder durch die Auswahl eines bestimmten verbalen oder nonverbalen Therapiemediums.

Die von Bastine gebildeten Einheiten sind keine neuen Errungenschaften. Sie repräsentieren lediglich Interpretationsweisen psy-

chotherapeutischer Vorgänge und zwar überwiegend verhaltentherapeutischer Art.
Kritisch bemerkt Bastine, daß sich auch an seinem Modell die grundlegenden Probleme der Psychotherapie manifestieren. Er bezieht sich dabei auf das Fehlen von Indikations- und weiterreichenden Zielvorstellungen. Bastine hält in diesem Kontext ein übergreifendes Indikationsmodell, welches auch therapeutische Behandlungen in Gruppen und sozialen Institutionen einschließt, für sinnvoller als schulenimmanente Indikationsstellungen. Insgesamt soll sein Ansatz einen Anstoß liefern für die Diskussion um die Gemeinsamkeiten therapeutischen Handelns (Bastine, 1976).
Die Bedeutung des Modells ist darin zu sehen, daß es einen Rahmen für die Zuordnung einzelner Therapietechniken zu übergeordneten Faktoren liefert. Für die Supervision hat es sich bislang als sinnvoller Leitfaden erwiesen. Dennoch fehlen Präzisierungen in bezug auf die Entsprechung der einzelnen therapeutischen Methoden aus unterschiedlichen Schulen. Spezifizierungen hinsichtlich der Art und des Ausmaßes der Behandlungseffekte sind erforderlich sowie empirische Überprüfungen der Anwendungsbedingungen.

6.2.4 Das Modell von Deneke

Deneke et al. (1981) haben einen praxisnahen Ansatz zur Indikationsfindung für psychosomatisch erkrankte Patienten erarbeitet, der explizit therapieschulenintegrierend aufgebaut ist. Die Indikationsstellung erfolgt nicht auf der Basis empirischer Untersuchungsergebnisse aus systematisch kontrollierten Therapievergleichsstudien, wie dies die Regel ist. Vielmehr machen die Autoren die intersubjektive Erfahrungsbildung der praktisch-therapeutischen Tätigkeit einzelner Diagnostiker zum Ausgangspunkt der Indikationsstellung. Herkömmliche testpsychologische Diagnostik wird um einen essentiellen, nämlich den hermeneutischen Aspekt erweitert (Deneke et al., 1981).
Die Autoren begründen die Art ihres Vorgehens wie folgt. Im Bereich der ambulanten Behandlung psychosomatisch erkrankter Patienten ist die Diagnose eng mit der Indikation zu einer bestimmten Behandlungsmethode verbunden. Die Zugehörigkeit des diagnostizierenden Therapeuten zu einer bestimmten theoretischen Orientierung führt häufig zur ausschließlichen Beach-

tung der von dieser Richtung als relevant erachteten Krankheitsbedingungen, Lebensbereiche etc. Andere, unter Umständen ebenso bedeutsame Aspekte werden dabei außer acht gelassen. Ein zu entwickelndes Konzept muß daher zum Ziel haben, die Selektivität der Wahrnehmung zu minimieren. Der Rückgriff auf empirische Ergebnisse erscheint den Autoren nicht als hilfreich, da sich die Befunde nicht selten durch geringe Eindeutigkeit, durch methodische Mängel und geringe aktuelle Praxisrelevanz auszeichnen. Des weiteren findet man im klinischen Alltag eine weitaus größere Vielfalt an Möglichkeiten vor, als in Forschungsdesigns — seien sie noch so komplex — realisiert werden können. Zudem liegt bislang keine zufriedenstellende Theorie psychosomatischer Erkrankungen vor, aus der sich durchgängig einzelfallbezogene, gültige Interventionsstrategien ableiten ließen. Deneke et al. (1981) beabsichtigen deshalb, mit ihrem Entwurf einen Beitrag zur Erstellung eines übergeordneten, praxisrelevanten Rahmenkonzepts zur Integration verschiedener theoretischer Positionen unter Berücksichtigung der Komplexität psychosomatischer Krankheitsbedingungen und -verläufe zu leisten. Deutlich wird, daß Deneke et al. zu den Vertretern des theoretischen Eklektizismus zu rechnen sind.

Psychosomatische Erkrankungen sind durch eine hohe Komplexität hinsichtlich der Entstehungs- und Aufrechterhaltungsbedingungen der Störung gekennzeichnet. Sie entwickeln sich über einen langen Zeitraum und beginnen nicht erst mit der Symptommanifestation. Überdies sind am Krankheitsgeschehen multiple — sowohl gleichzeitige als auch aufeinanderfolgende — sich teilweise wechselseitig bedingende Prozesse beteiligt. Die Probleme können zudem aus verschiedenen sozialen Bereichen, wie der Primärfamilie, der Partnerschaft oder dem Arbeitsplatz resultieren. Bezieht man nur objektive Lebensereignisse in die Diagnosestellung ein, bleiben Erklärungsversuche unbefriedigend. Wesentlich für das Krankheitsverständnis ist stattdessen das subjektive Erleben des Patienten wie seine bewußten und unbewußten Handlungsmotive, seine Wünsche und Ängste usw. Den Zugang zu dieser Ebene erhält man nach Deneke et al. (1981) nur durch einfühlendes Verstehen. Der kritische Punkt dabei ist die intersubjektive Überprüfbarkeit und Kontrollierbarkeit dieser *subjektiven Verstehensprozesse*, die stark von persönlichen Merkmalen des Diagnostikers abhängig sind. Die therapeutische Behandlung psychosomatischer Patienten gestaltet sich zudem auch deshalb schwierig, weil jeder Patient

individualspezifisch auf die jeweilige Interventionsstrategie reagiert, d. h. auch bei Patienten mit gleichen Symptomen haben krankheitsverursachende und -auslösende Bedingungen jeweils einen anderen Stellenwert (Deneke et al., 1981).
Die Autoren ziehen aus den dargelegten Gründen den Schluß, daß Diagnostik so umfassend wie möglich erfolgen muß, um alle potentiellen Krankheitsbedingungen zu erfassen. Sie schlagen deshalb die Zusammenarbeit einer Gruppe von vier Diagnostikern unterschiedlicher theoretischer Orientierungen vor, die jeden der Patienten individuell vor ihrem jeweiligen theoretischen Hintergrund explorieren.
Der beschriebene Ansatz bezieht sich nach dem augenblicklichen Forschungsstand auf eine Gruppe von Herz-Hypochondern mit subjektiven Beschwerden ohne organische Ursache. Jeder Patient wird einem psychoanalytischen Erstinterview, einem streßbezogenen Arbeitsplatzinterview, einem verhaltensanalytischen Interview und einem Familieninterview unterzogen. Die Entscheidung für diese vier Bereiche leitet sich aus ihrer Verwendung in der Theorie und Diagnostik psychosomatischer Erkrankungen ab.
Jeder der vier Diagnostiker entwickelt im Rahmen seines theoretischen Bezugssystems ein Konzept über die Entstehung und die Aufrechterhaltung der Erkrankung und gelangt zu einer Schlußfolgerung bezüglich der angezeigten Behandlung. Das Ergebnis der Überlegungen wird schriftlich fixiert und schließlich in einer gemeinsamen Runde der beteiligten Diagnostiker kritisch diskutiert. An diesem Punkt bestehen Parallelen zu Westmeyers Verhandlungsmodell (vgl. Kap. 2.4). Auch innerhalb dieser Konzeption kommt es im Verlauf eines Disputs zu einer gemeinsamen Entscheidungsbildung. Das Ziel der Diskussion ist die Ermittlung einer von allen akzeptierten Arbeitshypothese, einer sogenannten integrierten Diagnose, auf der das weitere therapeutische Vorgehen aufbaut. Der Patient wird letztlich einer Behandlungsform zugewiesen. Der Verlauf der Therapie wird durch eine therapiebegleitende Evaluation kontrolliert. Die Datendokumentation ist narrativer Art und kommt durch die damit verbundene Anschaulichkeit dem subjektiven Erleben des Patienten in angemessener Weise entgegen.
Im folgenden werden die Leitgedanken der jeweiligen Interviewformen in Anlehnung an Deneke (1981) kurz skizziert.
Das *psychoanalytische* Erstinterview ist wenig strukturiert. Es sollen Informationen zu den Objektbeziehungen des Patienten, zu seinem Umgang mit libidinösen und aggressiven Impulsen in

der Ursprungsfamilie, zu Angsterlebnissen (Traumen, Krankheiten, Objektverlust), zur sexuellen Entwicklung und zum Selbstkonzept erhoben werden.

Das Ziel des *verhaltensanalytischen* Interviews ist es, mit Hilfe der gewonnenen Daten ein Modell der auslösenden und aufrechterhaltenden Bedingungen der psychischen Erkrankung zu erstellen, um so Ansatzpunkte zu deren Veränderung zu gewinnen (vgl. Kap. 2.3, Funktionale Verhaltensanalyse nach Kanfer & Saslow). Der Diagnostiker bezieht sich dabei primär auf gegenwartsbezogene Sachverhalte und Erlebnisweisen. Vergangene Aspekte werden nur insofern berücksichtigt, als sie zur Erklärung aktuellen Verhaltens erforderlich sind.

Das *streßbezogene* Interview ist in diesem Rahmen ausschließlich auf die Erlebnisse am Arbeitsplatz bezogen, da diese laut Deneke et al. für den Patienten eine herausragende Stellung einnehmen. Die Erhebung beschränkt sich dabei auf jenen Arbeitsplatz, in dessen Kontext die Leitsymptome zum ersten Mal in Erscheinung traten. Die Grundannahme des Streßkonzepts ist dabei, daß objektive Ereignisse erst durch die subjektive Zuschreibung eines Streßcharakters ihre Bedeutung erlangen. Als Streß wird dabei das Mißverhältnis von Fähigkeiten und Anforderungen (Über- und Unterforderung) verstanden. Der Diagnostiker erhebt Informationen zu augenblicklichen Belastungsmomenten sowie zu antizipierten Streßsituationen. Er berücksichtigt dabei die jeweiligen Berufs- und Qualifikationserwartungen des Patienten sowie dessen verfügbare Coping-Strategien. Zur Anwendung kommt ein halbstandardisiertes Interview mit Fragen zur Tätigkeitsstruktur und zu den Arbeitsbedingungen.

Hintergrund des *Familieninterviews* bildet die Annahme, daß der Patient mit seinen Symptomen auf eine Störung der Familie hinweist. Die Funktion des Symptomträgers ist es, innerhalb dieses Systems das Gleichgewicht zu erhalten. Er ist derjenige, der die Außenwelt und deren Hilfsmöglichkeiten aktiviert. Pathogene Beziehungsmuster sind häufig in der Ursprungsfamilie entstanden und wiederholen sich in den gegenwärtigen sozialen Beziehungen. Während des wenig strukturierten Gesprächs achtet der Diagnostiker ausdrücklich auf das spontane Verhalten der Familienmitglieder. Dadurch erhält er Informationen über die Art der Interaktionen untereinander, über die Kommunikationsstruktur und -muster. Allmählich formt sich daraus ein allgemeiner Eindruck über die Familienstruktur. Es entstehen Annahmen über Subsysteme, Koalitionen, Grenzen, über die Funktion der Symptome etc. Besondere Berücksichtigung finden Anzeichen für Loyalitätsverpflichtungen und Aufträge zwischen Generationen (Traditionen, Geheimnisse, sich wiederholende, noch relevante Konflikte). Der Diagnostiker erfaßt Informationen darüber, inwieweit die Familie an der Entstehung und Aufrechterhaltung der Problematik beteiligt ist, ob andere Familienmitglieder gesundheitlich gefährdet sind, ob die Familie generell zur Therapie motiviert ist, wie günstig oder ungünstig die Behandlungsprognose unter Berücksichtigung der Flexibilität der Familie, seiner Möglichkeiten usw. ist.

Dieses Konzept zur Kontrolle hermeneutischer Einschätzungen theoretisch unterschiedlich orientierter Diagnostiker ist nach Ansicht der Autoren zwar kein absolutes Validitätskriterium, stellt aber zum derzeitigen Forschungsstand die bestmögliche Lösung dar, um einerseits die verstehende Erfassung psychischer Zusammenhänge in den diagnostischen Prozeß einzubeziehen, diese aber andererseits gegenüber den Gefahren der Willkürlichkeit individueller Einschätzungen abzusichern. Voraussetzung für das Funktionieren dieses Modells ist zum einen die Kooperations- bzw. Integrationsbereitschaft der beteiligten Therapeuten sowie zum anderen deren Wille, eigene Standpunkte auch gegen Kohäsionsstrebungen der Gruppe alleine durchzusetzen.

Der diagnostische Aufwand ist verhältnismäßig groß und kann sich aus diesem Grund nachteilig auswirken, z. B. indem negative Erwartungen des Patienten, der empfundene Leistungsdruck, die vorhandene Angst etc. verstärkt werden. Möglicherweise ist bereits eine geringere Anzahl von Interviews zur Erfassung der Lebensumstände eines Patienten ausreichend (Deneke et al., 1981).

Insgesamt liefert dieses Modell einen wesentlichen Beitrag zu einer fehlenden integrativen Rahmentheorie psychosomatischer Erkrankungen und schlägt eine Brücke zwischen Forschung und Praxis. Dabei stellen die Autoren explizit den Bezug zur therapeutischen Praxis her und berücksichtigen die Komplexität des psychosomatischen Krankheitsbildes.

6.2.5 Das Modell von Dieterich

Nach der umfassenden Sichtung von Forschungsmaterial und dem Zusammentragen bewährter Annahmen entwickelte Dieterich (1988) ein integratives, metatheoretisches Rahmenkonzept

und zählt damit zu den Vertretern des theoretischen Eklektizismus. Er entwickelte ein in sich geschlossenes Theoriengebäude, mit dessen Hilfe er Elemente einzelner Therapierichtungen zusammenfügt. Dieses Modell ist durch eine Reihe von Auswahlentscheidungen entstanden. Diese betreffen die Wahl des anthropologischen Rahmenkonzepts, eines Zentralkonstrukts, die Auswahl einzelner Theoriebausteine, die Wahl einer adäquaten Terminologie, die Annahme einer Beziehung zwischen Persönlichkeit und Verhalten, die Auswahl von Regelgrößen und die Orientierung an Gütekriterien von Theorien (Dieterich, 1988).
Eklektische Ansätze sind bewußt in eine anthropologische Wesensbestimmung des Menschen eingebettet. Der Mensch wird gesehen als integratives Gefüge seiner Persönlichkeitsmerkmale. Das gewählte Zentralkonstrukt ist das der Integration bzw. der integrativen Persönlichkeitstheorie. Als Theoriebausteine wurden von Dieterich die Selbstkonzepttheorie, die Motivationstheorie, die Eigenschaftstheorie, die Rollentheorie sowie die Lerntheorie herangezogen. Diese Elemente entsprechen der Gliederung der meisten klassischen Lehrbücher und wirkten zudem schulbildend. Die Verwendung einer einheitlichen Theoriesprache bildet die Voraussetzung für die Etablierung eines systematischen Eklektizismus. Dieterich wählt für diesen Zweck, genau wie Hagendorff (1988) die Sprache der „Allgemeinen Systemtheorie". Es handelt sich hierbei nach Ansicht des Autors um die Wissenschaftssprache der Integration. Systeme werden beschrieben als Menge von in Wechselwirkung stehenden Elementen oder werden durch ähnliche Propositionen bzw. Informationseinheiten charakterisiert. Der Systembegriff und die damit verbundenen Eigenschaften runden die Vorstellungen eines ganzheitlichen Menschenbildes ab.
Dieterich (1988) nennt folgende Kennzeichen von Systemen im allgemeinen und dem System „Persönlichkeit" im besonderen. Das System „Persönlichkeit" zeichnet sich aus durch:
„(1) multivariable Wechselwirkung der Elemente untereinander,
  (2) die Erhaltung des Ganzen im Gegeneinanderwirken der Teile,
  (3) vielschichtige Organisation in Systemen immer höherer Ordnung, Differenzierung, Zentralisierung usw.,
  (4) Steuerungs- und Auslösungskausalität,
  (5) Konkurrenz,
  (6) Teleologie, d. h. Zielgerichtetheit (auf Selbsterhaltung des Organisationsgrades hin)."

Theoretische Modellvorstellungen zum eklektischen Vorgehen 239

Handelt es sich um offene Systeme, lassen sie sich durch weitere Merkmale beschreiben:
„ (7) Wechselwirkung, Interaktion und Informationsaustausch mit der Umwelt,
(8) Selbsterhaltung im ständigen Wechsel der Komponenten (Fließgleichgewicht),
(9) Entwicklungsfähigkeit, Zugewinn an Struktur und Energie,
(10) Arbeitsfähigkeit, Wirksamkeit nach außen,
(11) Äquifinalität, d. h. Erreichbarkeit eines Endzustandes von verschiedenen Ausgangsbedingungen her und auf verschiedenen Wegen" (Dieterich, 1988, S. 155).

In einem weiteren Entscheidungsschritt muß die Art der Beziehung zwischen Persönlichkeit und Verhalten festgelegt werden. Dieterich sieht in der menschlichen Persönlichkeit ein System sich wechselseitig beeinflussender Regelgrößen, deren Soll- und Ist-Werte durch das Verhalten geregelt werden. Verhalten steuert also die Ausprägung von Persönlichkeitseigenschaften. Es wird eine Wechselwirkung zwischen der Persönlichkeit einerseits und dem Verhalten und der Umwelt andererseits angenommen. In einem nächsten Schritt der Theoriebildung müssen Regelgrößen ausgewählt werden. Diese stellen in Dieterichs Modell die Motivation, das Selbst, Rollen, Eigenschaften und Lernerfahrungen dar.

Schließlich muß die Bedeutung einer Theorie an vorher definierten Gütekriterien gemessen werden. Im Falle des Eklektizismus sind dies nicht ausschließlich die gängigen empirischen Kriterien. Ein größerer Stellenwert kommt der Bewährung einer Theorie in der praktisch-therapeutischen Arbeit zu. Primäre Bedeutung erlangt folglich der Beschreibungs-, Erklärungs- und Kommunikationswert einer Theorie bei der praktischen Umsetzung in bezug auf die Diagnosestellung, die Beratung und die Intervention. Der systematische Eklektizismus muß sich also sowohl an der Praxis als auch an empirischen Gütemaßstäben als relevant erweisen.

Aus dem allgemeinen integrativen Persönlichkeitsmodell leitet Dieterich drei Submodelle ab, die jeweils einen typischen Zustand der Persönlichkeit beschreiben. Es handelt sich hierbei um den idealen Sollzustand, der Vorstellungen von Reife und psychischer Gesundheit in bezug auf die Regelgrößen Motivation, Selbst, Rollen, Eigenschaften und Lernerfahrungen beinhaltet. Auf einen Nenner gebracht läßt sich der Sollzustand als Integrität bezeichnen.

Modell 1. Regelgrößen der Persönlichkeit (Dieterich, 1988, S. 158)

	1. Regelungsebene maximale, minimale Sollwerte	2. Regelungsebene aspektinterne Optimalisierung	3. Regelungsebene aspektexterne Optimalisierung	4. Ebene Gesamt- integration
Motivation	minimale Motivstärke maximale Frustrationstoleranz maximale Motivdifferenzierung	Ausgleich und Befreiung von einander widerstrebenden Motiven; komplexe Motivsteuerungen bei Lern- und Leistungsmotivation	Akzeptieren eigener Motive, Abstimmung der Wünsche mit Fähigkeiten, Möglichkeiten, Statusbedingungen, Lernerfahrungen; komplexe Steuerungen	Integration und Stabilisation der Gesamtpersönlichkeit
Selbst	maximales Selbstwertgefühl maximales Ichbewußtsein maximale Selbstvervollkommnung	Selbstakzeptierung, Wertschätzung der eigenen Person nach Maßgabe der erreichten Selbstentfaltung	Einpendeln des Anspruchsniveaus, d. h. Abstimmung des Selbstkonzepts mit Fähigkeiten, Rollenstatus, Lernerfahrungen, Bedürfnissen	
Rollen	Statusmaximierung (Prestige- und Kompetenz) maximale Identifikation vollständige Ablösung	Konfliktreduktion soziale Anpassung Ausgleichsoptimierung widersprüchlicher Erwartungshaltungen im Rollenverhalten	Harmonisierung mit Fähigkeitsprofil, Wachstum an der Funktion, Ausfüllen von Rollen mit der eigenen Persönlichkeit	
Eigenschaften	Maximierung von Leistungseigenschaften und Wertverwirklichungseigenschaften; Harmonisierung von Temperamentseigenschaften	Optimierung antinomischer Eigenschaften (dialektischer Ausgleich), spannungs- und widerspruchsfreies Eigenschaftsgefüge, „Affinität"	Abstimmung mit Bildungen und Lernerfahrungen, Zielsetzungen und Rollenverpflichtungen	
Lernerfahrungen	maximale S-R- und S-S-Verbindung (Habitstärke, minimale Diskrepanz zu persönlichen Standards	maximale kognitive Strukturierung, Integration zu Habitsystemen, Minimalisierung kognitiver Diskrepanzen, kognitive Balance-Zustände	autonome Steuerung des Lernens, Abstimmung von Bildungsanstrengungen mit Begabung, Anforderungen, Lernmotivation	

Der zweite Ansatz stellt die noch nicht ausgebildete und entwickelte Persönlichkeit dar und gestaltet sich damit als eine Art Entwicklungsmodell. Damit verbunden ist die Vorstellung von Entwicklung als zunehmender Differenzierung der einzelnen Funktionen und deren Integration. Das Modell liefert Anhaltspunkte, wie Erziehung als Integrationsmaßnahme aussehen kann.

Die dritte Zustandsbeschreibung der Persönlichkeit kann als Defekt- oder Neurosenmodell der integrativen Theorie interpretiert werden. Es kennzeichnet die Minimalsollwerte bzw. die Maximierung der Mindestgrößen. Modell 3 zeigt zudem eine Zuweisung zu Zustandsbildern. Würde man diese komplettieren, so entstünde eine Systematik von Verhaltensstörungen und Interventionsanlässe. Auslöser für die Maximierung der Minimalkennwerte können sowohl personeninterne als auch umweltbezogene Anlässe vielfältiger Natur sein. Sie stören das Gleichgewicht und führen zu einem „Circulus vitiosus", d. h. es kommt aufgrund anfänglich eher geringer Abweichungen allmählich zu immer größeren Diskrepanzen zwischen Ist- und Soll-Wert.
Die Diagnose und Intervention bauen auf folgenden vier Theoremen auf:

1. *Das Teufelskreistheorem*
Durch eher geringe Anlässe entstehen Ist-/Soll-Diskrepanzen, die sich sukzessive vergrößern. Dabei wird der Teufelskreis mehrfach durchlaufen, bis es zu einem Umkippen der Regelgrößen kommt und sich das Symptom manifestiert. Diagnostisch ist es wichtig zu belegen, daß der Teufelskreis mehrfach durchlaufen wurde.

2. *Das Störkomplextheorem*
Die Bedingungen, die zu einer Störung führen, lassen sich ebenfalls als ein interagierendes, sich wechselseitig verstärkendes System kennzeichnen. Diagnostisch besteht die Aufgabe des Therapeuten darin, die Bedingungsvielfalt bei der Verursachung einer psychischen Störung aufzuklären.

3. *Das Reintegrationstheorem*
Verhaltensstörungen in einem Bereich, z. B. im sozialen Bereich weiten sich auf andere aus und bilden insgesamt ein Gleichgewicht auf reduziertem Niveau. Diese Annahme der Reintegration liefert eine Erklärung für die Sinnhaftigkeit bzw. den Krankheitsgewinn einer psychischen Störung. Sie liefert Ansatzpunkte für die psychotherapeutische Behandlung. Eine noch nicht beendete Reintegration gibt Aufschlüsse darüber, ob die Störung weiter fortschreiten wird.

Integrative Ansätze

Modell 2. Zustand 1: Sollwerte der Persönlichkeitsregelung (Dieterich, 1988, S. 161)

	1. Regelungsebene		2. Regelungsebene		3. Regelungsebene		4. Regelungsebene
Motivation	Genußfähigkeit ↕ Verzichtfähigkeit Selbstvervollkommnung, Arbeit an sich selbst	↗	Planbarkeit, Aufschiebbarkeit differenzierter Bedürfnisse und Ziele realistisches, unüberhebliches	↑	angepaßte, geduldige und maßvolle Zielstrebigkeit in Richtung realisierbarer Bedürfnisse Autonomie und Eigenverant-	↗	Integrität der reifen Gesamtpersönlichkeit: ichstarke, stabile Ausgeglichenheit und Zielorientiertheit, per-
Selbst	Selbstakzeptierung ↕ Ichbewußtsein	↗	Selbstbewußtsein und Selbstakzeptierung durch Vertrauen in die Möglichkeiten der eigenen Person	↑	wortlichkeit, aktives Gestalten des eigenen Lebens in der menschlichen Gemeinschaft nach Maßgabe von Ich-reflexion	↗	sönliche Autonomie und ihres eigenen Wertes gewissen und auf sich selbst vertrauenden Persönlichkeit, die die Entfaltung ihrer Lebenstüchtigkeit
Rollen	Internalisierung von Rollen ↕ Überwindung inferiorer Positionen, Statuserweiterung	↗	Sozialisation: Normen- und Wertbewußtsein, Konfliktfähigkeit, soziales Engagement, Geschick im Umgang mit anderen Menschen	↑	soziale Verantwortlichkeit und Kompetenz, engagierte Toleranz, Handlungsbereitschaft im sozialen Interesse, Verständnis und Achtung des Menschen	↑	im Bewußtsein ihrer sozialen Einbettung und sozialen Verantwortlichkeit relativiert und auf diese Weise in der Lage ist, ihr Leben angepaßt und in
Eigenschaften	Perfektionierung von Fähigkeiten, Neutralisierung von Temperamentseigenschaften	↑	Profilierung der Person durch geplantes Training von Fähigkeiten	↑	Persönliches Format aufgrund der Entfaltung potentieller Kräfte und Fähigkeiten in Abstimmung mit der Lebenssituation	↗	sozialem Frieden mit ihren Mitmenschen und der Gesellschaft zu führen, ohne dabei ihre distanzbewußte Objektivität gegenüber der Gesell-
Lernen	Reaktionssicherheit, Verfügbarkeit von Kenntnissen, Abrufbarkeit von Lerninhalten	↑	Integriertes Wissen und Können, Sachbildung	↑	Lebenserfahrung, Persönlichkeitsbildung, Klugheit		schaft zu verlieren, dabei im Laufe des Lebens zunehmend an Erfahrung und Weisheit zu gewinnen und nie der Gefahr zu erliegen, das Bewußtsein noch verbleibender Unvollkommenheit zu verlieren.

Theoretische Modellvorstellungen zum eklektischen Vorgehen

	Circulus vitiosus der 1. Komplexitätsebene	Circulus vitiosus der 2. Komplexitätsebene	Circulus vitiosus der 3. Komplexitätsebene	Circulus vitiosus der 4. Komplexitätsebene
Motivation	Maximaler Anstieg von Motivstärken (Panikzustände), minimale Deprivationstoleranz, undifferenziert bleibende motivationsstruktur, Angstdisposition	Rückbildung von Motivdifferenzierung (Fixierung, Regression, andere Abwehrmechanismen), widersprüchliche Motivziele, unvereinbare Motive, unkontrollierte Planlosigkeit	unrealistische Maßlosigkeit, unrealistische Wünsche, Motive, die vom Ich abgelehnt werden, unbewußte Konfliktsuche	unreife, desintegrierte Gesamtpersönlichkeit ichschwache instabile Unausgeglichenheit, abhängige Unselbständigkeit, einer von Minderwertigkeitsgefühlen belastete Persönlichkeit, die unfähig ist, sich selbst zu akzeptieren oder zu einer Entwicklung zu stimulieren, die für sie akzeptabel ist; die statt dessen zu Aktivitäten neigt, die sie aufgrund fehlenden Verständnisses für Normen und Werte sowie Rücksichtnahme auf andere Menschen in soziale Konflikte verwickeln, die sie aber wegen Mangels an Durchsetzungsvermögen und Zielstrebigkeit nicht lösen kann. Das Individuum hat keine Einsicht in den Nutzen von Wissen und Bildung, arbeitet nicht an seinen Fähigkeiten und überläßt sich lieber seinen unkontrollierten Affekten, läßt sich daher auch keine sozialen Kontakte und verfällt der Isolation.
Selbst	Minimalisierung des Selbstwertgefühls (Minderwertigkeitsgefühl) bez. einzelner Persönlichkeitsaspekte, fehlende Selbstreflexion, Abgleiten in die Unfähigkeit	Mißachtung der eigenen Person als Ganzes (Minderwertigkeitskomplex), Verlust der Selbstkritik, Arroganz, Überheblichkeit, Angebereien	Reduktion des Anspruchsniveaus, Mißerfolgsmotivation, Abhängigkeitsmotive, Manipulierbarkeit, Fremdbestimmung	
Rollen	fehlende Identifikationsfähigkeit, keine Ablösung von infantilen Rollen, Streben nach geringem Status und wenig Kompetenz, Suche nach sozialen Konflikten (auch unbewußt)	Bindungsunfähigkeit, widersprüchliche Statusansprüche, fehlendes Normen- und Pflichtbewußtsein, soziale Gleichgültigkeit, Außenseiter, Kontaktprobleme	unrealistische Statusstregungen, kein Verantwortungsbewußtsein, kein Durchsetzungsvermögen, keine Überzeugungskraft, Verwahrlosung, Menschenfeindlichkeit, Einsamkeit	
Eigenschaften	Verlust der Leistungsfähigkeit, Temperamentsausbrüche, fehlende Selbstbeherrschung, Primitivreaktionen	spannungsreiches Eigenschaftsgefüge (Psychopathie), Unberechenbarkeit, Unausgeglichenheit, Destruktivität	unharmonische, konflikthafte Persönlichkeitsstruktur, unzuverlässiger Versagertypus, Affektlabilität, Instabilität, wenig Widerstandskraft	
Lernen	Verlust der Konditionierbarkeit (evtl. Autismus, Mutismus), Lernunfähigkeit, kein Lernen aus Erfahrungen	Einschränkung auf unproduktives Faktenwissen, Desintegration von Wissensbeständen, Halbbildung, keine Verarbeitung von Wissen (Kreativität)	ungebildete Ignoranz, Bildungsfeindlichkeit, fehlende geistige Ansprechbarkeit	

4. Das Aufbrechungstheorem

Dieses Theorem verweist auf Möglichkeiten, wie der Teufelskreis, in dem sich das Individuum befindet, unterbrochen werden kann, damit die Symptomatik gelindert oder beseitigt werden kann. Entscheidend an diesem integrativen Modell ist die Annahme, daß der Krankheitsprozeß an jedem Glied seiner Kette unterbrochen werden kann, d. h. es gibt nicht nur einen Weg zur Behebung einer Störungsursache.

Dieterich (1981) leitet daraus eine genaue Strategie des diagnostischen und intervenierenden Prozesses ab (vgl. dazu Dieterich, 1981: Integrale Persönlichkeitspsychologie).

Eine empirische Untersuchung der dargestellten Theorie an einer zwar kleinen Stichprobe bestätigte das Integrationskonzept der Persönlichkeit, so daß eine Ausdehnung der Studie auf eine größere Stichptobe sinnvoll erscheint. „Integration" wurde dabei als personales und interaktionales Konstrukt betrachtet und operationalisiert (Dieterich, 1988).

6.2.6 Vergleich der Ansätze

Dargestellt wurden einerseits technische Positionen des Eklektizismus an den Beispielen von Garfield und Lazarus sowie andererseits Versuche der theoretischen Aufarbeitung praktisch eklektischen Arbeitens durch Bastine und Deneke. Das Konzept von Dieterich fußt dagegen ausschließlich auf der Integration grundlagenwissenschaftlicher Ergebnisse zu einem übergeordneten Modell. Die Auswahl der Ansätze macht deutlich, daß es vielfältige Herangehensweisen an die Bearbeitung der Thematik „Eklektizismus" gibt.

Während Garfield in seinem Werk „Psychotherapie – ein eklektischer Ansatz" lediglich seinen Standpunkt in sehr allgemeiner Weise darlegt, begründet und nur wenige Hinweise für das praktische Vorgehen liefert, schlägt Lazarus immerhin ein Ordnungsschema vor, das BASIC-ID, welches als Anhaltspunkt für Diagnostik und Intervention dient. Überdies unterbreitet er Vorschläge zum diagnostischen Vorgehen. Beiden Autoren ist gemeinsam, daß sie verhaltenstherapeutische Strategien als Grundlage von Diagnostik und therapeutischer Behandlung wählen, die aber beliebig durch Verfahren anderer Schulen ergänzt und erweitert werden können. Für die Studenten der Psychologie, die an der Erweiterung ihrer Wissensgrundlage in bezug auf das praktische Handeln interessiert sind, sind die Vorschläge indes zu wenig konkret. Eklektisches Vorgehen wird damit ausschließlich zu einer individuellen Verfahrensweise des Therapeuten, die sich im Verlauf seiner persönlichen und beruflichen Entwicklung entsteht. Die so herausgebildete Technik therapeutischer Intervention, dessen Basis auf diese Art entstanden ist, läßt sich in Aus- und Fortbildungen nicht vermitteln. Solche Vorgehensweisen bergen ferner die Gefahr, daß der Therapeut sein Handeln vor anderen nicht rechtfertigen muß, dadurch seine Macht und Verantwortung mißbrauchen kann, eigene Kompetenzen (Kompetenz-, Bedingungs-, technologisches, Änderungs-, Vergleichswissen) und deren Grenzen falsch einschätzt, „blinde Flecken" nicht erkennt, nicht wahrnimmt, daß Schwierigkeiten, die er mit einem Klienten hat, unter Umständen durch eigene Probleme bedingt sind usw. Wer mit Menschen problemlösend arbeitet, geht eine moralische und ethische Verantwortung ein. Es muß dafür Sorge getragen werden, daß diese eingehalten wird. Deshalb kommt den Ansätzen von Garfield und Lazarus zwar das Verdienst zu, eine derart heikle Position wie die eklektische öffentlich zu vertreten, Stellung zu beziehen und damit eine Diskussion über ein tabuisiertes Thema zu entfachen. Sie liefern jedoch wenig Hinweise auf das konkrete Vorgehen. Da sich beide Vertreter von Grundgedanken der Verhaltenstherapie hinsichtlich der Verhaltensanalyse und der therapiebegleitenden Diagnostik leiten lassen, wird der therapeutische Prozeß dokumentiert und damit transparent für Dritte. Soweit ist das therapeutische Vorgehen einer Handlungskontrolle zugänglich. Der wesentliche Schritt, nämlich die Bestimmung von Entscheidungskriterien für die Wahl der einen oder anderen Methode bleibt dagegen im Dunkeln. An dieser Stelle fällt das Fehlen eindeutiger Indikationskriterien und Therapiezieltaxonomien ins Gewicht. Die Ansätze von Garfield und Lazarus werden deshalb als eine Art Umrißzeichnung eklektischer Standpunkte bewertet, die noch detaillierterer Ausformungen bedürfen.

Gegenstand von Bastines Darlegungen ist auch das praktische Handeln eines Therapeuten. Doch im Gegensatz zu Garfield und Lazarus versucht Bastine, Gemeinsamkeiten therapeutischer Vorgehensweisen und therapeutischer Zielfestlegungen zu extrahieren. Die Benennung der gefundenen Kategorien läßt auf eine verhaltenstherapeutische Betrachtungsweise schließen, die jedoch nicht explizit gemacht wird. Das Ergebnis stellt einen ersten Schritt der wissenschaftlichen Aufarbeitung dar, die mit dem Ziel verbunden ist, Konstanzen aufzufinden. Wie die Ausführungen (Kap. 6.5.3) gezeigt haben, hat sich Bastines Ansatz als sinnvoller Gesprächsleitfaden für Supervisionen erwiesen. Er bedarf jedoch noch weiterer Präzisierungen in Form konkreter und umfassenderer Zuordnungen therapeutischer Techniken zu geordneten Behandlungseinheiten und empirischer Nachweise bezüglich der Entsprechungen der Techniken sowie hinsichtlich der Relevanz und Effektivität der beschriebenen Kategorien.

Wie die anderen Autoren auch, geht Deneke vom praktischen Handeln aus. Er faßt dieses jedoch nicht so allgemein wie Garfield, Lazarus und Bastine, sondern konkretisiert es hinsichtlich der Patientenpopulation (Herz-Phobiker) und beschränkt sich dabei auf die Diagnostik. In diesem Rahmen liefert er konkrete Vorschläge für die Praxis, insbesondere darüber, wie der Therapeut Zugriff zu einem breiten Wissen erhält. Deneke schlägt die Zusammenarbeit von Experten unterschiedlicher theoretischer Positionen vor. Die Auswahl der Diagnostiker wird durch das zu beschreibende Krankheitsbild begründet. Die Einzelresultate müssen schließlich vor dem Expertenteam gerechtfertigt werden. Hinweise auf Entscheidungskriterien bei der Wahl der Therapieverfahren werden auch hier nicht gegeben. Die Art der Handlungskontrolle ist jedoch umfassender. Die Dokumentation des Therapieverlaufs, wie sie von Lazarus und Garfield vorgeschlagen wurde, macht zwar den therapeutischen Prozeß transparent, doch für wen? Ein in eigener Praxis arbeitender Therapeut wird in der Regel nicht von Dritten kontrolliert. In Denekes Konzept wird jedoch explizit die Handlungskontrolle durch Kollegen vorgeschlagen.

Die Ansätze von Garfield, Lazarus, Bastine und Deneke werden in dieser Reihenfolge also zunehmend spezifischer.

Das interaktionistische Konzept von Dieterich schließlich geht von einem rein theoretischen Standpunkt aus und ist deshalb mit den anderen Ansätzen nur schwer vergleichbar. Die Ausführungen folgen einem wissenschaftstheoretischen Verständnis der Theorienbildung. Dabei werden verschiedene grundlagenwissenschaftliche Inhalte integriert. Zur Operationalisierung des Konstrukts der Integration wurde ein Meßinstrument entwickelt. Es wurde überprüft, ob damit das Konstrukt per se, insbesondere dessen Regelungsfunktion der Persönlichkeit, erfaßbar sei. Die Resultate waren positiv und ermutigen zu weiteren Untersuchungen in dieser Richtung.

Die Beschreibung der verschiedenen Modelle verdeutlicht, daß die Art der Konzeption in hohem Maß davon abhängt, welche Fragestellung mit dem Modell verfolgt wird. Es wird in unterschiedlichem Ausmaß praktischen und wissenschaftlichen Bedürfnissen entsprochen.

Allen Vorschlägen ist gemeinsam, daß sie noch in den „Kinderschuhen" stecken. Viele Gedanken müssen präzisiert, spezifiziert und einer empirischen Prüfung unterzogen werden. Es kommt ihnen jedoch derzeit hypothesenbildende Funktion zu. Das Verdienst der Autoren ist es, sich an ein ausgesprochen komplexes, kontrovers diskutiertes und eher tabuisiertes Thema heranzuwagen und sich damit auseinanderzusetzen.

7. Diskussion und Ausblick

7.1 Diskussion

Die Psychologie ist gekennzeichnet durch zwei diametral unterschiedliche Standpunkte, den naturwissenschaftlich-quantitativen und den geisteswissenschaftlich-hermeneutischen Zugang zum Menschen. Die quantitative Psychologie hat an den Ausbildungs- und Forschungsstätten dabei zunehmend mehr Verbreitung gefunden. Diese Entwicklung liegt darin begründet, daß unser abendländisches Denken seit Beginn der Neuzeit von einem naturwissenschaftlichen Weltbild geprägt wird. Dieses wird seit Descartes durch eine Trennung des erkennenden Subjekts und des zu erkennenden Objekts charakterisiert. Die Natur wird rational erfaßt (vgl. Kap. 2.2). Zunehmend mehr werden die Grenzen dieses einseitig naturwissenschaftlichen Weltbildes erkennbar, nicht nur im Bereich der Psychologie, sondern darüber hinaus im Bereich der Naturwissenschaften, der Technik, der Umwelt etc.
Für den Bereich der Psychologie im allgemeinen und der Psychotherapie im besonderen leitet sich daraus die Forderung nach einer Neuerung ab. Die Berufung auf die Ganzheitlichkeit des Menschen per se garantiert jedoch noch keine an humanen Werten orientierte Psychologie wie ganzheitliche, aber ideologisch genutzte Ansätze in der Zeit des Nationalsozialismus belegen. Ferner ist die Forderung nach einer Vorstellung von einem als absolut gesetzten Wesen des Menschen gleichsam mit der Gefahr einer ideologischen Vereinnahmung der Psychologie verbunden, wie der gegenwärtige Esoterik-Boom zeigt. Durch die Auflösung traditioneller Lebensformen und die damit verbundene Individualisierung des Einzelnen ist der Bedarf an psychotherapeutischer Hilfe stark angewachsen (vgl. Kap.1).
Gleichermaßen hat sich das Angebot quasi-psychologischer Dienstleistungen auf dem Psycho-Selbsterfahrungs-Esoterik-

Trainings- und Ratgebermarkt vergrößert. Diese Entwicklung verdeutlicht das Bedürfnis nach anderen als rationalen Erklärungen für bestehende Zusammenhänge. Das rationalistisch-naturwissenschaftliche Weltbild stößt damit zunehmend an seine Grenzen, wodurch sich allmählich ein Paradigmenwechsel abzeichnet.

Ein integratives Verständnis der Psychologie, insbesondere der Psychotherapie sieht den Menschen in seinen Bezügen und übergeordneten Zusammenhängen. Zu einer Handlungs- bzw. Verhaltensanalyse kommt eine Systemanalyse, die die Sicht des Menschen als handelndes und leidendes Subjekt ergänzt. Der von Grawe, Caspar & Ambühl (1990) eingeschlagene Weg der Informationssammlung mit Hilfe der Plananalyse, der auch die sozialen Bezüge des Menschen berücksichtigt (vgl. Kap. 4.4.1.1), veranschaulicht dieses Vorgehen. Damit verändert sich die Gewichtung naturwissenschaftlicher und hermeneutischer Methoden: Gesprächsführung, teilnehmende Beobachtung, Gruppendynamik und Hermeneutik werden zu Basismethoden, während Statistik, Epidemiologie und experimentelle Methoden diese ergänzen und differenzieren.

In der therapeutischen Praxis dominiert das integrative Paradigma, während in Forschung und Lehre das naturwissenschaftliche Denken vorherrscht. Jedoch auch in der Psychotherapieforschung beginnt ein Umdenken. Es werden zunehmend detaillierte interpretierend-hermeneutische Untersuchungen zum therapeutischen Prozeß und Untersuchungen von langfristigen biographischen Auswirkungen der Psychotherapie im Vergleich mit anderen Bewältigungsversuchen psychischer Beschwerden im lebensweltlichen Kontext untersucht (vgl. Kap. 4.1). Beide Ansätze profitieren von einer sinnvollen Kombination qualitativer und quantifizierender Methoden. Es fehlt bislang jedoch noch an offensiv geführten Diskussionen, in denen dieser Standpunkt explizit und in berufspolitischer Hinsicht vertreten wird.

7.2 Ausblick

Die Forderung nach einer ganzheitlichen, unterschiedliche Aspekte integrierenden Sicht des Menschen bei Diagnostik und psychotherapeutischer Behandlung, wie sie in dieser Arbeit vertreten wurde, ist gleichermaßen an das Angebot sozialer, medizinischer und klinisch-psychologischer Dienstleistungen zu

stellen (Röhrle & Fliegel, 1982). Dazu ist es erforderlich, die Zuordnung von Klienten zu den jeweils indizierten Einrichtungen zu erleichtern; denn, wie eingangs erwähnt wurde, bleibt es häufig dem Zufall, örtlichen Gegebenheiten, Ratschlägen von Bekannten oder Ärzten überlassen, welche Art der Hilfe ein Ratsuchender in Anspruch nimmt.
Es bleibt eine noch zu lösende Aufgabe der psychotherapeutischen Praxis, die Selektion von Patienten im Vorfeld psychoherapeutischer Behandlungen (vgl. Kap. 1) zu erleichtern und zu systematisieren. Dringend erforderlich wäre in diesem Zusammenhang eine umfassende Öffentlichkeitsarbeit, wie etwa das Informieren von Ärzten oder die Verteilung von Informationsbroschüren über die Existenz psychosozialer Erstberatungen. Dort kann der Hilfesuchende einen Überblick über die Vielfalt therapeutischer Angebote erhalten sowie Untersützung bei der Auswahl von im speziellen Fall angezeigten Behandlungsverfahren und Institutionen.
Um das äußerst breite Spektrum an Möglichkeiten psychosozialer Betreuung zu veranschaulichen, seien einige Beipiele ambulanter, stationärer und teilstationärer sowie komplementärer Einrichtungen aufgeführt. Allein im *ambulanten Bereich* der psychosozialen Versorgung findet man neben der psychiatrischen und neurologischen Praxis sozialpsychiatrische Dienste an Krankenhäusern oder Gesundheitsämtern, psychosoziale Kontaktstellen, Sexual-, Familien-, Drogen- und viele andere spezielle Beratungsstellen, Beratungsstellen für Kinder und Jugendliche, psychologische oder psychotherapeutische Praxen, soziale Dienste der Krankenkassen, der Familienfürsorge usw. Dazu kommen *stationäre Dienste* wie psychiatrische Krankenhäuser, psychiatrische und psychotherapeutische Fachkliniken, Fachabteilungen für Psychiatrie in Allgemeinkrankenhäusern, Suchtkliniken, psychosomatische Krankenhäuser usw. Als *teilstationäre Dienste* gelten Tages- und Nachtkliniken, die vor allem die Eingliederung in natürliche soziale Stützsysteme wie z. B. die Familie erleichtern. Zu den *komplementären Einrichtungen* zählen u. a. Übergangswohnheime, therapeutische Wohngemeinschaften, spezielle Einrichtungen für Behinderte, Patientenclubs, Tagesstätten etc. (Röhrle & Fliegel, 1982).
Auch wenn der Patient dann einen Überblick über das psychotherapeutische Angebot hat, bleibt in der Regel unklar, was er damit anfängt. Wählt er einen Gesprächstherapeuten oder einen Verhaltenstherapeuten? Was will er überhaupt? Solange keine

eindeutigen Indikationszuweisungen existieren, ist der Hilfsbedürftige hinsichtlich dieser Frage von subjektiven Urteilen verschiedener Personen abhängig. Umfassende Forschungsbemühungen zu differentiellen Indikationsfragen sind also unerläßlich. Forschungsansätze zur Beantwortung differentieller Fragestellungen nehmen dabei vermehrt Bezug auf das therapeutische Prozeßgeschehen, auf die Durchführung von Einzelfallanalysen.

Hat sich der potentielle Klient dann schließlich beispielsweise für eine Gesprächstherapie entschieden, so ist noch nicht gewährleistet, ob der ausgewählte Therapeut tatsächlich ausschließlich schulenorientiert arbeitet. Viele Therapeuten bevorzugen ein eklektisches Vorgehen.

Ein weiterer wichtiger Punkt, den es zu berücksichtigen gilt, ist, ob Therapeut und Klient miteinander eine vertrauensvolle Beziehung aufbauen können. Dieser Faktor bildet eine wichtige Voraussetzung, auf deren Basis psychotherapeutische Techniken ihre Wirkung überhaupt erst entfalten können.

Diese mannigfaltigen Entscheidungsprobleme, mit denen ein potentieller Klient konfrontiert ist, könnten vermieden werden, wenn sich mehr Therapeuten explizit zu einem eklektischen therapeutischen Arbeiten bekennen würden. Im Falle ambulant arbeitender Therapeuten wäre ein Zusammenschluß verschiedener Experten in Gemeinschaftspraxen zu fordern, die unter ständiger Supervision stehen. Hauptanliegen sollte es sein, den therapeutischen Prozeß explizit auf die individuelle Problemkonstellation abzustimmen. Auch bei der ambulanten Versorgung von Patienten ist eine kontinuierliche und systematische Handlungskontrolle zu fordern, die nicht allein dem individuellen Verantwortungsgefühl des Therapeuten überlassen werden sollte.

Neben diesen Verbesserungsvorschlägen sei erwähnt, daß die Effizienz verschiedener psychosozialer Versorgungsbereiche heute noch aufgrund bestimmter quantitativer und qualitativer Unzulänglichkeiten begrenzt ist. Ländliche Gegenden sind psychotherapeutisch eher unterversorgt, während ökonomisch und auch sonst attraktive Ballungszentren vergleichsweise überversorgt sind. Unterrepräsentiert sind zudem der präventive und ambulante Bereich sowie die Versorgung spezieller Patientengruppen wie Kinder, Jugendliche und ältere Menschen. Überdies ist u. a. der schlechte Ausbildungsstand verschiedener psychosozialer Berufe zu kritisieren (Röhrle & Fliegel, 1982).

Fazit: Die ganzheitliche Sicht des Menschen darf nicht nur auf psychotherapieinterne Prozesse beschränkt bleiben. Sie muß auf das gesamte Netz psychosozialer Versorgung ausgeweitet werden. Psychotherapie ist eingebettet in einen gesellschaftlichen Bezugsrahmen und muß von diesem in höherem Maße integriert werden. Dazu ist es notwendig, den Zugang zu psychotherapeutischer Versorgung zu erleichtern. Die Bewegung der Psychiatrie-Enquete (1975) hat diesbezüglich verschiedene Reformvorschläge unterbreitet. Dazu zählen u. a. eine gemeindenahe, bedarfsgerechte und umfassende Versorgung, eine bessere Koordination der Dienste sowie die Gleichstellung psychisch Kranker mit körperlich Kranken. Als vorrangig gilt der Aus- und Aufbau komplementärer und ambulanter Dienste von Abteilungen an Allgemeinkrankenhäusern, die Förderung der Aus-, Weiter- und Fortbildung der verschiedenen psychosozialen Berufe, der Ausbau des Versorgungsschwerpunktes für Kinder und Jugendliche, Sucht- und Alkoholkranke sowie die Entwicklung von Modellversorgungsgebieten in städtischen und ländlichen Regionen (Röhrle & Fliegel, 1982). Der Einsatz von Laienhelfern in dafür abgestimmte Arbeitsgebiete könnte die Umsetzung der genannten Vorschläge erleichtern.

8. Zusammenfassung

Ziel der vorliegenden Arbeit war die Beantwortung der eingangs gestellten Fragen nach den Wirkfaktoren von Psychotherapie:
1. Wird die Effektivität von Psychotherapie durch die Wirksamkeit schulenspezifischer Variablen oder
2. durch schulenübergreifende Komponenten des therapeutischen Prozesses bedingt
3. In welchem Verhältnis stehen spezifische und unspezifische Wirkfaktoren zueinander?
4. Nachdem der überwiegende Teil der Klinischen Psychologen in irgendeiner Form eklektisch arbeitet, ist es dringend erforderlich, ein — vorerst heuristisches — Handlungsmodell für eklektisches Vorgehen zu entwickeln, um eine Orientierung für regelgeleitetes Handeln vorzugeben. Daraus ergibt sich die Frage, wie sich eklektisches Vorgehen innerhalb eines Handlungsmodells darstellen läßt.

Ausgangsbasis dieser Arbeit bilden das psychotherapeutische Geschehen und die in diesem Zusammenhang erzielten Veränderungen. Dazu wird zunächst der Begriff „Psychotherapie" definiert und hinsichtlich seiner zentralen Bestimmungsstücke dargestellt. Ein Schwerpunkt liegt dabei auf der Darstellung der Relevanz von Indikationsentscheidungen. Es wird die Entwicklung der Psychotherapie und der damit verbundenen beiden grundlegenden Strömungen aufgezeigt, der naturwissenschaftlichen und der geisteswissenschaftlichen Strömung. Beide Richtungen manifestieren sich in einem unterschiedlichen Krankheitsverständnis, auf das verschiedene therapeutische Schulen begründet sind.
Schulenspezifische Wirkfaktoren der Psychotherapie werden beispielhaft an der Psychoanalyse, der Verhaltenstherapie und

der Gesprächstherapie veranschaulicht. Darstellung und Vergleich der Ansätze verdeutlichen wesentliche Divergenzen in bezug auf das zugrundegelegte Menschenbild, die Krankheitsvorstellung, die Konzeption der therapeutischen Behandlung und die damit verbundenen Angriffspunkte sowie auf die daraus abgeleiteten Zielvorstellungen. Aussagen zur Indikation sind für alle Therapierichtungen sehr weit gefaßt und recht vage, so daß auf dieser Grundlage keine eindeutigen Indikationsentscheidungen getroffen werden können.
Effektivitätsvergleiche der beschriebenen Therapieschulen erbrachten keine grundlegenden quantitativen Wirkungsunterschiede. Differenziertere Auswertungen des Therapieverlaufs verweisen jedoch auf qualitativ voneinander abweichende Veränderungsmuster. Die besten Ergebnisse erbringen dabei verhaltenstherapeutische Interventionsformen, die die Abstimmung therapeutischer Techniken auf die individuellen interaktionellen Bedürfnisse des Klienten in den Vordergrund stellen. Dieses Resultat macht u. a. auf die Bedeutung der Therapeut-Klient-Beziehung als veränderungswirksame Variable aufmerksam.
Untersuchungsergebnisse zu Klienten-, Therapeuten- und Interaktionsvariablen belegen deren Einfluß auf das Therapieresultat. Dabei kommt den Klientenvariablen eine entscheidendere Bedeutung zu als den Therapeutenfaktoren. Eine vertrauensvolle Therapeut-Klient-Beziehung bildet eine wichtige Voraussetzung dafür, daß therapeutische Techniken ihre Wirksamkeit entfalten können, insbesondere am Anfang einer therapeutischen Behandlung. Theoretische Modelle von Frank (1981), Garfield (1982), Bandura (1977) und Karasu (1986) beschreiben schulenübergreifende Wirkfaktoren und entsprechen sich dabei in weiten Teilen. Der Zustand des Klienten ist demnach gekennzeichnet durch Demoralisation nach Frank oder geringer „Self-efficacy" nach Bandura. Karasus Ansatz bezieht sich zudem auf die Interventionenseite. Er beschreibt die sogenannten „changeagents", affektives Erleben, kognitives Beherrschen und Verhaltensregulation.
Das Fazit, das bis hierhin gezogen werden kann und auf dessen Grundlage gleichzeitig die drei ersten Fragen beantwortet werden können, ist folgendes:
Zum derzeitigen Stand der Forschung muß davon ausgegangen werden, das sowohl spezifische als auch unspezifische Wirkfaktoren das Therapieergebnis bestimmen. Über das Verhältnis der Komponenten zueinander liegen bislang nur Spekulationen vor,

auf deren Basis keine eindeutigen Schlußfolgerungen gezogen werden können. Als wichtig hat sich die flexible Abstimmung der verfügbaren Methoden auf den jeweiligen Klienten erwiesen, die erst auf der Grundlage einer tragfähigen Therapeut-Klient-Beziehung ihre Wirksamkeit entfalten können. In diesem Zusammenhang erscheint das schulenimmanente therapeutische Vorgehen als eine unnötige Beschränkung des Handlungsspielraums. Die begrenzte Wirksamkeit schulenspezifischen Vorgehens und das zunehmende Erkennen der Bedeutung unspezifischer Wirkfaktoren wie der Therapeut-Klient-Beziehung für den Veränderungsprozeß bedingen die Dominanz eklektischen Vorgehens in der klinischen Praxis. Versuche der theoretischen Aufarbeitung des praktisch eklektischen Vorgehens und der Entwicklung integrativer Meta-Theorien befinden sich — wie die Ausführungen belegen — jedoch noch in den Anfängen.

Literaturverzeichnis

American Psychiatric Association, Commission on Psychotherapies: Psychotherapy Research. Methodological and Efficacy Issues. Washington, D.C., 1982.
Bandura, A.: Self-Efficacy: toward a unifying theory of behavior change. Psychological Review, 84, 1977, S. 191-215.
Bastine, R.: Ansätze zur Formulierung von Interventionsstrategien in der Psychotherapie. In: Jankowski, P., Tscheulin, D., Fietkau, H.-J. & Mann, F.: Klientenzentrierte Psychotherapie heute. Göttingen, Toronto, Zürich: Hogrefe, 1976.
Bastine, R.: Adaptive Indikation in der zielorientierten Psychotherapie. In: Baumann, U. (Hrsg.): Indikation zur Psychotherapie. Fortschritte der Klinischen Psychologie, 25. München, Wien, Baltimore: Urban & Schwarzenberg, 1981.
Bastine, R.: Ethische Probleme der Psychotherapie. In: Bastine, R. et al.: Grundbegriffe der Psychotherapie. Weinheim, Deerfield Beach, Florida, Basel: edition psychologie, 1982.
Bastine, R., Fiedler, P. & Kommer, D.: Was ist therapeutisch an der Psychotherapie? Versuch einer Bestandsaufnahme und Systematisierung der psychotherapeutischen Prozeßforschung. Zeitschrift für Klinische Psychologie, 1989, 18, S. 3-22.
Baumann, U. & von Wedel, B.: Stellenwert der Indikationsfrage im Psychotherapiebereich. In: Baumann, U. (Hrsg.): Indikation zur Psychotherapie, Fortschritte der Klinischen Psychologie, 25, München, Wien, Baltimore: Urban & Schwarzenberg, 1981.
bdp (Berufsverband Deutscher Psychologen e. V., Hrsg.): Wirksamkeit und Nutzen psychotherapeutischer Behandlung. Schriftenreihe Heft 8. Bonn: Deutscher Psychologen Verlag, 1988.
bdp (Berufsverband Deutscher Psychologen e. V., Hrsg.): Berufsordnung für Psychologen. Schriftenreihe Heft 4. Bonn: Deutscher Psychologen Verlag, 1989.
Becker, P.: Ätiologie. In: Bastine, R. et al.: Grundbegriffe der Psychotherapie. Weinheim, Deerfield Beach, Florida, Basel: edition psychologie, 1982.
Bergold, J. B.: Therapeut-Klient-Beziehung. In: Bastine, R. et al. (Hrsg.): Grundbegriffe der Psychotherapie. Weinheim, Deerfield Beach, Florida, Basel: edition psychologie, 1982.

Birbaumer, N.: Schmerz. In: Miltner, W., Birbaumer, N. & Gerber, W.-D.: Verhaltensmedizin. Berlin, Heidelberg, New York, Tokyo: Springer, 1986.

Blaser, A.: Wirkfaktoren der Psychotherapie. In: Bastine R. et al. (Hrsg.).: Grundbegriffe der Psychotherapie. Weinheim, Deerfield Beach, Florida, Basel: edition psychologie, 1982.

Bommert, H.: Gesprächspsychotherapie-Forschung. In: Pongartz, L. J. (Hrsg.): Klinische Psychologie 2. Göttingen: Hogrefe, 1978.

Bommert, H.: Gesprächspsychotherapie. In: Bastine, R. et al. (Hrsg.): Grundbegriffe der Psychotherapie. Weinheim, Deerfield Beach, Florida, Basel: edition psychologie, 1982.

Booth, J.F.: Kompetenz. In: Jäger, R. S. (Hrsg.): Psychologische Diagnostik. München, Weinheim: Psychologie Verlags Union, 1988.

Boulougouris, J. C.: Variables affecting the behavior modification of obsessive-compulsive patients treated by flooding. In: Boulougouris, J. C. & Rabavilas (Hrsg.): The treatment of phobic and obsessive-compulsive disorders. Oxford: Pergamon Press, 1977.

Bozok, B.: Wirkfaktoren der Psychotherapie. Diss., Univ. Würzburg, 1987.

Capra, F.: Wendezeit. Bern, München, Wien: Scherz, 1985.

Davison. G. C. & Neale, J. M. Klinische Psychologie. München, Weinheim: Psychologie Verlags Union, 1980.

Deneke, F. W. et al.: Ein praxisnaher Ansatz von Indikationskriterien für psychosomatische Patienten. In: Baumann, U. (Hrsg.: Indikation zur Psychotherapie. Fortschritte der Klinischen Psychologie, 25. München, Wien, Baltimore: Urban & Schwarzenberg, 1981.

Dieterich, R.: Integrale Persönlichkeitstheorie. Paderborn: Schöningh, 1981.

Dieterich, R.: Ein konkreter Entwurf: Eklektische Persönlichkeitstheorie als Akt von Wissenschaftskonstruktion. In: Plaum, E. (Hrsg.): Eklektizismus in der Psychologie. Heidelberg: Ansanger, 1988.

Dilling, H. & Weyerer, S.: Psychische Erkrankungen in der Bevölkerung bei Erwachsenen und Jugendlichen. In: Dilling, H., Weyerer, S. & Castell, R. (Hrsg.): Psychische Erkrankungen in der Bevölkerung. Stuttgart: Enke, 1984.

Dorsch, F.: Psychologisches Wörterbuch. Bern, Stuttgart, Wien: Huber, 1982.

Durlak, J. A.: Comparative effectiveness of paraprofessional and professional helpers. Psychological Bulletin, 86, 1981, S. 80–92.

Drosdowski, G., Köster, R., Müller, W. & Scholze-Stubenrecht, W. (Hrsg.): DUDEN Fremdwörterbuch, DUDEN Bd. 5, Mannheim: Bibliographisches Institut, Dudenverlag, 1982, 4. Auflage.

Dvorak, A., Fichter, M. & Wittchen, H.-U.: Zur psychotherapeutischen Versorgung durch „nicht-ärztliche" Berufsgruppen in der Bundesrepublik Deutschland. Unveröffentlichte Studie im Auftrag des Bundesministeriums für Jugend, Familie und Gesundheit, Bonn, 1978.

Eysenck, H.-J.: The effects of psychotherapy: an evaluation. Consulting Psychology, 16, 1952, S. 319–324.

Fliegel, S. et al.: Verhaltenstherapeutische Standardmethoden. München, Wien, Baltimore: Urban & Schwarzenberg, 1981.

Frank, J.: Therapeutic factors in psychotherapy. American Journal of Psychotherapy, 1971, 25, S. 350–361.

Frank, J.: Die Heiler: Wirkungsweisen psychotherapeutischer Beeinflussung. Stuttgart: Klett-Cotta, 1981.

Franke, A.: Psychotherapie bei psychosomatischen Störungen von Erwachsenen. In: Bastine, R. et al.: Grundbegriffe der Psychotherapie. Weinheim, Deerfield Beach, Florida, Basel: edition psychologie, 1982.
Garfield, S. L. & Kurtz, R.: A Study of Eclectic Views. Journal of Consulting and Clinical Psychology, 45, 1977, S. 78–83.
Garfield, S. L.: Psychotherapie: Ein eklektischer Ansatz. Weinheim, Basel: Beltz, 1982.
Gemoll, Wilhelm: Griechisch-deutsches Schul- und Handwörterbuch. München, Wien: G. Freytag Verlag, 1979, 9. Auflage.
Goldfried, M. R. & Kent, R. N.: Herkömmliche gegenüber verhaltenstheoretischer Persönlichkeitsdiagnostik: Ein Vergleich methodischer und theoretischer Voraussetzungen. In: Schulte, D.: Diagnostik in der Verhaltenstherapie, Fortschritte der Klinischen Psychologie. Band 5. München, Berlin, Wien: Urban & Schwarzenberg, 1976.
Graupe, S.-R.: Tiefenpsychologisch orientierte Therapiemethoden. In: Schmidt, L. R. (Hrsg.): Lehrbuch der Klinischen Psychologie. Stuttgart: Enke, 1984, 2. Auflage.
Grawe, K.: Verhaltenstherapeutische Gruppentherapie. In: Pongratz, L. J. (Hrsg.): Klinische Psychologie (Handbuch der Psychologie, Band 8/2). Hogrefe: Göttingen, 1978.
Grawe, K.: Indikation in der Psychotherapie. In: Bastine, R. et al.: Grundbegriffe der Psychotherapie. Weinheim, Deerfield Beach, Florida, Basel: edition psychologie, 1982.
Grawe, K.: Zurück zur psychotherapeutischen Einzelfallforschung. Zeitschrift für Klinische Psychologie, 1988, 17, 1, S. 1–7.
Grawe, K.: Von der psychotherapeutischen Outcome-Forschung zur differentiellen Prozeßanalyse. Zeitschrift für Klinische Psychologie, 18, 1989, S. 23–34.
Grawe, K., Caspar, F. & Ambühl, H.: Die Berner Therapievergleichstudie. Zeitschrift für Klinische Psychologie, 19, 4, 1990, S. 292–377.
Groeger, W. M.: Verhaltenstherapie. In: Bastine, R. et al. (Hrsg.): Grundbegriffe der Psychotherapie. Weinheim, Deerfield Beach, Florida, Basel: edition psychologie, 1982.
Gunzelmann, Th., Schiepek, G. & Reinecker, H.: Laienhelfer in der psychosozialen Versorgung: Meta-Analysen zur differentiellen Effektivität von Laien und professionellen Helfern. Gruppendynamik, 18, 4, 1987, S. 361–384.
Hahlweg, K., Schindler, L. & Revenstorf, D.: Partnerschaftsprobleme: Diagnose und Therapie. Berlin: Springer, 1982.
Hermanutz, M. & Plaum, E.: Psychodiagnostik als Voraussetzung und Konsequenz einer eklektischen Orientierung. In: Plaum, E.: Eklektizismus in der Psychologie. Heidelberg: Ansanger, 1988.
Herschbach, P., Klinger, A. & Odefey, S.: Die Therapeut-Klient-Beziehung. Salzburg: Otto Müller Verlag, 1980.
Jäger, R. S.: Der diagnostische Prozeß. Göttingen, Toronto, Zürich: Hogrefe, 1986.
Jaeggi, E.: Gesellschaftliche Funktionen der Psychotherapie. In: Bastine, R. et al.: Grundbegriffe der Psychotherapie. Weinheim, Deerfield Beach, Florida, Basel: edition psychologie, 1982.
Kanfer, F. & Saslow, G.: Verhaltenstheoretische Diagnostik. In: Schulte, D. (Hrsg.): Diagnostik in der Verhaltenstherapie. Fortschritte der Klini-

schen Psychologie, Band 5. München, Wien, Baltimore: Urban & Schwarzenberg, 1976, 2. Auflage.

Karasu, T. B.: The Specifity versus Nonspecifity Dilemma: Toward Identifying Therapeutic Change Agents. American Journal of Psychiatry, 143, 1986, S. 687–695.

Kessler, B. H.: Psychotherapeutische Prozesse. In: Schmidt, L. R. (Hrsg.): Lehrbuch der Klinischen Psychologie. Stuttgart: Enke, 1984a, 2. Auflage.

Kessler, B. H.: Verhaltenstherapie. In: Schmidt, L. R. (Hrsg.): Lehrbuch der Klinischen Psychologie. Stuttgart: Enke, 1984b, 2. Auflage.

Kessler, B. H. & Roth, W.: Verhaltenstherapie: Strategien, Wirkfaktoren und Ergebnisse. In: Wittling, W. (Hrsg.): Handbuch der Klinischen Psychologie. Hamburg: Hoffmann & Campe, 1980.

Keupp, H. & Rerrich, D.: Psychosoziale Praxis – gemeindepsychologische Perspektiven. München, Wien, Baltimore: Urban & Schwarzenberg, 1982.

Keupp, H.: Krankheitsbegriff und Normalität. In: Bastine, R. et al. (Hrsg.): Grundbegriffe der Psychotherapie. Weinheim, Deerfiels Beach, Florida, Basel: edition psychologie, 1982.

Kommer, D.: Eklektizismus. In: Bastine, R. (Hrsg.): Grundbegriffe der Psychotherapie. Weinheim, Deerfield Beach, Florida, Basel: edition psychologie, 1982.

Krause, R.: Kombination therapeutischer Vorgehensweisen. In: Jankowski, P., Tscheulin, D., Fietkau, H.-J. & Mann, F.: Klientenzentrierte Psychotherapie heute. Göttingen, Toronto, Zürich: Hogrefe, 1976.

Krause, R.: Psychoanalyse. In: Bastine, R. et al. (Hrsg.): Grundegriffe der Psychotherapie. Weinheim, Deerfield Beach, Florida, Basel: edition psychologie, 1982.

Kriz, J.: Grundkonzepte der Psychotherapie. München, Wien, Baltimore: Urban & Schwarzenberg, 1985.

Lazarus, A.: Multimodale Verhaltenstherapie. Frankfurt: Fachbuchhandlung für Psychologie, Verl.-Abt., 1978.

Linsenhoff, A., Bastine, R. & Kommer, D.: Schulenübergreifende Perspektiven in der Psychotherapie. In: Petzold, H. (Hrsg.): Methodenintegration in der Psychotherapie. Paderborn: Junfermann, 1982.

Linden, M. & Hautzinger, M. (Hrsg.): Psychotherapiemanual. Berlin: Springer, 1981.

Linster, H. W. & Wetzel, H.: Veränderung und Entwicklung der Person. Hamburg: Hoffmann und Campe, 1980.

Lohmann, J.: Ziele und Strategien psychotherapeutischer Verfahren. In: Wittling, W. (Hrsg.): Handbuch der Klinischen Psychologie, Band 2: Psychotherapeutische Interventionsmethoden. Hamburg: Hoffmann & Campe, 1980.

Luborski, L., Singer, B. & Luborski, L.: Comparative Studies of Psychotherapy. Archive of General Psychiatry, 32, 1975, S. 995–1008.

Miltner, W., Birbaumer, N. & Gerber, W.-D.: Verhaltensmedizin. Berlin, Heidelberg, New York, Tokyo: Springer 1986.

Minsel, W.-R.: Klientenvariablen der Psychotherapie. In: Bastine, R. et al. (Hrsg.): Grundbegriffe der Psychotherapie. Weinheim, Deerfield Beach, Florida, Basel: edition psychologie 1982.

Minsel, W.-R. & Bente, G.: Gesprächspsychotherapie. In: Wittling, W. (Hrsg.): Handbuch der Klinischen Psychologie, Band 2: Psychotherapeutische Interventionsmethoden. Hamburg: Hoffmann & Campe, 1980.

Parloff, M. Z., Waskow, I. E. & Wolfe, B. R.: Research on Therapist Variables in Relation to Process and Outcome. In: Bergin. A. E. & Garfield, S. L. (Hrsg.): Handbook of Psychotherapy and Behaviour Change, Wiley: New York, 1978.
Parloff, M. B.: Psychotherapy Research Evidence and Reimbursement Decisions. American Journal of Psychiatry, 139, 1982, S. 718–727.
Petermann, F.: Einzelfalldiagnose und klinische Praxis. Stuttgart: Kohlhammer, 1982, 2. Auflage.
Petermann, F.: Kontrollierte Praxis. In: Jäger R.S. (Hrsg.): Psychologische Diagnostik, München, Weinheim: Psychologie Verlags Union, 1988.
Plaum, E.: Einführende Bemerkungen des Herausgebers. In: Plaum, E.: Eklektizismus in der Psychologie. Heidelberg: Ansanger, 1988.
Plaum, E.: Voraussetzungen einer eklektischen Orientierung in der Psychologie: Der „unendliche" eklektische Prozeß. In: Plaum, E. (Hrsg.): Eklektizismus in der Psychologie. Heidelberg: Ansanger, 1988.
Plog, U.: Menschenbilder in der Psychotherapie. In: Bastine, R. et al. (Hrsg.): Grundbegriffe der Psychotherapie. Weinheim, Deerfield Beach, Florida, Basel: edition psychologie, 1982.
Pschyrembel, W.: Klinisches Wörterbuch. Berlin: de Gruyter, 1990, 256. Auflage.
Reinecker, H., Schiepek, G. & Gunzelmann, Th.: Integration von Forschungsergebnissen: Meta-Analysen in der Psychotherapieforschung. Zeitschrift für Klinische Psychologie, 18, 1989, S. 101–116.
Riedel, H. & Schneider-Düker M.: Kontextbedingungen „kontrollierter" und „unkontrollierter" Psychotherapieforschung. Psychologische Rundschau, 42, 1, 1991, S. 19–29.
Röhrle, B. & Fliegel, S.: Psychotherapeutische und psychosoziale Versorgung. In: Bastine. R. et al..: Grundbegriffe der Psychotherapie. Weinheim, Deerfield Beach, Florida, Basel: edition psychologie, 1982.
Saß, H.: Die Verankerung der Diagnostik in der Psychiatrie. In.: Jäger, R.S. (Hsrg.): Psychologische Diagnostik. München, Weinheim: Psychologie Verlags Union, 1988.
Schadwinkel, K.: Offenheit und Integration. In: Plaum, E. (Hrsg.): Eklektizismus in der Psychologie. Heidelberg: Ansanger, 1988.
Schepank, H.: Psychogene Erkrankungen der Stadtbevölkerung. Eine epidemiologische Feldstudie in Mannheim. Berlin: Springer, 1987.
Schmidtbauer, W.: Psychotherapie: Ihr Weg von der Magie zur Wissenschaft. München: dtv, 1975.
Schulte, D.: Der diagnostisch-therapeutische Prozeß in der Verhaltenstherapie. In: Schulte, D.: Diagnostik in der Verhaltenstherapie, Fortschritte der Klinischen Psychologie, Band 5. München, Berlin, Wien: Urban & Schwarzenberg, 1976.
Schulte, D. & Künzel, R.: Methodenzentrierte und verlaufszentrierte Therapiestrategien. Zeitschrift für Klinische Psychologie, 18, 1989, S. 35–44.
Schwab, R.: Gesprächspsychotherapie. In: Schmidt, L. R. (Hrsg.): Lehrbuch der Klinischen Psychologie. Stuttgart: Enke, 1984, 2. Auflage.
Seidenstücker, G.: Indikation in der Psychotherapie: Entscheidungsprozesse – Forschung – Konzepte und Ergebnisse. In: Schmidt, L. R. (Hrsg.): Lehrbuch der Klinischen Psychologie. Stuttgart: Enke, 1984, 2. Auflage.

Seidenstücker, G.: Indikation und Entscheidung. In: Jäger, R. S. (Hrsg.): Psychologische Diagnostik. München, Weinheim: Psychologie Verlags Union, 1988.

Sloane, R. B., Staples, F. R., Cristol, A. H., Yorkston, N. J. & Whipple, K.: Psychotherapy versus behavior therapy. Cambridge: Harvard University Press, 1975.

Smith, M. L. Glass, G. V. & Miller, T.I: The Benefits of Psychotherapy. Baltimore: John Hopkins University Press, 1980.

Stiksrud, H. A.: Eklektische Erweiterung eines therapeutischen Ansatzes. In: Plaum, E. (Hrsg.): Eklektizismus in der Psychologie. Heidelberg: Ansanger, 1988.

Thorne, F. C.: The Structure of Integrative Psychology. Journal of Clinical Psychologie, 1961, 23, S. 1–11. ??? drin?

Thorne, F. C.: Eklektische Psychotherapie. In.: Petzold, H.: Methodenintegration in der Psychotherapie. Paderborn: Junfermann, 1982.

Torrey, E. F.: The mind game, witch doctors and psychiatrists. New York: Emerson Hall, 1972.

Tscheulin, D.: Therapeutenmerkmale in der Psychotherapie. In: Bastine, R. et al. (Hrsg.): Grundbegriffe der Psychotherapie. Weinheim, Deerfield Beach, Florida, Basel: edition psychologie, 1982.

Westmeyer, H.: Diagnostik und therapeutische Entscheidung: Begründungsprobleme. In: Jüttemann, G.: Neue Aspekte klinisch-psychologischer Diagnostik. Göttingen, Toronto, Zürich: Hogrefe, 1984

Wittchen, H.-U. & Fichter, M. M.: Psychotherapie in der Bundesrepublik. Weinheim, Basel: Beltz, 1980.

Wittchen, H.-U., Saß, H., Zaudig, M. & Koehler, K.: Diagnostisches und Statistisches Manual Psychischer Störungen, DSM-III-R. Weinheim, Basel: Beltz, 1989.

Wittling, W.: Biofeedback-Therapie. In: Wittling, W. (Hrsg.): Handbuch der Klinischen Psychologie, Band 2: Psychotherapeutische Interventionsmethoden. Hamburg: Hoffmann & Campe, 1980.

Wittmann, W. W. & Matt, G. E.: Meta-Analyse als Integration von Forschungsergebnissen am Beispiel deutschsprachiger Arbeiten zur Effektivität von Psychotherapie. Psychologische Rundschau, 37, 1986, S. 20–40.

Wolpert, E.: Analytische Therapieverfahren. In: Wittling, W. (Hrsg.): Handbuch der Klinischen Psychologie, Band 2: Psychotherapeutische Interventionsmethoden. Hamburg: Hoffmann und Campe, 1980.

Wyss, D.: Der Kranke als Partner. Göttingen, Vandenboeck & Ruprecht, 1982.

Zimmer, D.: Die therapeutische Beziehung. Weinheim, Deerfield Beach, Florida, Basel: edition psychologie, 1983.

Zielke, M.: Laienpsychotherapeuten in der klientenzentrierten Psychotherapie. Salzburg: Otto Müller Verlag, 1979.

Zielke, M.: Kieler Änderungssensitive Symptomliste. Weinheim: Beltz Test Gesellschaft, 1979.

Zielke, M.: Da staunt der Laie und der Fachmann wundert sich. Psychologie Heute, 1, 1980, S. 60–63.

Zielke, M.: Laientherapie. In: Bastine, R. et al.: Grundbegriffe der Psychotherapie. Weinheim, Deerfield Beach, Florida, Basel: edition psychologie, 1982a.

Zielke, M.: Supervision. In: Bastine, R. u. a.: Grundbegriffe der Psychotherapie. Weinheim, Deerfield Beach, Florida, Basel: edition psychologie, 1982b.